# Künstliche Paradiese

Stefan Koppelkamm

# Künstliche Paradiese

Gewächshäuser und Wintergärten des 19. Jahrhunderts

Ernst & Sohn

ISBN 3-433-02280-1



Reproduktionen: O.R.T., Berlin
Satz: Nagel Fototype, Berlin
Druck: H. Heenemann, Berlin
Bindearbeiten: Lüderitz & Bauer, Berlin

Gestaltung: Stefan Koppelkamm und Gabriele F. Götz

## Vorbemerkung

Der vorliegende Band basiert auf dem Buch *Gewächshäuser und Wintergärten im neunzehnten Jahrhundert,* das anläßlich einer Ausstellung erschien, die ich für die Bundesgartenschau 1981 in Kassel konzipiert hatte und die von Kassel aus auf Wanderschaft ging.
Im gleichen Jahr waren weitere wichtige Publikationen zur Geschichte des Bauens mit Eisen und Glas erschienen, denen zahlreiche praktische Handbücher zur Planung von Wintergärten gefolgt sind. Das zunehmende Interesse vor allem an privaten Wintergärten, das sich nicht nur in der Fachliteratur, sondern auch in vielen neuen Wohnbauten spiegelt, gab den Anstoß dazu, mein Buch neu herauszugeben. Die alte Struktur wurde beibehalten, der Text jedoch gründlich überarbeitet und neu illustriert. Der Katalog der ausführlich vorgestellten Bauten wurde erheblich erweitert. Er erhebt jedoch keinen Anspruch auf Vollständigkeit, sondern soll die Entwicklung des Pflanzenhauses aus Eisen und Glas an ausgewählten Beispielen darstellen.
Viele Bauten dieses »Katalogs« – einige wurden seit meinem ersten Besuch liebevoll restauriert, andere, wie Richard Turners Gewächshaus in Dublin, befinden sich im Prozeß rapiden Verfalls – wurden eigens für dieses Buch neu photographiert. Zahlreiche der neuen Aufnahmen stammen von Thomas Grenz und Arno Garrels, denen mein besonderer Dank gilt.

**Einleitung** Im letzten Jahrzehnt hat nicht nur ein Bautyp wie die im 19. Jahrhundert entstandene Passage, sondern auch der Wintergarten eine Renaissance erlebt. Die neuen Wintergärten begegnen uns in den verschiedensten Formen: Als gläserne Anbauten an privaten Wohnhäusern dienen sie zugleich der passiven Nutzung der Sonnenenergie, als Lichthöfe bilden sie die Zentren großer amerikanischer Hotels und selbst zahlreicher neuer Bürogebäude: Ein bereits »klassisches« Beispiel ist das 1968 fertiggestellte Gebäude der Ford Foundation in New York (Kevin Roche, John Dinkeloo & Associates). Aus ihren Büroräumen schauen die Angestellten in einen Hof, der an einer Ecke des Grundrisses aus dem Gebäude ausgespart ist und über die Höhe von neun Geschossen verglast ist. In diesem Hof wurde ein vor den Unbilden der Witterung und dem Lärm der Großstadt abgeschirmter Garten angelegt. Ein späterer Bau, den dieselben Architekten für die Firma John Deere in Columbus, Indiana, entwarfen, enthält in seinem überglasten Innenhof eine regelrechte kleine Landschaft.[1]
All das hat es, in anderer Form und mit anderen Mitteln erbaut, bereits im 19. Jahrhundert gegeben: Viele Villen hatten angebaute Wintergärten, Hotels und Kaufhäuser waren um zentrale Lichthöfe angelegt, und selbst der Wintergarten im Bürohaus existierte bereits – wenn auch nur als Projekt eines weit vorausschauenden Architekten: Hector Horeau skizzierte 1871 für die Stadtverwaltung von Paris ein großes Bürogebäude mit baumbestandenem, überdachtem Innenhof.
Wie Horeau war auch der Schotte John Claudius Loudon von den Möglichkeiten des Industriezeitalters fasziniert. Loudon, Architekt, Gartengestalter und einer der produktivsten Garten- und Architekturschriftsteller seiner Epoche, war mit seinen Bauten und Projekten der Zeit weit voraus. 1822 beschrieb er die Möglichkeit, mit dem von ihm entwickelten, im Zickzack gefalteten Glasdach (»ridge-and-furrow roof«) weite Flächen zu überspannen und darunter ein künstliches Klima zu erzeugen: »In der Tat gibt es kaum eine Grenze für die Ausdehnung eines solchen leichten Dachs; eine Fläche von mehreren Acres, selbst einen ganzen Landsitz, sofern er nicht zu ausgedehnt ist, könnte man in dieser Weise überdachen, unter Verwendung hohler, gußeiserner Säulen als Stützen, die zusätzlich als Abläufe für das Regenwasser, das sich auf dem Dach gesammelt hat, dienen könnten. Interne Berieselungsanlagen könnten in der Art von Loddiges hergestellt werden, oder das Dach könnte auf Wunsch geöffnet werden, um den natürlichen Regen einzulassen. Jede gewünschte Temperatur könnte mit Hilfe verborgener Heißwasser- oder Dampfrohre oder mit Heißwasserteichen, wie von uns bereits vorgeschlagen, aufrechterhalten werden und mit der Vorrichtung von Kewley reguliert werden. Auch die Belüftung würde von derselben Maschine betätigt. Ein solches Dach könnte entweder aus flachen nordsüdlich laufenden Faltungen oder aus Pyramiden mit sechs- oder achteckigen Grundrissen bestehen, die, in jedem Winkel mit einer stützenden Säule bis zur Höhe von 100 bis 150 Fuß angehoben, den größten orientalischen Bäumen Platz böten und den ungestörten Flug passender Vögel zwischen ihren Ästen erlaubten. Eine Vielzahl orientalischer Vögel und Affen könnte eingeführt werden; in Teichen könnte man mit Hilfe einer Maschinerie Strömung erzeugen, und in Salzwasserseen könnten Fische, Polypen, Korallen und andere Lebewesen des Meeres gehalten und gezüchtet werden. Es wäre vielleicht sogar besser, das Dach nicht schon zu Anfang in einer Höhe von 100 oder 150 Fuß zu errichten, sondern es mit dem Wachsen der Bäume anzuheben, indem man, mit 25 Fuß anfangend, allmählich die Stützsäulen verlängert. Die Mehrzahl der Leser wird zweifellos diese Ideen als extravagant ansehen. Dem Fortschritt sind jedoch keine Grenzen gesetzt, und nur wenige Dinge geben dafür einen besseren Beweis als die Bequemlichkeit und der Luxus, der dem Menschen aus der Benutzung des Glases entsteht …«[2]
Die Gewächshäuser, die Loudon und andere im frühen 19. Jahrhundert entwarfen, begründeten ein völlig neues Raumgefühl. An die Stelle der Raumbegrenzung durch Wand und Dach trat eine fast immaterielle Glashaut, die sich in einer Wölbung vom Boden bis zum First spannte und wie ein künstliches Firmament wirkte. In ihrer konsequenten Funktionalität und ihrer filigranen Struktur beeindrucken uns heute gerade die frühen Beispiele unter den in diesem Buch vorgestellten Bauten. Sie zeigen, daß ein Bewußtsein für den Zusammenhang von Zweckmäßigkeit und Schönheit

schon zu Beginn des 19. Jahrhunderts vorhanden war. Als Zweckbauten wurden die Gewächshäuser jedoch nicht der Baukunst zugerechnet; ihre Gestaltung entzog sich daher auch der baukünstlerischen Doktrin.
Die Faszination, die die Glashäuser des 19. Jahrhunderts auf uns ausüben, ist aber vielleicht weniger in ihren ästhetischen als in ihren emotionalen und symbolischen Qualitäten begründet: Als künstliche Environments für eine importierte Tropenflora stehen sie nicht nur für die Sehnsucht des Nordens nach dem Süden, sondern überhaupt für die uralte Sehnsucht nach dem Paradies, deren Erfüllung mit fortschreitender Erforschung der Erde immer unwahrscheinlicher wurde. Diese Sehnsucht nach dem Paradies, die sich als Versuch seiner symbolischen Wiedererschaffung wie ein roter Faden durch die Geschichte der Gärten zieht und die noch Künstler wie Paul Gauguin zum Aufbruch veranlaßte, muß uns, obwohl sie immer noch lebendig ist, heute überholt erscheinen. In einer Zeit, in der die Erde bis in ihre entferntesten Winkel touristisch vereinnahmt und von den Medien entdeckt ist, kann man selbst von solcher Sehnsucht nur noch träumen. Die Wintergärten machen aber auch deutlich, daß der Glaube an die Machbarkeit des Paradieses, der in Loudons utopischen Phantasien anklingt, längst von der Geschichte widerlegt wurde. Loudon vertraute darauf, daß sich mit Hilfe der Industrie nicht nur die Lebensbedingungen der Menschen, sondern auch das natürliche Environment beliebig verbessern ließe: Die Nachteile des jeweiligen Klimas, die »Mängel« von Topographie und Vegetation ließen sich mit technischen und künstlerischen Mitteln beheben; die Wüste, auch die zivilisatorische, wird in ein künstliches Paradies verwandelt. Der Bedarf des 19. Jahrhunderts an künstlichen Paradiesen war freilich auch deshalb entstanden, weil die Industrie, die sie erst möglich machte, die natürlichen Lebensgrundlagen immer mehr zerstörte.
In einer Zeit, in der die Massenvergnügungen durch elektronische Medien weitgehend individualisiert sind, könnten die großen öffentlichen Wintergärten ebenso wie die Passagen des 19. Jahrhunderts für uns wieder bedeutend werden: nicht als Sinnbilder für unerfüllbare Paradiesträume, sondern als konkrete Vorbilder für eine neue Urbanität.

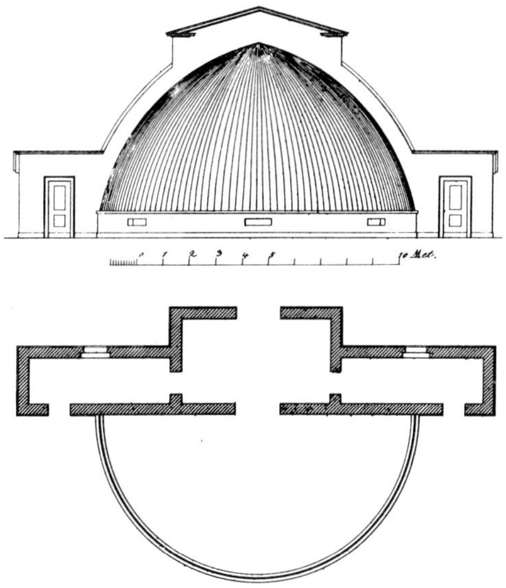
Glashaus mit gewölbtem Dach
Nach Entwürfen von John Claudius Loudon durch W. und D. Bailey erbaut, um 1820

**Definitionen** »Pflanzenhäuser, auch Gewächshäuser genannt, haben die Bestimmung, Gewächse warmer Zonen in rauheren Klimaten zu schützen und das Wachstum einheimischer Pflanzen auch in der kalten Jahreszeit zu ermöglichen.«[3]
John Claudius Loudon zählte das Gewächshaus zu den »permanenten Konstruktionen«, deren sich die Gärtner bedienen, um Pflanzen vor Kälte zu schützen oder frühzeitig zum Treiben zu bringen. In seiner 1822 erstmals erschienenen *Encyclopaedia of Gardening* beschrieb er außerdem zahlreiche provisorische Konstruktionen, die ebenfalls im Gartenbau Verwendung fanden und zugleich Vorstufen in der historischen Entwicklung des Gewächshauses darstellen: verglaste hölzerne Rahmen zum Abdecken von Beeten, verglaste Mistbeete und verglaste Rahmen, die vorübergehend über einzelnen Bäumen errichtet werden oder, schräg an eine Mauer gelehnt, Spalierobst und Wein schützen sollen.[4] Das vorliegende Buch wird jedoch nur ortsfeste Bauten behandeln und dabei die Bautypen auslassen, die vorwiegend im kommerziellen Gartenbau verwendet wurden und heute noch in ähnlichen Formen angetroffen werden können.
Bei den »permanenten« Pflanzenhäusern lassen sich die nachfolgend beschriebenen Bautypen unterscheiden:

1. Das Treibhaus Auch Kultur- oder Anzuchthaus genannt, dient dieser Typ der Anzucht und Vermehrung von Zier- und Gebrauchspflanzen. Diese einfachen Zweckbauten, die wir noch heute in vielen Gärtnereien finden, bestehen meistens aus einer gemauerten Nordwand und einem verglasten Pultdach nach Süden, das an diese Wand »angelehnt« ist. Die Querschnittsabmessungen dieser Häuser sind relativ gering, ihre Längen oft beträchtlich. Die Pflanzen stehen in Töpfen auf Tischen oder treppenförmigen Podesten, die zur Rückwand oder – bei Häusern mit Satteldach – auch von zwei Seiten zur Mitte ansteigen.

2. Die Orangerie Die Orangerie ist das Gewächshaus des 18. Jahrhunderts und diente zur Überwinterung von Zitrus-, Granatapfel- oder Lorbeerbäumen, die in Kübeln gepflanzt waren und im Sommer ins Freie gestellt wurden. Die Orangerie ist ein Kalthaus, das nur schwach beheizt wird, um die Temperatur über dem Gefrierpunkt zu halten. Da sie zugleich als Ort höfischer Geselligkeit diente, war ihre Architektur den Wohn- und Repräsentationsbauten angepaßt. Die Orangerie ist ein gemauertes Haus mit großen, untergliederten Fenstern nach Süden und unverglasten Dächern und Seitenwänden.

3. Übergangsformen In der Entwicklungsgeschichte der Pflanzenhäuser stehen Bauten dieser Form zwischen der Orangerie und dem allseits verglasten Gewächshaus. In Grundriß und architektonischer Erscheinung sind sie der Orangerie ähnlich, die Dächer sind jedoch verglast, und in der Regel hat der Mittelbau an Stelle des undurchsichtigen ebenen Dachs eine Glaskuppel. Dieser Typus entstand im frühen 19. Jahrhundert.

4. Das Gewächshaus, Konservationshaus Hier wachsen Pflanzen nicht in Töpfen, sondern im Erdboden. Dieser Typ dient vorwiegend für die Sammlung von Pflanzen aus botanischem Interesse oder zu dekorativen Zwecken. Da hier oft hochwachsende exotische Pflanzen wie Bambus, Baumfarne oder Palmen untergebracht werden, sind diese Bauten größer als die einfachen Treibhäuser. Die anspruchsvoller gestalteten Bauten stehen nicht im Küchengarten, sondern »auf dem Rasen oder im Blumengarten«[5] oder sind direkt mit dem Wohnhaus verbunden. Sie haben einfache oder zusammengesetzte Grundrisse. Vor allem in den botanischen Gärten wurden oft verschieden temperierte Bauten zu einer Gruppe zusammengefaßt, wobei der erhöhte Mittelbau für Palmen bestimmt war. Es handelt sich vorwiegend um rundum verglaste Eisenkonstruktionen. Da hier das Licht von allen Seiten einfallen kann, entfällt die Notwendigkeit einer Orientierung nach Süden. Häufig zog man es vor, die Längsseiten nach Osten und Westen auszurichten.
Weitere Unterscheidungen lassen sich nach Klimatypen oder speziellen Pflanzen machen. So gibt es Kalthäuser, Warm- oder Tropenhäuser sowie temperierte Häuser. Nach Pflanzen unterschieden, gibt es eine Reihe von Spezialtypen, wie Farn-, Palmen-, Wasserpflanzen- oder Kamelienhäuser. Aus den jeweiligen Bedürfnissen der Pflanzen ergibt sich der besondere Klimatyp und die angemessene Bauform. Dort, wo das Gewächshaus als Wintergarten benutzt wird, bestimmt eine menschlichen Bedürfnissen angepaßte Temperatur die Auswahl der Pflanzen.

3. Der Wintergarten Diese Bezeichnung betrifft weniger einen bestimmten Bautyp als die besondere Nutzung von Orangerien oder Gewächshäusern. Außer kleineren Wintergärten, die sich Privatleute zur Erweiterung der Wohnräume an ihre Häuser bauten, gab es im 19. Jahrhundert große öffentliche Wintergärten. Zu Anfang waren es die Glashäuser der botanischen Gärten und Horticultural Societies, die zu beliebten Treffpunkten des städtischen Bürgertums wurden, später wurden zu diesem Zweck eigene Bauten errichtet.

6. Winterpalast, Flora, Volkspalast Mit den unterschiedlichsten Namen wurden diese »öffentlichen Vergnügungsstätten«[6] bezeichnet, die seit den 1870er Jahren in vielen europäischen Städten entstanden. In der Regel kombinierten sie ein massives Gesellschaftshaus mit einem Palmenhaus aus Eisen und Glas.

Der »Katalog« stellt eine Auswahl wichtiger Bauten mit Photographien und Grundrissen dar. Er beschränkt sich dabei auf die Bautypen, die, bedingt durch neue Baumaterialien und neue konstruktive Methoden, im 19. Jahrhundert entstanden sind: die Übergangsformen zwischen Orangerie und allseits verglastem Pflanzenhaus sowie Gewächshäuser und Wintergärten aus Eisen und Glas.

**Ursprünge** Das Bemühen, unabhängig von einem gegebenen Klima und unabhängig von den Jahreszeiten Pflanzen in einem eigens geschaffenen Gehäuse aufzuziehen und aufzubewahren, läßt sich bis zur Antike nachweisen. In Pompeji fanden sich Reste von Treibhäusern, die wahrscheinlich mit dünnen Scheiben eines durchscheinenden Steins gedeckt waren; im übrigen stellte man dort schon im 2. Jahrhundert vor unserer Zeitrechnung mittelgroße Glasscheiben im Sandgußverfahren her.
Die Geschichte der modernen Gewächshäuser setzt in der Renaissance ein. Mit den Entdeckungsreisen des späten 15. Jahrhunderts begann auch die Geschichte von Kolonialismus und Welthandel. Eigens gegründete Handelsgesellschaften übernahmen die Ausbeutung der spanisch-portugiesischen, der holländischen und der britischen Kolonialreiche. Eine Flut neuer Produkte wurde auf den europäischen Markt gebracht. Bislang unbekannte exotische Früchte gelangten auf die Tafeln von Fürsten und wohlhabenden Bürgern. Die Handelsschiffe brachten aber auch neue Pflanzen, Samen und Blumenzwiebeln. Die neu entstehenden botanischen Gärten sowie wohlhabende Pflanzensammler wurden so mit immer neuem Material versorgt.
Zunächst sollte jedoch die ursprünglich in Südchina beheimatete süße Orange oder Apfelsine (Apfel aus China) unter den neuen Früchten die bedeutendste Rolle spielen. Wann sie erstmals auf europäischem Boden angebaut wurde, ist nicht belegt. Schon früh scheinen jedoch verschiedene Zitrusarten in die arabische Welt und mit der Ausbreitung des Islams auch nach Sizilien und Spanien gelangt zu sein. Noch bevor die Portugiesen von ihren Entdeckungsfahrten Orangenbäume mitbrachten, hatte bereits Jovianus Pontanus in seinem Werk *De Hortis Hesperidum* (1490) über den Anbau von Zitrusbäumen in Italien berichtet. Von hier aus gelangten die ersten Bäume, in Kisten verpackt, in die süddeutschen Handelsstädte Augsburg und Nürnberg, aber auch an die Fürstenhöfe in München, Stuttgart und Heidelberg. Um 1531 sollen bereits die Fugger Orangenbäume in ihrem Garten gehabt haben.[7] Vor allem nördlich der Alpen mußten die Orangenbäume in der kalten Jahreszeit vor Frost geschützt werden. Sofern die Bäume in den Erdboden gepflanzt waren, mußte man sie irgendwie abdecken; standen sie in Holzkübeln, konnte man sie in einen geschlossenen Raum transportieren. Bereits vorhandene Baulichkeiten wie Gartensäle, Grottenräume oder offene Galerien, die sich im Winter mit Holzläden verschließen ließen, boten sich hierfür an. Sehr bald jedoch entstanden eigene Bauten. Abschlagbare Bauten, die vor dem Winter über den »im Grunde stehenden« Orangerien errichtet wurden, gab es zuerst an den süddeutschen Höfen.
In Stuttgart, wo bereits um 1550 die erste abschlagbare Orangerie stand, konstruierte man 1626 ein auf Rollen bewegliches Pomeranzenhaus, das im Winter über die Bäume geschoben wurde.

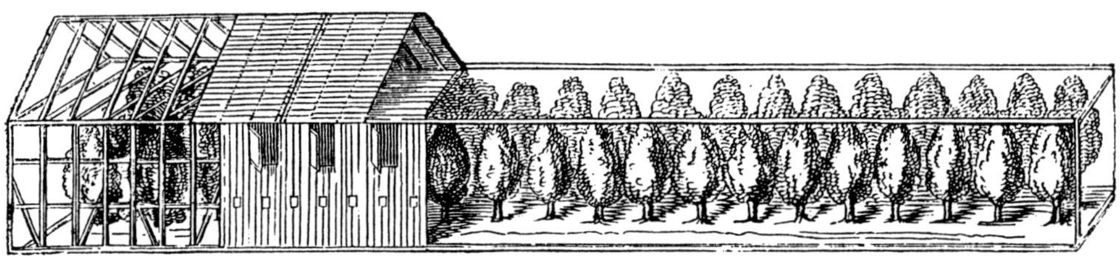

Salomon de Caus
Pomeranzenhaus im Heidelberger Schloßgarten, vor 1620

Ausführliche Informationen über die Heidelberger Orangerie sind durch den 1620 erschienenen *Hortus Palatinus* von Salomon de Caus überliefert.[8] De Caus ließ, als er den Hortus Palatinus anlegte, die bereits 60 Jahre alten Bäume aus der Orangerie im Herrengarten in Kübeln auf den Berg transportieren. Im Herrengarten hatte es bereits ein abschlagbares Winterhaus gegeben. De Caus entwarf ein neues, das die gleichen Maße hatte. Das Fachwerkgerüst mußte vor jedem Winter über den Bäumen errichtet und mit Brettern verkleidet werden. Hölzerne Läden ließen sich zur Belichtung und Belüftung öffnen. Der über 80 Meter lange Bau wurde den ganzen Winter über mit vier Öfen beheizt, so daß man vor der Witterung geschützt unter den Bäumen spazierengehen konnte: Er war somit eines der frühesten Beispiele für ein Pflanzenhaus, das auch als Wintergarten genutzt wurde.

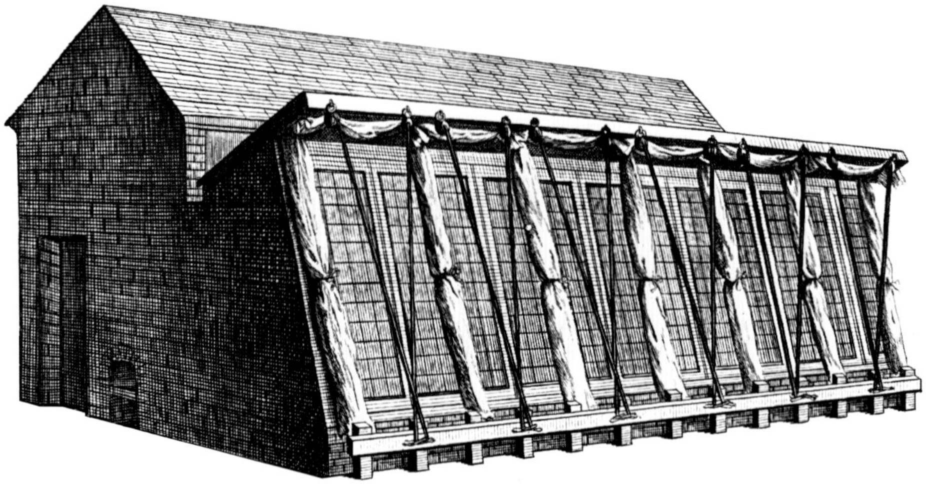

Holländisches Gewächshaus, 18. Jahrhundert
Aus der *Encyclopédie* von Diderot und D'Alembert

Nachteile dieser Bauten waren die schlechte Wärmeisolierung und die bei jedem Aufbau neu vorzunehmende Abdichtung sämtlicher Fugen. Zusätzlich waren Auf- und Abbau mit hohen Kosten verbunden, so daß man bald versuchte, den Anteil an beweglichen Teilen zu verringern, indem man die Wände nach Norden und an den Seiten mauerte. Auf diese Weise brauchte man im Winter nur noch Dach und Südseite zu verkleiden.
Aber nicht nur aus ökonomischen Gründen entwickelte sich gegen Ende des 17. Jahrhunderts aus dem provisorischen Holzbau die feststehende Orangerie. Ein ebenso wichtiges Motiv war, daß man sich nicht mehr mit solchen anspruchslosen Nutzbauten begnügen wollte. Nur einen gemauerten Bau konnte man befriedigend in den Zusammenhang von Park und Schloß integrieren.
Wurden an den Fürstenhöfen fremdländische Pflanzen vorwiegend aus dekorativen und kulinarischen Gründen gezogen, so geschah der Aufbau von Pflanzensammlungen durch Privatleute und Universitäten aus wissenschaftlichem Interesse. Schon früh hatten Ärzte und Apotheker Heilkräutergärten angelegt. Einer der ersten soll 1333 in Venedig gegründet worden sein; erst 1673 entstand der Apothecaries' Garden in Chelsea, London. Die ersten öffentlichen botanischen Gärten wurden von den Universitäten ins Leben gerufen: 1533 in Padua, 1544 in Pisa, 1577 in Leiden, 1580 in Leipzig, 1632 in Oxford. Ebenso wie die Fürstenhöfe tauschten auch die botanischen Gärten untereinander Pflanzen, Samen und Erfahrungen aus. Seit dem Ende des 17. Jahrhunderts wurden zunehmend Expeditionen in andere Erdteile geschickt, um den Ausbau der Sammlungen voranzutreiben. Nicht nur die botanischen Gärten, auch Fürstenhöfe und reiche Privatleute entsandten Pflanzensammler und Botaniker in die bislang bekannte Welt. Mit dem 18. Jahrhundert waren zwar die geographischen Entdeckungen weitgehend abgeschlossen, für die Botanik gab es jedoch noch bis ins 19. Jahrhundert hinein unbekannte Erdteile. So konnte man noch 1862 in *Meyer's Konversationslexikon* nachlesen: »Ohne botanische Reisen würden wir den größeren Teil der nichteuropäischen Pflanzen noch nicht kennen, und unsere botanischen Gärten und Gewächshäuser würden vergleichsweise arm sein. Noch jetzt vergeht kein Jahr, in welchem nicht die Botanik durch botanische Reisen bedeutenden und erheblichen Zuwachs erhält, da in manchen Gegenden, die bisher wenig zugänglich waren, noch viele Pflanzenschätze verborgen sind.«[9]
Bestimmung, Katalogisierung und Benennung einer ständig wachsenden Zahl bisher unbekannter Pflanzen gehörte zu den ersten Aufgaben der Botaniker. Die Forschungsergebnisse wurden in einer ebenfalls zunehmenden Anzahl von Veröffentlichungen bekannt gemacht. Außer rein botanischen Werken gab es bald Abhandlungen über Gartenbau und Gartengestaltung, in denen auch der Bau von Orangerien und Gewächshäusern diskutiert wurde. Vom Ende des 17. Jahrhunderts datieren die ersten Abbildungen von Glashäusern in der Fachliteratur. Diese frühen Glashäuser, die es in den botanischen Gärten schon Ende des 16. Jahrhunderts gegeben haben soll, waren von recht bescheidener Größe, da Glas nicht nur sehr kostbar war, sondern auch nur in Form von kleinen Butzen- und Rautenscheiben hergestellt wurde.

Mit der Erfindung des Gieß- und Walzverfahrens im Jahr 1688 durch Louis Lucas de Nehou wurde es zwar möglich, Tafelglas in großen Abmessungen herzustellen, die für die Spiegelherstellung verwendeten Tafeln waren jedoch als Bauglas vorerst zu teuer.
Noch bis zur Mitte des 19. Jahrhunderts wurde am Bau vorwiegend das im Zylinderstreckverfahren hergestellte Glas (ein geblasener Zylinder wird aufgeschnitten und flach gebogen) verwendet. Bevor zum Blasen erstmals Preßluft eingesetzt wurde, waren der Größe der so hergestellten Scheiben natürliche Grenzen gesetzt. Die Verglasung großer Flächen bei Orangerien und Gewächshäusern erforderte deshalb eine große Zahl kleiner Scheiben und Holzsprossen.
Um 1700 entstand der klassische Typ des langgestreckten Gewächshauses, dessen Südwand verglast ist und das an den Seiten und nach Norden aus Mauerwerk besteht. Die Rückwand wurde zur besseren Wärmeisolierung oft doppelt ausgeführt. Größere Bauten enthielten an ihrer Rückseite gemauerte Nebenräume. Auch die Beheizung durch transportable Öfen oder offene Feuer, wie sie bis zu Anfang des 18. Jahrhunderts üblich war, wich einem neuen System. Ein Nachteil der Beheizung durch Öfen war die ungleichmäßige Erwärmung gewesen. Auch konnten die Pflanzen, die zu nah an der Wärmequelle standen, Schaden nehmen.
Die Beheizung geschah nun durch eine oder mehrere Feuerstellen in einem hinter der Nordwand befindlichen Heizraum. Der Rauch wurde durch Heizkanäle in der Wand oder im Fußboden geleitet: Rückwand oder Boden strahlten so eine gleichmäßige Wärme ab. Zusätzlich wurden Strohmatten, Vorhänge und Holzläden zur Wärmeregulierung eingesetzt.
In der von Diderot und D'Alembert herausgegebenen *Encyclopédie* finden sich mehrere Abbildungen und Beschreibungen solcher Gewächshäuser. Die meisten Beispiele stammen aus Holland. Der Verfasser des Artikels zum Stichwort »Serre« (frz. Gewächshaus) empfiehlt, sich an holländischen und englischen Vorbildern zu orientieren, da »unsere Nation über diese Gebäude, die dem Fortschritt der Botanik gewidmet sind, noch nicht genügend aufgeklärt ist«.[10]
Eine der Abbildungen zeigt ein kleines holländisches Weintreibhaus mit erhöhter, beheizbarer Rückwand. Aus dem Längsschnitt der Rückwand ist der Verlauf des Heizkanals ersichtlich. Die Wärmezufuhr geschieht von zwei Seiten. Der zweite, größere Bau wird durch unter dem Fußboden gelegene Rauchkanäle beheizt. Die Glasfront läßt sich durch seitlich angebrachte Vorhänge und durch Rollos, die über die Vorhänge hinuntergelassen werden, nach außen isolieren. Der Zwischenraum zwischen Dach und Decke wird zur Wärmedämmung mit Heu ausgefüllt. Das Dach steigt nach vorn an, so daß auch bei hochstehender Sonne der rückwärtige Bereich gut ausgeleuchtet wird. Die maximale Ausleuchtung des Raums und die größtmögliche Ausnutzung der natürlichen Wärmestrahlung waren die wichtigsten Ziele beim Bau eines Gewächshauses.
Deshalb machte man sich schon bald Gedanken über die geeignetste Form und den günstigsten Neigungswinkel des Dachs. Als einer der ersten machte der Botaniker und Physiker Herman Boerhaave, der 1709–30 Direktor des botanischen Gartens in Leiden war, Untersuchungen zu diesem Thema. Da bei einem schrägen Auftreffen der Lichtstrahlen auf die Glasfläche diese teilweise reflektiert werden, war Boerhaaves wichtigste Forderung, daß das Licht am kürzesten Tag des Jahres genau senkrecht auffalle. Aus dieser Überlegung ergaben sich verschiedene Neigungswinkel für die verschiedenen Breitengrade. Boerhaave gelang es, den für Leiden günstigsten Winkel exakt zu berechnen.
Philip Miller, Obergärtner des Apothekergartens in Chelsea, begründete mit der gleichen Theorie die Notwendigkeit von zwei verschiedenen Winkeln des Glasdachs: Durch die senkrechte vordere Wand sollten bei niedrigstehender Wintersonne die Strahlen horizontal einfallen, für die hochstehende Sommersonne stieg die anschließende Glasfläche im Winkel von 45° an. Aus den gleichen Überlegungen kamen zu Beginn des 19. Jahrhunderts George Mackenzie und John Claudius Loudon zu dem Schluß, daß eine sphärisch gewölbte Oberfläche die bestmögliche Dachform sei.

Holländisches Weintreibhaus
Aus der *Encyclopédie* von Diderot und D'Alembert

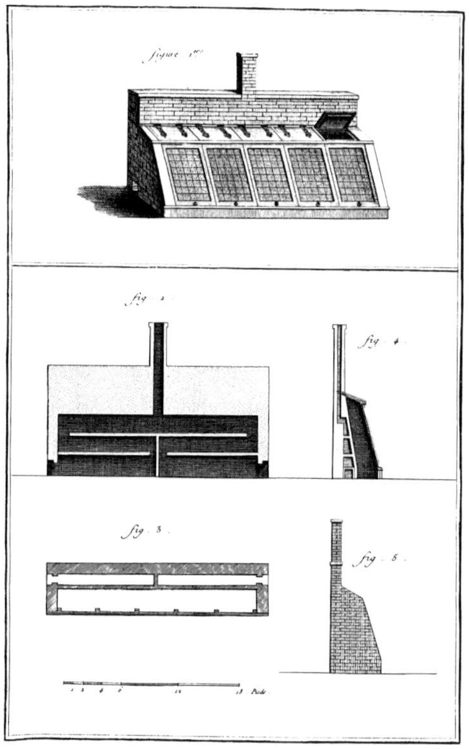

**Die barocke Orangerie** »Von allen zur Erhaltung exotischer Pflanzen dienenden Gebäuden gestattet die Orangerie die Anwendung aller Arten von architectonischen Verzierungen, ohne daß daraus für die darin lebenden Pflanzen irgend eine Unzweckmäßigkeit entstände.... Dagegen hat der Architect bei einer Orangerie vollkommen freies Spiel, und er kann daran soviele architectonische Verzierungen anbringen, als ihm nöthig erscheint zur Harmonisierung derselben mit den architectonischen Linien des Wohnhauses und dem Styl des Gartens.«[11]

Unteres Belvedere, Wien
Ansicht des um 1715 erbauten Pomeranzenhauses

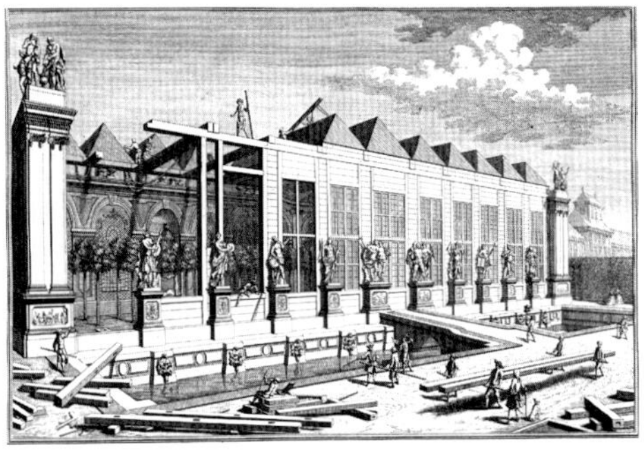

Mit den abschlagbaren Pomeranzenhäusern endet der erste Abschnitt in der Geschichte der Orangerie. Aus ökonomischen und ästhetischen Gründen entstand gegen Ende des 17. Jahrhunderts die feststehende Orangerie. Schon bei de Caus, dem Erbauer des Heidelberger Pomeranzenhauses, finden wir Pläne für einen feststehenden Bau. Nur die Außenwände sollten aus Mauerwerk bestehen, Dach und Vorderfront sollten erst im Winter eingefügt werden. Der Entwurf von de Caus, der das hölzerne Pomeranzenhaus ersetzen sollte, wurde jedoch nie ausgeführt. Im unteren Belvedere in Wien wurde mehr als 100 Jahre später ein Haus nach demselben Prinzip errichtet. Monumentale, reich ausgebildete Mauern umgrenzten dort von drei Seiten die Orangenpflanzung. Eine zeitgenössische Abbildung zeigt, wie der Bau im Herbst zugedeckt wurde: Die Vorderseite wurde durch große unterteilte Fenster geschlossen, das Dach bestand aus einzelnen hölzernen Satteldächern von der Breite einer Achse, die parallel zu den Seitenwänden liefen.[12]

Die typische barocke Orangerie, wie sie sich in den ersten Jahrzehnten des 18. Jahrhunderts entwickelte und in Europa verbreitete, kannte keine abschlagbaren Teile mehr. Der neue Bautyp stellte kein Provisorium dar, sondern wurde bewußt in die Gestaltung von Schloß und Park einbezogen. Die Fassadengestaltung paßte man bereits bestehenden Gebäuden an: Aus einem anspruchslosen Nutzbau entwickelte sich ein repräsentatives Gebäude, das sich vielseitig verwenden ließ. Man pflanzte nun die Bäume nicht mehr in den Boden, sondern in Kübel. Im Frühjahr konnte man die Orangenbäume vor dem Orangeriegebäude aufstellen oder sie als bewegliche Elemente der Gartengestaltung verwenden. Neben den Orangenbäumen waren inzwischen noch weitere Pflanzen in die Orangerien eingezogen, vor allem Myrten sowie Lorbeer- und Granatapfelbäume.

Während die französischen Orangerien die verschiedensten Zuordnungen zu den bestehenden Wohngebäuden erfuhren, hatte die Orangerie in Deutschland von Anfang an einen typischen Standort: Im barocken Garten, der sich aus dem umfriedeten Garten des Mittelalters entwickelt hatte, übernahm die Orangerie die rückwärtige Begrenzung des Gartens zur offenen Landschaft hin. Aus der axialen Beziehung zum Schloß leitete sich der symmetrische Grundriß mit seiner Gliederung in einen erhöhten Mittelbau, Seitenflügel und Eckpavillons ab. Aus der Lage am Ende des Gartens entwickelte sich bald der halbkreisförmige Grundriß. Die vorgezogenen, geschweiften Seitenflügel bildeten schützende Wände zu beiden Seiten der Orangenpflanzen, die im Frühjahr in dem vor dem Gebäude liegenden Garten aufgereiht wurden. Der zurückgesetzte Mittelteil betonte die axiale Blickrichtung und erzeugte optisch eine größere Tiefe.

Die Weiterentwicklung dieses Grundrisses führte dann so weit, daß sich die zu einer Einheit zusammengefaßten Bauten in einzelne Baukörper auflösten und die Orangerie dort, wo ursprünglich der Mittelbau die Achse begrenzte, nun wie im französischen Park den Blick in die Landschaft freigab. Die Überwinterung der Orangenbäume war im Barock oft nur noch Vorwand für die Errichtung eines repräsentativen Gegenstücks zum Schloß. Hier spielte sich der inoffizielle Teil des höfischen Lebens ab. Unter Einbeziehung des angrenzenden Gartens wurden hier Bankette und Sommerfeste abgehalten, die exotischen Bäume wurden Teil der festlichen Dekoration.

In einzelnen Fällen, wie in Kassel, war die Orangerie nicht dem Schloß zugeordnet, sondern beherrschte allein einen abseits gelegenen Park. Hier übernahm die Orangerie zusätzliche Funktionen, da durch die Entfernung vom eigentlichen Schloß Wohn- und Gesellschaftsräume benötigt wurden. Die Orangerie wurde hier zum Orangerieschloß und war so in erster Linie Ausdruck fürstlicher Hofhaltung. Die

Die Orangerie von Schloß Gaibach, um 1700

Aufgabe, mit einem solchen Bau auch ein günstiges Ambiente für die darin aufbewahrten Pflanzen zu schaffen, trat in den Hintergrund.
Neben Bauten, die – wie die Orangerie der Bayreuther Eremitage (heute: Neues Schloß) – von ihrer eigentlichen Bestimmung weit entfernt, fast nur noch repräsentative Kulissen waren, gab es jedoch auch bescheidenere Bauten, die meist seitlich der Hauptachse in abgegrenzten Bezirken des Gartens lagen. Nicolas de Pigages Orangerie im Schwetzinger Schloßpark (1761–62) ist ein Beispiel für einen solchen Bau, und noch Ludwig von Sckells Gewächshäuser im Park von Schloß Nymphenburg erinnern an solche Orangeriequartiere.
Wenn auch noch bis weit ins 19. Jahrhundert hinein Orangerien gebaut wurden – der monumentale Bau von August Stüler und Ludwig Hesse in Sanssouci (1851–64) erscheint wie eine letzte pathetische Beschwörung der zu Ende gehenden Feudalzeit –, so war doch schon um die Mitte des 18. Jahrhunderts der Höhepunkt in der Entwicklung dieses Bautyps erreicht. Daß die Orangerie schließlich durch das allseits verglaste Gewächshaus abgelöst wurde, lag nicht nur daran, daß die Zitrusfrüchte ihren exotischen Reiz längst eingebüßt hatten und die nun in Mode kommenden Tropenpflanzen mit ihrem viel größeren Licht- und Wärmebedürfnis neue Bauformen erforderten. Auch der sich wandelnde Geschmack in der Gartengestaltung hatte dazu beigetragen. Die Abkehr von der von vielen Menschen als starr empfundenen Geometrie des Barockgartens war nicht nur Zeichen für ein verändertes Verhältnis zur Natur, sondern auch zugleich eine Absage an ein erstarrtes Gesellschaftssystem. So kündete sich in der Befreiung von der Geometrie und der gleichzeitigen Hinwendung zur »Natürlichkeit« der Landschaftsgärten bereits das neue bürgerliche Zeitalter an.
In den englischen Gärten mit ihrer bewegten Topographie und ihren geschlängelten Wegen hatte man keine Verwendung mehr für einen Bautyp, der sich in seiner Gliederung und architektonischen Erscheinung auf das Achsensystem des Barockparks bezog. Es wurde zwar versucht, die Orangerie neuen Zwecken anzupassen, eine weitergehende Auflösung der Fassaden hin zu größerer Transparenz wäre jedoch nur unter Preisgabe des architektonischen Anspruchs möglich gewesen.
Parallel zur Entwicklung der höfischen Orangerien war jedoch auch die Entwicklung der reinen Treibhäuser vorangegangen. Dort, wo es um die Aufzucht von Obst und Gemüse ging, bemühte man sich um Bauten, die soviel Licht wie möglich einließen. Um durchgehende große Glasflächen zu erhalten, mußte man den Anteil an Konstruktionsgliedern so gering wie möglich halten. Holz war daher der nächstliegende Baustoff. Neben den »angelehnten« Treibhäusern, die meist nur einen geringen Querschnitt hatten, entwickelten sich Typen, die aus den Fachwerkkonstruktionen der abschlagbaren Pomeranzenbauten abgeleitet sein könnten.

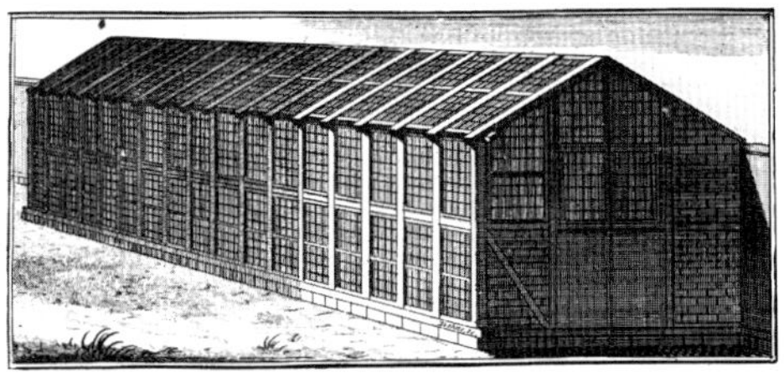

Gewächshaus im Garten Otto von Münchhausens in Schwöbber bei Hameln, vor 1714

Zu den frühesten in der Literatur dokumentierten Beispielen gehören die Glashäuser, die sich Otto von Münchhausen in seinem Garten in Schwöbber bei Hameln bauen ließ. Münchhausen war vor allem für seine erfolgreiche Ananaszucht bekannt. Johann Christoph Volkamer berichtete in seiner *Continuation der Nürnbergischen Hesperidum* (1714), daß Münchhausen jeden Sommer »etliche hundert Stück«[13] ernten konnte: »Gewißlich die allersüßeste und schmackhaftigste Frucht der ganzen Welt / die Ananas, von der man glauben sollte / daß sie auf teutschem Sand gar nicht zu erhalten wäre / ist zu Schwöbber gleichsam in ihrer Heimath / ...«[14]
Volkamer bildete außer dem Ananashaus auch das »rechte und eigentliche Glas- oder Fensterhaus des Herrn von Münchhausen« ab: Der 58 Schuh lange und 16 Schuh hohe (etwa 18 x 5 Meter), durch Öfen beheizte Bau hatte ein verglastes Satteldach und verglaste Wände. An der Rückseite lehnte sich die Holzkonstruktion an eine gemauerte Wand an.
Im Rückblick erscheinen eher solche einfachen Treibhäuser, deren Form allein aus dem Zweck abgeleitet ist, als die Vorläufer der späteren Ingenieurbauten. Der Wunsch, dem Pflanzenhaus eine repräsentative Form zu geben, der die barocke Orangerie hervorgebracht hatte, sollte jedoch weiterhin die Entwicklung mitbestimmen. Nicht nur beim Bau von Gewächshäusern geriet immer wieder die Aufgabe, einen gut funktionierenden Bau zu schaffen, mit dem Bestreben, klassischen Architekturvorbildern zu folgen, in Konflikt: Durch das ganze 19. Jahrhundert hindurch entwickelte sich die Architektur im Spannungsfeld zwischen Tradition und Fortschritt, zwischen einer übermächtigen historischen Erblast und weit über die Epoche hinausweisenden Ideen.

Orangerie an der Karlsaue in Kassel, 1701–10

**Die Glashäuser des 19. Jahrhunderts: Voraussetzungen** Nachdem die Entwicklung der frühen Gewächshäuser und Orangerien vor allem auf dem Kontinent stattgefunden hatte, übernahm England im frühen 19. Jahrhundert auf diesem Gebiet die Führung: »In keinem Land sind Material und Arbeit von größerer Vollkommenheit als in England; und bei allen üblichen Arbeiten, die in die Zuständigkeit von Architekten und Ingenieuren fallen, finden wir in der Ausführung im allgemeinen wenig zu verurteilen und viel zu bewundern.«[15]
Diese Feststellung in John Claudius Loudons *Remarks on the Construction of Hothouses* (1817) war keine patriotische Übertreibung: Sie entsprach den Tatsachen. Dies wurde auch auf dem Kontinent neidlos anerkannt. Viele Artikel in französischen und deutschen Fachzeitschriften, die sich mit dem Bau von Gewächshäusern befaßten, wiesen auf englische Beispiele hin. Schon in Diderots Enzyklopädie wurde England und Holland die größere Kompetenz auf diesem Gebiet zugestanden.

Frankreich sei im Bau von Gewächshäusern nicht »aufgeklärt« genug.[16] Diese Behauptung traf auf die deutsche Entwicklung ebenso zu: » ... sie (die botanischen Gärten in Deutschland) sind im allgemeinen reich an solchen Pflanzen, die keines künstlichen Schutzes bedürfen, aber arm an solchen, die ein Treibhaus oder Gewächshaus benötigen.«[17]

Daß England bereits im frühen 18. Jahrhundert in der Gartengestaltung die Führung übernommen und den Wechsel vom geometrischen Garten zum Landschaftsgarten herbeigeführt hatte, erklärt nicht allein die Fortschrittlichkeit der Briten im Bau von Pflanzenhäusern. England hatte nicht nur auf diesem Spezialgebiet, sondern insgesamt einen Vorsprung vor den übrigen europäischen Ländern. Als auf dem Kontinent die Industrialisierung einsetzte – in Deutschland begann sie erst in den 1840er Jahren –, hatte sich das Gesicht Englands infolge der raschen Industrialisierung bereits grundlegend gewandelt. Da hier schon im 18. Jahrhundert weitgehende wirtschaftliche Freiheit herrschte, bildete sich früh privates Kapital, das die im letzten Viertel des 18. Jahrhunderts beginnende industrielle Revolution erst ermöglichte. Dank seiner Kolonien, die nicht nur reich an natürlichen Rohstoffen waren, sondern auch bedeutende Absatzmärkte für die heimische Industrie darstellten, konnte sich England zur führenden Wirtschaftsmacht des 19. Jahrhunderts entwickeln.

In Deutschland wurde erst zu Beginn des 19. Jahrhunderts die Zunftordnung aufgegeben, die der Entwicklung von Handel und Industrie ebenso im Weg stand wie die politische Zersplitterung in zahllose Kleinstaaten und Fürstentümer. Während in Deutschland noch eine feudale Struktur bestand, entwickelte sich in England bereits die moderne Industriegesellschaft: Es setzt eine Abwanderung vom Land in die Stadt ein, die Bevölkerungszahl wuchs sprunghaft, und die Städte nahmen bisher unbekannte Dimensionen an. Dies machte den Ausbau der Verkehrs- und Kommunikationswege notwendig. Bereits vor der Mitte des Jahrhunderts verfügte England über ein ausgedehntes Eisenbahnnetz und über ein System von Kanälen für den Waren- und Rohstofftransport. Die Bahnhofshallen und weitspannenden Eisenbahnbrücken waren der sichtbare Beweis für die Leistungen englischen Ingenieurwesens, für das die seit dem letzten Viertel des 18. Jahrhunderts gemachten Fortschritte in der Eisenverhüttung eine der wichtigsten Voraussetzungen waren.

Gleichzeitig mit der technisch-industriellen Entwicklung fanden gesellschaftliche Umwälzungen statt: Es bildeten sich neue soziale Klassen, die der Unternehmer und die des in Lohnarbeit stehenden Proletariats. Die Vertreter der alten Feudalgesellschaft verloren an Macht. In kultureller Hinsicht waren sie allerdings noch lange Zeit das Vorbild der aufsteigenden Bourgeoisie. So war auch in der Gestaltung der Gärten der aristokratische Geschmack noch maßgebend. Die in Jahrhunderten gewachsenen ausgedehnten Parks waren weiterhin fast ausschließlich ein Privileg des Adels. Hier finden wir auch die größten und kostspieligsten Glashäuser. Erst nach der Jahrhundertmitte wurden dann Garten und Gewächshaus in bescheidenerem Ausmaß auch für den Bürger erschwinglich.

In der Gestaltung der Gewächshäuser bildeten sich nun die Tendenzen weiter aus, die im vorigen Jahrhundert bei den einfachen Treibhäusern zu erkennen waren: die Auflösung der Fassade in Glas und Stützen, der Verzicht auf architektonische Durchbildung einer gemauerten Wand mit eingesetzten Fenstern, deren massive Zwischenräume viel Licht abhielten. Man bemühte sich, die tragenden Teile des Baus soweit wie möglich zu reduzieren und damit die transparente Fläche zu vergrößern. Hierzu bot sich zunächst Holz als ein Material an, das die gemauerte Stütze ersetzen konnte. Später setzte sich dann das Eisen durch, mit dessen Hilfe sich große Spannweiten überbrücken ließen und das sich für eine rationelle Herstellung der Bauteile am besten eignete.

Eine weitere Voraussetzung für die Entstehung eines neuen Bautyps war die Verbesserung der Heizungstechnik. War noch im 18. Jahrhundert die in der Rückwand befindliche Kanalheizung üblich, so wurden zu Anfang des 19. Jahrhunderts in den Pflanzenhäusern erstmals Dampf- und Warmwasserheizungen erprobt. Die Notwendigkeit einer wärmeisolierenden und wärmeabstrahlenden Nordwand entfiel hiermit. Die Beheizung, die nun in der Regel durch Rohre unter dem Fußboden erfolgte, machte es möglich, das Gebäude nach allen Seiten zu verglasen. Da die Nordwand entfiel, war es auch nicht mehr nötig, das Gebäude in Ostwestrichtung anzulegen. Die Längsrichtung vieler Bauten lag nun in Nordsüdrichtung, so daß die größten Glasflächen nach Osten und Westen zeigten.

In Wechselwirkung mit dieser technischen Entwicklung wandelte sich die Funktion des Gewächshauses: Waren die Zitrusfrüchte Anlaß für den Bau von Orangerien gewesen und dienten die übrigen Treibhäuser in den höfischen Gärten vor allem der Aufzucht seltener Früchte für die Tafel, so interessierte man sich nun für andere Pflanzen. Es bestand auch keine Notwendigkeit mehr dazu, in nördlichen Breiten mit großem Aufwand Zitrusbäume aufzuziehen: Orangen wurden inzwischen im gesamten Mittelmeerraum angebaut und in den Norden exportiert. Allein England führte im Jahr 1829 mehr als 200 Millionen Stück ein.[18]

In den Pflanzenhäusern wurde der Orangenbaum durch Bäume aus den Tropen ersetzt, allen voran die Palme, von der ständig neue Arten entdeckt wurden. Dieser Wechsel hatte bereits um die Mitte des 18. Jahrhunderts begonnen. Vereinzelte tropische Pflanzen wurden vorerst noch in herkömmlichen Bauten gehalten. Schließlich machten aber die tropischen Gewächse mit ihrem größeren Licht- und Wärmebedürfnis, die es ja nicht nur galt, über den Winter zu bringen wie die Orangen, eigene Gebäude notwendig.

Die botanische Forschung erlebte einen nie gekannten Aufschwung. Dafür gab es vor allem wirtschaftliche Gründe: In den Gewächshäusern der botanischen Gärten fand die Grundlagenforschung für die von den Europäern in ihren Kolonien eingeführte Plantagenwirtschaft statt. Für die Besucher der botanischen Gärten war die tropische Pflanzenwelt der Glashäuser zugleich Symbol weltweiter europäischer Herrschaft: Das British Empire als größtes Kolonialreich bedeckte mit seinen Kolonien ein Viertel der bewohnbaren Erdoberfläche.

So war das Zeitalter des Imperialismus zugleich eine Blütezeit der Botanik. Die Königlichen Botanischen Gärten in Kew sendeten seit 1772 Pflanzensammler und Expeditionen in alle Welt. William Aitons dreibändiger Katalog des *Hortus Kewensis* von 1789 zählte bereits 5500 exotische Pflanzen auf, die sich im Besitz der Gärten befanden. Träger der botanischen Forschung waren nicht nur staatliche Institutionen, sondern auch private Gesellschaften: »Botanische Gesellschaften und Vereine ... sind in neuerer Zeit unter Bekanntmachung ihrer Verhandlungen ein wirksames Hilfs-und Anregungsmittel botanischer Bestrebungen geworden. Die Anzahl dieser Vereine ist jetzt so groß, daß die Aufzählung aller ermüden müßte. Die ältesten und die wirksamsten sind: die Società Botanica zu Florenz, gestiftet 1717 ... die Linnean Society zu London, ... die Königliche Bayerische Botanische Gesellschaft zu Regensburg, gestiftet 1790 ... die Horticultural Society in London seit 1805 ... die sehr tätige und wirksame Société Linnéenne zu Paris ...«[19] All diese Gesellschaften standen untereinander in Korrespondenz und tauschten miteinander Pflanzen aus. Viele besaßen eigene Gärten. Von Mitgliedsbeiträgen und Eintrittsgeldern wurden teilweise aufwendige Glashäuser finanziert. Die London Horticultural Society hatte in Chiswick einen ausgedehnten Garten gepachtet und ließ dort 1840 von der Firma D. und E. Bailey ein 18 Meter hohes Gewächshaus bauen. Garten und Glashaus waren häufig Schauplatz eleganter Feste. Die Veranstaltung solcher »horticultural fêtes« trug nebenbei zur Finanzierung des Gartens bei.[20]

Die Royal Botanic Society hatte einen Garten im Londoner Regent's Park und eröffnete dort noch vor Fertigstellung des großen Palmenhauses in Kew ihr eigenes Glashaus. Außerdem bestanden in vielen englischen Städten Florist Societies, die sich der Blumenzucht widmeten und ihre Züchtungen auf jährlichen Ausstellungen präsentierten.

Von den zahlreichen Tropenpflanzen, die etwa in den Glashäusern des Botanischen Gartens von Kew gezogen wurden, waren viele in erster Linie von wirtschaftlicher Bedeutung. Die Erforschung verschiedener Arten von Kaffeesträuchern, Kakaobäumen oder Baumwollpflanzen lieferte Erkenntnisse, die der Rationalisierung der tropischen Landwirtschaft zugute kamen. Auch die Palmen, die in ihren Herkunfts-

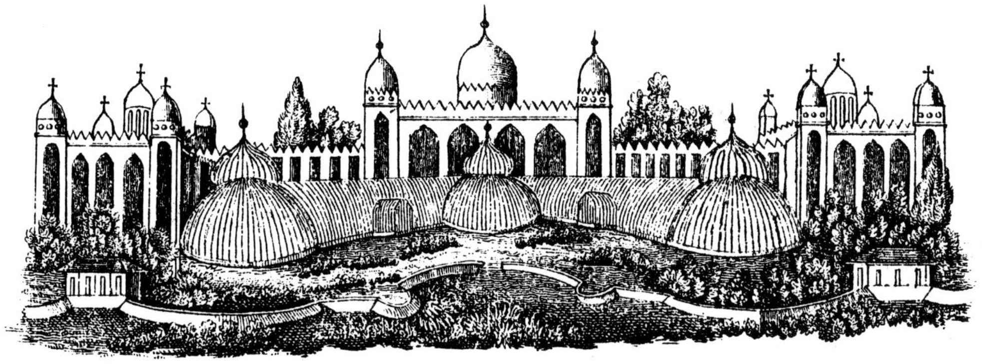

John Claudius Loudon
»Palast im orientalischen Stil« mit angebauten Glashäusern

ländern wichtige Nahrungs- und Rohstofflieferanten waren, waren unter ökonomischen Gesichtspunkten vor allem Nutzpflanzen: Dattelpalmen, Kokospalmen oder Ölpalmen lieferten außer frischen Früchten Mehle, Fette, Öle, Harze und Fasern. Aber vielleicht war es weniger ihrem wirtschaftlichen Nutzen als ihrer Wirkung auf die europäischen Phantasien zu verdanken, daß die Palmen, die schon Linné als »principes«, als Fürsten der Pflanzenwelt bezeichnet hatte, auch in den Glashäusern über alle anderen Pflanzen herrschten. Ihr Höhenwachstum und ihr Lichtbedürfnis bestimmten Erscheinung und Ausdehnung der großen Gewächshäuser, deren erhöhte Mittelbauten stets für sie reserviert waren. Wie beliebt die Palme auch unter Privatleuten war, zeigt der Erfolg des deutschen Gärtners Conrad Loddiges. In seiner Gärtnerei im Londoner Vorort Hackney konnte der Käufer bereits in den 1830er Jahren unter 150–170 Palmenarten wählen. Als sein Betrieb 1854 geschlossen wurde, erwarb Joseph Paxton den gesamten Bestand für den Kristallpalast in Sydenham.
In die zeitgenössischen Charakterisierungen der Palme, von der um 1850 bereits 440 Arten bekannt und methodisch beschrieben waren, mischt sich häufig ganz unwissenschaftliche Poesie. Im *Brockhaus* hieß es 1853, daß die Palme »der Vegetation der Tropenländer jenen eigentümlichen Charakter verleiht, der jedes Reisenden Gemüt ergreift«. Karl Friedrich von Martius, Direktor des Botanischen Gartens München, der die Flora Brasiliens erforscht hatte und 1824–36 sein dreibändiges Prachtwerk *Genera et species palmarum* herausgab, schwärmte: »Palmen, der edle Sproß von Terra und Phoebus, sind Bewohner der glücklichen Länder der Tropen, wo die Strahlen des letzteren immer scheinen.«[21]
Die Palme wurde zu einem Sinnbild für die Sehnsucht der Europäer nach »glücklichen Ländern«, nach fernen Südseeinseln, auf denen man im Geist das verlorengegangene Paradies ansiedelte. Die Vorliebe für alles Exotische entsprach einem Bedürfnis, das sich bereits in den Gärten des 18. Jahrhunderts artikuliert hatte: Der Garten war zu einem Land der Illusion geworden, in das man sich vor der Zivilisation Europas und seiner Geschichte flüchtete. Die Vorspiegelung fremder Erdteile und vergangener Zeiten geschah durch den Aufbau exotischer und historischer Staffagen. Chinesische Pavillons, ägyptische Pyramiden, gotische Kapellen, die Ruinen römischer Aquädukte und die fiktiven Gräber antiker Dichter und Philosophen entzündeten die Phantasie und weckten die Sehnsucht nach dem Goldenen Zeitalter und der verlorenen paradiesischen Unschuld.
In der Gartengestaltung manifestierte sich der Umschwung in der Ablösung der geometrischen Gärten, die die Beherrschung der Natur durch den menschlichen Geist verkündet hatten, durch den Landschaftsgarten, der die verlorene Unberührtheit künstlich wiederherzustellen suchte. In dem Garten der Herzöge von Devonshire zu Chatsworth wichen die geometrischen Blumenparterres großen Rasenflächen, Terrassen wurden in einen grasbewachsenen Hang verwandelt, gerade Wegachsen durch geschlängelte Pfade ersetzt. Die symmetrische Form der Bepflanzung mußte einer »natürlichen« weichen. Ziel war es, einen im wörtlichen Sinne malerischen Garten zu schaffen. Oft dienten die idealen Landschaften Nicolas Poussins und Claude Lorrains den Gartengestaltern als Vorbild. Künstlich angelegte Wasserfälle, Kaskaden und Felsgrotten waren zur Erzielung dieser malerischen Wirkung ebenso wichtig wie architektonische Staffagen.

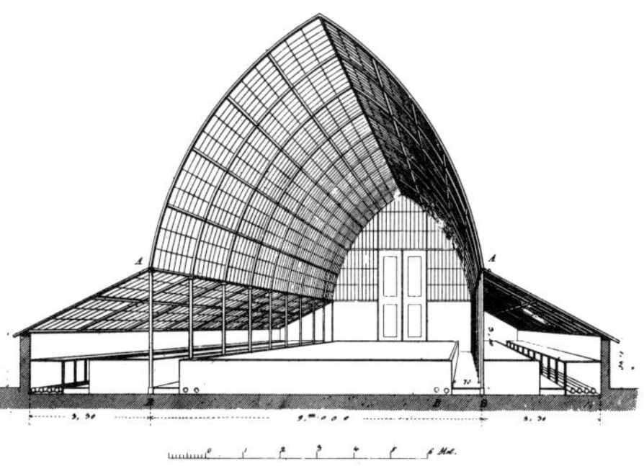

Palmenhaus in der Gärtnerei von Conrad Loddiges in Hackney, um 1820
Die etwa 10 Meter hohe Konstruktion bestand aus Holz und Glas

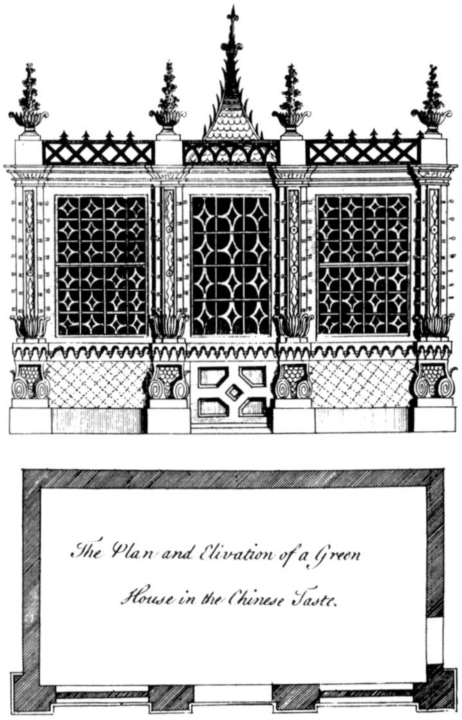


Musterentwurf für ein Gewächshaus im »chinesischen Geschmack«
Aus: William und John Halfpenny, *New Designs for Chinese Temples* …, 1750–52

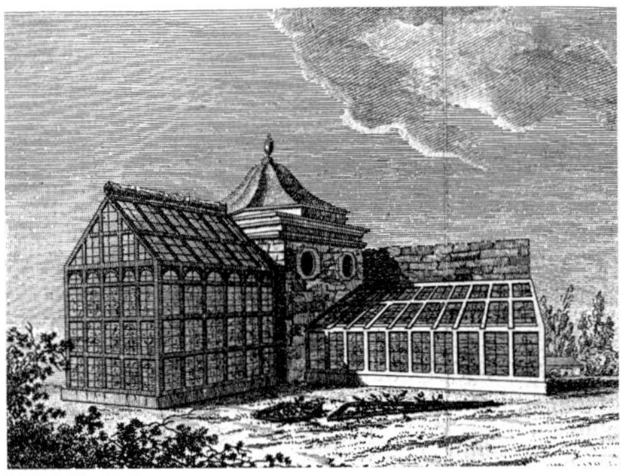

Eisernes Gewächshaus im Garten von Hohenheim, um 1789

Auch auf die Gestaltung der Gewächshäuser und ihre innere Anlage sollte sich die Begeisterung für fremdartige Baustile und kunstvolle Naturinszenierungen auswirken: In den architektonischen Vorlagebüchern des 18. Jahrhunderts finden sich Vorschläge für Gewächshäuser »im chinesischen Geschmack«[22], und noch John Claudius Loudon bildete in seiner *Encyclopaedia of Gardening* ein Glashaus mit indischen Zwiebelkuppeln ab – passend zu einem »Palast im orientalischen Stil«.[23] Auf die nüchterne Aufstellung von Kübelpflanzen nach botanischen Gesichtspunkten folgte nun eine »natürliche« Gruppierung von Bäumen und Sträuchern. Die tropischen Gewächse blieben – anders als die Kalthauspflanzen der Orangerien – das ganze Jahr über im Haus und wurden deshalb in den Erdboden verpflanzt. So wurde es möglich, im Glashaus illusionäre Tropenlandschaften mit geschlängelten Wegen und künstlichen Felsformationen zu schaffen. Selbst über die Eisenkonstruktion versuchte man hinwegzutäuschen, indem man Stützen oder Konsolen in ihren Formen der pflanzlichen Umgebung anpaßte. Auch der Baustoff, der es möglich machte, der exotischen Flora ein künstliches Ambiente zu schaffen, wurde lange Zeit als exotisch empfunden. Noch im frühen 19. Jahrhundert besaß eine eiserne Konstruktion den Reiz des Neuen und Fremdartigen, eine Eigenschaft, die vor allem in der Gartentheorie eine wichtige Rolle spielte. Im enzyklopädischen Weltmodell der Gärten hatte die Industrie ebenso ihren Platz wie die Exotik. Verwies der chinesische Pavillon auf Kenntnis und Besitznahme ferner Länder, so versinnbildlichte eine eiserne Brücke die Erfolge aufgeklärten europäischen Denkens und verkündete eine von immer neuen Erfindungen geprägte glückliche Zukunft. Die Pagode im Garten von Alton Towers wirkte doppelt exotisch durch ihren Stil (»chinesisch«) und ihren Baustoff (Gußeisen).
Auch in den Landschaftsgärten auf dem Kontinent baute man Architekturstaffagen aus Eisen: In Kassel entwarf Johann Conrad Bromeis, der Architekt des Pflanzenhauses, die eiserne »Teufelsbrücke« (1826), und im einstmals berühmten Park von Wörlitz steht eine verkleinerte Nachbildung der Iron Bridge von Coalbrookdale, Englands erster Eisenbrücke. Die beiden Brücken waren ebenso wie das Gewächshaus, das sich der württembergische Herzog Carl Eugen um 1789 in Hohenheim erbauen ließ, Ausdruck der Bewunderung für Englands Industrie. Unmittelbar nach einer Englandreise hatte Carl Eugen mit der Anlage eines englischen Gartens begonnen. Unter den mehr als 60 Gartenbauten – künstliche Ruinen altrömischer Bauten, rustikale Hütten, Badehäuser, Einsiedeleien, Grotten und eine Moschee – befand sich auch das etwa 15 Meter hohe Gewächshaus, das vermutlich das erste eiserne Haus auf dem Kontinent war.[24] Das große Prestige, das der Baustoff Eisen für lange Zeit behalten sollte, lag nicht zuletzt in seinem Preis begründet. Noch als sich Wilhelm I. bei Stuttgart seine »maurische« Villa Wilhelma (1842–46) mit ihren eisernen Gewächshausflügeln bauen ließ, war das Bauen mit Eisen teurer als das mit herkömmlichen Materialien.

**Übergangsformen: von der Orangerie zum allseits verglasten Gewächshaus** »Die Zucht von Palmen ist, wie Herr Loudon so treffend bemerkt, weniger eine Sache des dekorativen Aussehens als vielmehr eine Kostenfrage. Sie bedürfen intensiver, feuchter Wärme, reichlicher Erde in Kübeln oder im Beet, sowie genügend Raum für die Entfaltung der Blätter. Da sie von bemerkenswert langsamem Wachstum sind, braucht das entsprechende Gewächshaus zu Anfang nicht die übliche Höhe zu überschreiten; um aber den Palmen zu erlauben, ihre Eigentümlichkeit zu entwickeln, muß das Dach nach und nach auf die Höhe von 60, 80, 100 Fuß gebracht werden. Es wäre sehr zu wünschen, daß ein vermögender und kultivierter Mann in diesen Zeiten des Friedens und des Müßiggangs sich der Palmenkultur widmete, für welche die Herren Loddiges, sehr zu ihrer Ehre, das erste Beispiel gesetzt haben.«[25]
Zu den ersten großen Gewächshäusern des 19. Jahrhunderts hatte die in Mode gekommene Palmenzucht den Anstoß gegeben. Nur aus der Größe dieser Bäume und ihrem großen Verlangen nach Licht und tropischer Wärme lassen sich die ungewöhnlichen neuen Formen erklären, die an den Pflanzenhäusern in Kassel-Wilhelmshöhe, im Park von Alton Towers oder dem von Syon House ins Auge fallen.

Bei all diesen Bauten, die noch stark an traditionellen Vorbildern orientiert sind, wurden jedoch die neuesten bautechnischen Möglichkeiten des Industriezeitalters bereits bewußt und unübersehbar zum Ausdruck gebracht.
Als Abkömmlinge eines feudalen Bautyps sind sie nicht nur durch ihre Bauherren ausgewiesen. Auch ihre Stellung im Zusammenhang von Schloß und Park und die gesellschaftliche Rolle, die ihnen jenseits ihrer botanischen Funktion zukam, verweisen auf die Orangerie des 18. Jahrhunderts.
In Kassel liegt das Pflanzenhaus in optischem Bezug zum Schloß parallel zur Hauptachse am Rand des Pleasure ground, in Syon Park abseits des Hauses wie ein zweites Schloß in einem gesonderten Teil des Gartens, und in Alton Towers beherrscht der langgestreckte Bau mit seinen sieben Glaskuppeln ein als Landschaftsgarten gestaltetes Tal.
All diese Bauten waren häufig Schauplatz feudaler Geselligkeit: In Kassel hatte bereits der Vorgängerbau des Großen Pflanzenhauses in seinem mittleren Pavillon einen Speisesaal enthalten, in Alton Towers gab das Gewächshaus den exotischen Rahmen für exklusive Gesellschaften ab, und im Gewächshaus von Syon House veranstaltete der Herzog von Northumberland spektakuläre Feste, zu denen die Elite des englischen Adels erschien.
Bei all diesen Beispielen erscheint die reizvolle Verbindung von historisierender Steinarchitektur und filigraner Eisenkonstruktion als Ergebnis des Versuchs, eine überlieferte Form und ihren sozialen Inhalt dadurch zu bewahren, daß man sie neuen Aufgaben anpaßte. Die jüngsten Fortschritte in der industriellen Herstellung von Eisen und Glas machten es möglich, der alten Orangerie ein neues Aussehen zu geben, das einstmals geschlossene Dach zu verglasen, die gemauerten Fassaden weitgehend durch ein Raster aus Eisensprossen und Glasscheiben aufzulösen und den Mittelbau oder sogar die äußeren Pavillons durch gläserne Kuppeln zu betonen.
Beibehalten wurden traditionelle Grundrisse – der des Gewächshauses von Syon House verweist sowohl auf Palladio als auch auf die halbkreisförmig ausgreifenden Flügel einiger Orangerien auf dem Kontinent – und die Orientierung der Bauten nach Süden bei gleichzeitiger Abschließung durch eine massive Rückwand an der Nordseite. In ihrem Raumprogramm nahmen diese Bauten die großen Gewächshäuser der botanischen Gärten vorweg. Die Gliederung in unterschiedliche Baukörper ist zugleich eine Differenzierung nach verschiedenen Klimazonen, die im Inneren durch Fenster und Glastüren voneinander abgetrennt sind: Der erhöhte Mittelbau diente stets als Warmhaus für Palmen und andere Tropenpflanzen, Flügel und Eckbauten enthielten die »kalten« und gemäßigten Temperaturbereiche. Mit ihren gläsernen Kuppeln weisen die Gewächshäuser von Alton Towers und Syon House auf die grundlegenden Vorarbeiten von John Claudius Loudon hin, der bereits seit 1818 sphärisch gewölbte Konstruktionen aus dünnen gebogenen Eisensprossen errichtete und diese mit kleinen Scheiben dachziegelartig verglaste. Ob dem Erbauer des Kasseler Pflanzenhauses solche Glashäuser aus Loudons zahlreichen Veröffentlichungen vertraut waren, ist nicht bekannt. Die nicht mehr bestehende Kuppel über dem Mittelpavillon des Kasseler Baus dürfte in Deutschland die früheste derartige Konstruktion aus Eisen und Glas gewesen sein. Die sichtbare Verwendung von Eisen bei Bauten mit deutlich repräsentativem Charakter zeigt, welches Prestige der neue Baustoff besaß.
Der Wunsch nach Repräsentation stand jedoch bei diesen spätfeudalen Pflanzenhäusern einer weitergehenden Auflösung von Dächern und Fassaden im Weg. Viele Gärtner waren mit solchen »architektonischen« Gewächshäusern (»architectural conservatories«), wie Loudon sie nannte, nicht einverstanden. Loudon war der Ansicht, daß die Verwendung von Mauerwerk den Pflanzen zuviel Licht nehme und ihr Wachstum beeinträchtige.[26] Auch Charles McIntosh kritisierte in seinem Buch *The Greenhouse, Hothouse and Stove* (1838) diese Bauten: »Solche geräumigen und ausgedehnten Gewächshausanlagen wie die in Syon, Alton Towers und an anderen Orten mögen an ihrem jeweiligen Platz berechtigt sein und mögen auch nicht das Maß an Großartigkeit übersteigen, das ihre fürstliche Umgebung erfordert; was aber die Pflanzenzucht betrifft, so kann keine Einrichtung weniger erfolgreich sein,

was man sehen kann, wenn man den Zustand der Pflanzen in solchen Häusern mit denen vergleicht, die in weit bescheideneren Bauten gezogen werden.«[27]
Die alte Orangerie ließ sich also nicht ohne Preisgabe ihres architektonischen Anspruchs zu einem Warmhaus für tropische Pflanzen weiterentwickeln. Mit den technischen Innovationen, die den feudalen Bautyp neuen Aufgaben anpassen sollten – Glasdächer und Dampfheizungen – war jedoch bereits der nächste Schritt in der Entwicklung der Gewächshäuser vorbereitet.

**Neue konstruktive Möglichkeiten** Für die technologische Weiterentwicklung des Bauens im 19. Jahrhundert waren die »neuen« Materialien Eisen und Glas von ausschlaggebender Bedeutung. Sie wurden zwar schon seit der Antike verwendet, waren aber insofern neu, als erstmals im 18. Jahrhundert ihre industrielle Erzeugung in großen Mengen möglich wurde. Nachdem es gelungen war, bei der Verhüttung von Eisenerzen Koks statt Holzkohle – die nur begrenzt verfügbar war – zu verwenden, stand einer Entwicklung der Eisenindustrie nichts mehr im Weg. Die kontinuierliche Weiterentwicklung des Hüttenwesens und die ständige Verbesserung der Eisenqualität waren Voraussetzungen für die Entwicklung im Maschinenbau und Hochbau. Umgekehrt erzwang der durch den Bau von Maschinen, Eisenbahnen und Schiffen ständig wachsende Materialbedarf die laufende Verbesserung der Produktionsmethoden. Eisen wurde »das wichtigste, nützlichste und verbreitetste aller Metalle, ohne dessen Verwendung fast kein Zweig der Industrie« mehr bestehen konnte.[28]

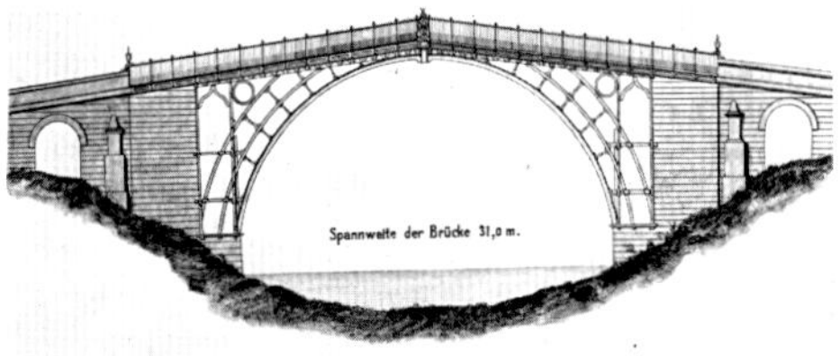

Abraham Darby und Thomas Farnolls Pritchard
Iron Bridge bei Coalbrookdale, 1776–79

Für das Bauen mit Eisen spielte lange Zeit das Roh- oder Gußeisen die größte Rolle. Abraham Darby, der 1735 erstmals Eisenerz mit Hilfe von Steinkohle geschmolzen hatte, verwendete das bisher nur im Maschinenbau gebräuchliche Gußeisen 1779 für den Bau einer Brücke: Die von ihm gemeinsam mit dem Architekten Thomas Farnolls Pritchard entworfene Bogenbrücke (Iron Bridge), die den Severn bei Coalbrookdale überspannt, ist der früheste in der Architekturgeschichte bekannte eiserne Hochbau. In Zusammenhang mit dem Ausbau des Straßen- und Eisenbahnnetzes entstanden in der Folge unzählige eiserne Brücken. Weniger sichtbar als im Brückenbau wurde Eisen seit den 1790er Jahren auch beim Bau von Fabriken verwendet. Boulton & Watt, vor allem als Dampfmaschinenhersteller bekannt, errichteten 1799 in Salford für einen Textilfabrikanten den ersten Eisenskelettbau. Das Eisenskelett setzte sich gerade im Fabrikbau schnell durch. Aber selbst im Sakralbau fand es Anwendung, wie drei 1813–16 von Thomas Rickman und John Cragg in Liverpool erbaute Kirchen zeigen. Die Qualität des Roh- oder Gußeisens wurde durch das von Henry Cort 1783 zum Patent angemeldete Verfahren des »puddling« noch weiter verbessert: Durch Einrühren von Luft entzog man dem Eisen Kohlenstoff und erhielt so Schmiede- und Schweißeisen, das dem Gußeisen an Zugfestigkeit weit überlegen war. Noch bis zur Mitte des 19. Jahrhunderts wurden Brücken aus gußeisernen Bögen errichtet, und noch beim Bau des Kristallpalasts fanden Gußeisenträger Verwendung. Der Spannweite gußeiserner Konstruktionsglieder waren jedoch auf Grund der Materialeigenschaften Grenzen gesetzt. Das wegen seines hohen Kohlenstoffgehalts spröde Material besaß zwar hohe Druckfestigkeit, ließ sich aber nur begrenzt auf Zug und Biegung beanspruchen. Unter den frühen Eisen- und Glasbauten finden sich daher viele Mischkonstruktionen, die gebogene Sprossen und Träger aus Schmiedeeisen mit gußeisernen Stützen und Balken kombinieren. Daß noch Paxton beim Kristallpalast Gußeisen verwendete – für die großen Spannweiten der Tonnengewölbe wählte er jedoch laminierte Holzbinder –, lag daran, daß schmiedeeiserne Träger nicht so rationell und preiswert hergestellt werden konnten wie gegossene.
Erst als mit Hilfe der von Sir Henry Bessemer 1856 patentierten »Bessemerbirne« die Herstellung von Stahl im industriellen Maßstab möglich wurde, waren solche Mischkonstruktionen nicht mehr erforderlich. Durch die in einer birnenförmigen Retorte geschmolzene Roheisenmasse wurde mit einem Gebläse von unten Luft getrieben und so der Kohlenstoffgehalt des Eisens reduziert. Der so erzeugte Gußstahl vereinigte die Eigenschaften des Gußeisens mit denen des Schmiedeeisens. Die gesteigerte Qualität des Materials machte nun die Überbrückung größter

Spannweiten möglich. Die Belastbarkeit eiserner Tragwerke wurde nicht mehr intuitiv oder durch praktische Belastungsproben ermittelt, wie sie Paxton noch beim Bau des Kristallpalasts durchgeführt hatte. An die Stelle des Versuchs trat die exakte Vorausberechnung des statischen Systems. Wichtige Impulse für die Entwicklung der theoretischen Baustatik gingen dabei von Frankreich aus, wo der Staat früh durch die Gründung technischer Lehranstalten die mechanischen Wissenschaften gefördert hatte (Ecole polytechnique, 1794). Seit der Jahrhundertmitte trat Frankreich als Industrieland mit England in Konkurrenz: Die Weltausstellungen wurden zum Schauplatz immer neuer Triumphe des Ingenieurwesens und der Industrie. 1889 erreichte das Bauen mit Eisen und Glas seinen zweiten Höhepunkt nach dem Kristallpalast mit der Galerie des Machines von Ferdinand Dutert und Victor Contamin. Die Verwendung des 1863 von Johann Schwedler beim Bau des Retortenhauses der Englischen Gasanstalt in Berlin erstmals erprobten Dreigelenkbinders ermöglichte in Paris die stützenlose Überspannung einer Strecke von 110 Metern. Das gleiche Konstruktionsprinzip wurde dann 1905 noch einmal beim Bau des Tropenhauses im botanischen Garten in Berlin-Dahlem angewendet. Schon zu Beginn des 20. Jahrhunderts hatte man den »Ursprung aller Architektur aus Eisen und Glas« im Gewächshaus gesehen[29]. Die Weiterentwicklung der Gewächshäuser war wie die Entstehung neuer Bautypen aus Eisen und Glas wie Passagen, Bahnhofshallen oder Ausstellungsbauten nicht nur vom Stand der Eisenherstellung und des Ingenieurwesens, sondern ebensosehr von den Fortschritten der Glaserzeugung abhängig. Die Raumausdehnung der Gewächshäuser und der Abstand zwischen den einzelnen Eisensprossen wurde von der Größe der Glasscheiben bestimmt, die die Industrie zu liefern in der Lage war. Auch der hohe Preis des Glases, der in England erst 1845 durch Senkung von Steuern und Einfuhrabgaben drastisch gesenkt wurde, hatte die Entwicklung gesteuert. Obwohl bereits um 1700 von Lucas de Nehou Glasscheiben bis zur Größe von 120 x 200 Zentimetern im Gieß- und Walzverfahren hergestellt wurden, fanden noch bis ins 19. Jahrhundert die kleinen Kronglasscheiben oder die im Zylinderstreckverfahren hergestellten Gläser beim Bauen Verwendung, da die gegossenen Scheiben auf Grund ihres hohen Preises nur zu Spiegeln weiterverarbeitet wurden. Noch das Glas für den Kristallpalast wurde im Zylinderstreckverfahren hergestellt. Durch den Einsatz von Preßluft gelang es zwar, größere Zylinder als früher zu blasen, der Größe der so hergestellten Glasscheiben waren dennoch Grenzen gesetzt. Die von der Firma Robert Lucas Chance gelieferten Gläser bestimmten mit ihrer Länge von 3 Fuß und einer Breite von 10 Zoll das Rastermaß von Paxtons Entwurf. Erst nachdem die handwerklich organisierte Glasherstellung durch maschinelle Verfahren ersetzt wurde und die Aufhebung der Glassteuer die Nachfrage angeregt hatte, wurde auch die Herstellung großer Glasscheiben rentabel.

Victor Contamin und Ferdinand Dutert
Galerie des Machines, Paris, 1889

**John Claudius Loudons »kurvenlineare« Glashäuser** »Wenn erst einmal zukünftige Verbesserungen in der Beheizung und Belüftung das künstliche Klima dem Klima, das es imitiert, ebenbürtig oder überlegen gemacht haben, dann wird ein solcher Anbau an den Familiensitz nicht nur in gesundheitlicher Hinsicht nützlich sein, sondern auch elegant und luxuriös als Aufenthaltsraum ... bei ungünstigem Wetter. Vielleicht wird sogar die Zeit kommen, in der solche künstlichen Klimate nicht nur mit passenden Vögeln, Fischen und harmlosen Tieren ausgestattet werden, sondern auch mit Beispielen der menschlichen Spezies aus den verschiedenen nachgeahmten Ländern, die, in ihre jeweiligen Trachten gekleidet, als Gärtner oder Verwalter dienen. Aber dieses Thema ist zu neu und fremdartig, um es zur Diskussion zu stellen, ohne beim allgemeinen Leser der Lächerlichkeit anheimzufallen.«[30]

Diese phantasievolle Vision eines Wintergartens stammt aus einer Schrift über den Bau von Gewächshäusern, die John Claudius Loudon 1817 unter dem Titel *Remarks on the Construction of Hothouses* veröffentlichte. Sie war eine von mehreren Veröffentlichungen zum gleichen Thema und stellt nur einen Bruchteil von Loudons publizistischer Produktion dar. Mit unzähligen Artikeln, Denkschriften und Büchern sowie von ihm herausgegebenen Zeitschriften und Nachschlagewerken nahm

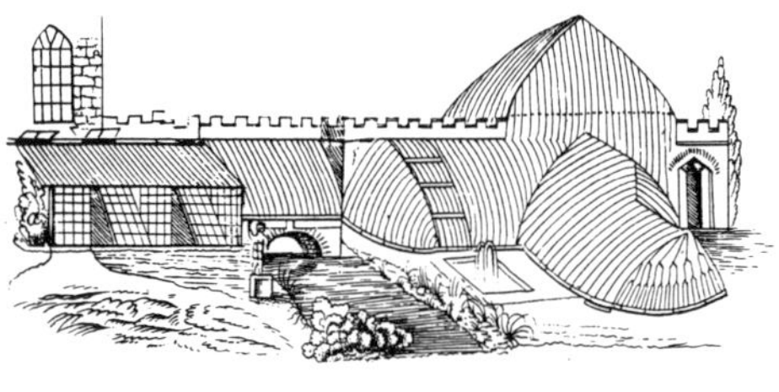

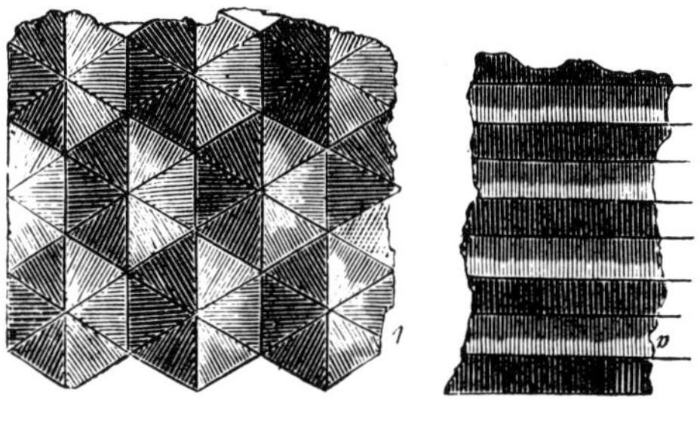

John Claudius Loudon
Versuchsbauten in Bayswater, 1815–18

Ridge-and-furrow-Dach und Pyramidendach

er entscheidenden Einfluß auf den Geschmack seiner Zeit, was Architektur, Inneneinrichtung und Gartengestaltung betraf. Zugleich leistete er einen bedeutenden Beitrag zur Entwicklung des Bauens mit Eisen und Glas.
Der 1783 in Schottland geborene Loudon trat mit 15 Jahren bei einem Landschaftsgärtner in die Lehre ein. Mit außergewöhnlichem Ehrgeiz und Fleiß erwarb er sich Grundkenntnisse in Botanik, Chemie, Landwirtschaft und Architektur und lernte mehrere Sprachen, die ihm bei seinen vielen Reisen von Nutzen waren. 1803 ging er nach London und begann dort als selbständiger Gartenplaner zu arbeiten. Gleichzeitig erschienen seine ersten Veröffentlichungen.
Nicht nur die Pläne zur Schaffung eines Grüngürtels in der sich immer weiter ausdehnenden Großstadt London oder seine Vorschläge zur Aufhebung sozialer Ungerechtigkeiten im englischen Schulwesen, auch seine Aktivitäten als Gärtner sah Loudon als Teil einer gesellschaftlichen Verpflichtung an. Er war davon überzeugt, daß das öffentliche Grün für den Frieden in der Gemeinschaft von gleich großer Bedeutung sei wie der eigene Garten für das Glück des einzelnen. Aus vielen seiner Projekte spricht der enthusiastische Glaube an den Einfallsreichtum des Menschen und seine Fähigkeit, sich und anderen mit technischen Mitteln das Leben zu erleichtern. Selbst die von der Natur vorgegebenen Bedingungen ließen sich korrigieren: Lebte man in einem unwirtlichen Klima, so schuf man sich ein künstliches unter dem Glasdach.
Bekannt wurde Loudon jedoch vor allem durch Veröffentlichungen wie die 1822 erstmals erschienene *Encyclopedia of Gardening*, ein umfangreiches Werk, das zu allen theoretischen und praktischen Fragen von Gartenbau und Gartengestaltung Stellung nimmt und neben einer Geschichte des Gartens auch eine Beschreibung der wichtigsten europäischen Gartenanlagen enthält. Die Zeichnungen und Beschreibungen entstanden auf mehreren Europareisen, die ihn, unter teilweise abenteuerlichen Umständen, bis nach Rußland führten. Nach seiner Heirat im Jahr 1830 entstanden die meisten weiteren Veröffentlichungen in Zusammenarbeit mit seiner Frau Jane, die auch unter eigenem Namen publizierte.
Sein nächstes großes Projekt war die Herausgabe der *Encyclopaedia of Cottage, Farm and Villa Architecture and Furniture* (1833), die zum wichtigsten Nachschlagewerk für Architekten, Bauunternehmer und Möbelhersteller wurde und bis zum Ende des Jahrhunderts von bedeutender Wirkung auf den Geschmack der Viktorianischen Ära war. Hier finden sich neben Vorschlägen zur Einrichtung von Gaststätten Empfehlungen für den Bau von Gewächshäusern oder Ansichten von Landhäusern im gotischen, italienischen oder »Burgen«-Stil. So trug auch Loudon zum Pluralismus der Stile bei. Neben dem *Gardener's Magazine* gab er vier weitere Zeitschriften heraus, darunter *The Suburban Gardener* und *The Architectural Magazine*. Zahllose Buchtitel ließen sich anfügen. Loudon, der weiterhin als Gartengestalter tätig war, arbeitete pausenlos ohne Rücksicht auf seine Gesundheit. 1843 starb er im Alter von 60 Jahren – nicht nur an den Folgen einer Lungenentzündung, sondern wohl auch an Überarbeitung.
Unter der Überschrift »Of the Principles of Design in Plant-houses« *(Encyclopaedia of Gardening)* leitete Loudon Schritt für Schritt die Prinzipien für den Bau eines Gewächshauses aus den Anforderungen ab, die sich aus dem für die jeweiligen Pflanzen angestrebten künstlichen Klima ergeben.[31] Um möglichst viel Licht einzulassen, muß der Anteil an undurchsichtigen Bauteilen gering gehalten werden. Eine weitere Anforderung ist die, das Licht möglichst senkrecht einfallen zu lassen, da bei einem senkrechten Auftreffen der Lichtstrahlen auf eine Glasscheibe keine Reflexion stattfindet. Bei einem schrägen Auftreffen wird dagegen ein großer Teil des Lichts zurückgeworfen. Aus diesen Überlegungen ergab sich eine Bauform, die erstmals von Sir George Mackenzie in einem Vortrag angeregt wurde, den dieser 1815 vor den Mitgliedern der Horticultural Society gehalten hatte. Mackenzies Ratschlag lautete: »Mache die Oberfläche des Gewächshausdachs parallel zum Gewölbe des Himmels und zum Lauf der Sonne!«[32] Daraus ergab sich, daß die am besten geeignete Form des Glasdachs die »hemisphärische«[33] sei: Die Schnittlinie des kugelförmig gewölbten Dachs läuft parallel zum Lauf der Sonne, so daß sowohl bei hoch

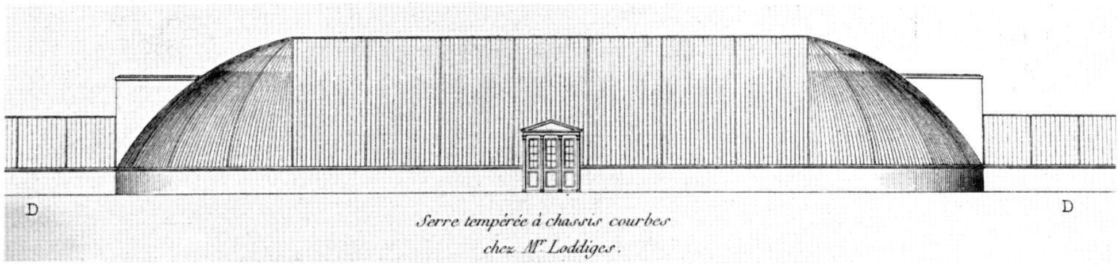


W. und D. Bailey, nach einem Entwurf von John Claudius Loudon
Kamelienhaus in der Gärtnerei Loddiges, Hackney, um 1820

stehender Sommersonne als auch bei niedrig stehender Wintersonne der größte Teil der Strahlen senkrecht einfällt. Gibt man dem Bau einen halbkreisförmigen Grundriß, so erhält man eine Viertelkugel, die, nach Süden ausgerichtet, morgens, mittags und abends von der Sonne bestrahlt wird.

Mackenzies Vortrag war für Loudon der Auslöser, sich mit solchen sphärischen Glaskörpern zu beschäftigen. Auf seinem Grundstück in Bayswater, London, stellte er 1818 eine Reihe von Versuchsbauten nach dem »kurvenlinearen« Prinzip fertig, die, wie er vermutete, die ersten dieser Art in England waren. Die Ergebnisse seiner Arbeit veröffentlichte er in den *Sketches of Curvilinear Hothouses* (1818). Als am besten geeignete Formen sah er Halb- und Viertelkugeln oder auch Bauten mit halbelliptischem Grundriß und halbelliptischem Längsschnitt an. Loudon ließ seine Kuppeln und Halbkuppeln oben spitz zulaufen, um einen besseren Ablauf des Wassers zu gewährleisten. Aus diesen Formen abgeleitet sind rechteckige Grundrisse mit abgerundeten Enden und gewölbtem Dach. Außer gewölbten Dächern mit glatter Oberfläche schlug Loudon noch zwei weitere Konstruktionsformen vor: das Ridge-and-furrow-Dach und ein Dach aus Pyramiden mit sechs- oder achteckiger Grundfläche. Das zickzackförmig gefaltete Dach besaß für Loudon zwei Vorteile: Erstens kann es im Winter eine größere Schneelast tragen als eine glatte Oberfläche, und zweitens fällt während eines großen Teils des Vormittags und des Nachmittags die Sonne senkrecht auf jeweils eine der einen Winkel von 90° einschließenden Flächen.

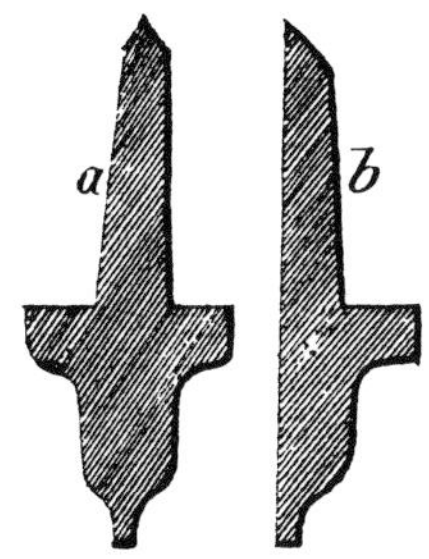


Schnitte durch zwei biegsame Eisenprofile

Joseph Paxton griff später Loudons Idee auf und erprobte sie in der Praxis: In Chatsworth baute er mehrere Gewächshäuser mit gefalteten Dächern, beim Bau des Großen Pflanzenhauses (1836) wendete er das Ridge-and-furrow-Prinzip erstmals auch auf gewölbte Dachflächen an. Loudon selbst scheint diese Bauweise nie angewendet zu haben. Die von ihm für zahlreiche Auftraggeber entworfenen Glashäuser hatten – soweit bekannt – alle glatte Oberflächen. Für die Herstellung seiner »kurvenlinearen« Bauten hatte Loudon ein biegsames Profil aus Schmiedeeisen entwickelt, das etwa 1/2 Zoll stark war. 1818 überließ er die Rechte an seiner Erfindung der Firma W. und D. Bailey in Holborn, London, die in der Folge nach seinen Plänen »in allen Teilen des Landes« kurvenlineare Glashäuser errichteten.[34] Zu den von den Baileys gelieferten Bauten gehörte das Kamelien- oder Orangenhaus der Gärtnerei Loddiges sowie das 6 Meter hohe Orangenhaus für den Earl of St. Vincent in Rochetts, Essex, das in Form einer gläsernen Halbkugel an eine gemauerte Rückwand lehnte.[35]

Für Mrs. Beaumont in Bretton Hall, Yorkshire, entwarf Loudon 1827 das damals größte Glashaus Englands. Die beeindruckende Konstruktion wurde leider bereits 1832, nach dem Tod ihrer Besitzerin, abgetragen und verkauft. Der glockenförmige Zentralbau, der 14.000 Pfund gekostet hatte, war 18 Meter hoch und hatte einen Durchmesser von 30 Metern. Der Eisen-und-Glas-Bau saß auf einem niedrigen Steinsockel, der die unteren Lüftungsklappen enthielt, und setzte sich aus zwei gewölbten Stufen zusammen. Die obere Kuppel endete in einer oben offenen »Federkrone«, die der Entlüftung diente. Ein abseits stehendes Kesselhaus erzeugte den Dampf für die im Boden verlegten Heizrohre. Wie so häufig, handelte es sich auch bei diesem Bau um eine Mischkonstruktion: Die 16 Stützen, die den ringförmigen Träger der oberen Kuppel trugen, bestanden aus Gußeisen, alle Gewölberippen dagegen aus Schmiedeeisen. Loudon legte Wert auf die Feststellung, daß außer dünnen Eisenprofilen mit einem Querschnitt von 2 x 1/2 Zoll (5 x 1,25 cm) keine zusätzlichen Träger benötigt wurden. Erst mit dem Einsetzen der Glasscheiben erhielt

W. und D. Bailey, nach einem Entwurf von John Claudius Loudon
Gewächshaus von Bretton Hall, 1827. Ansicht und Schnitt

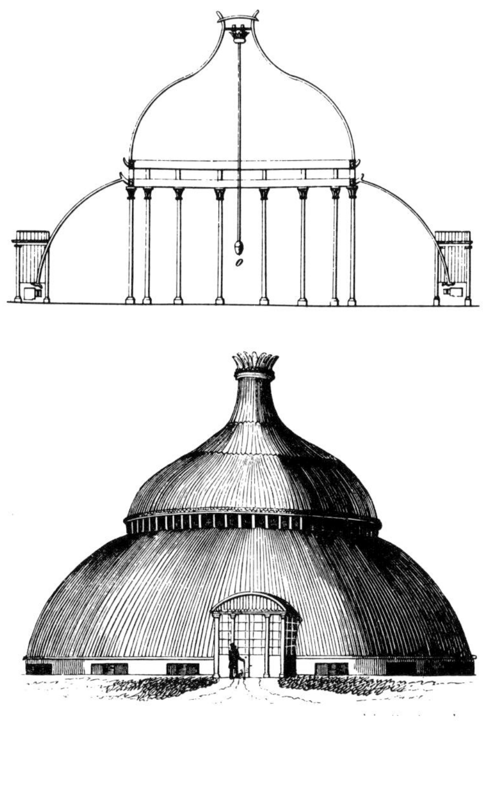

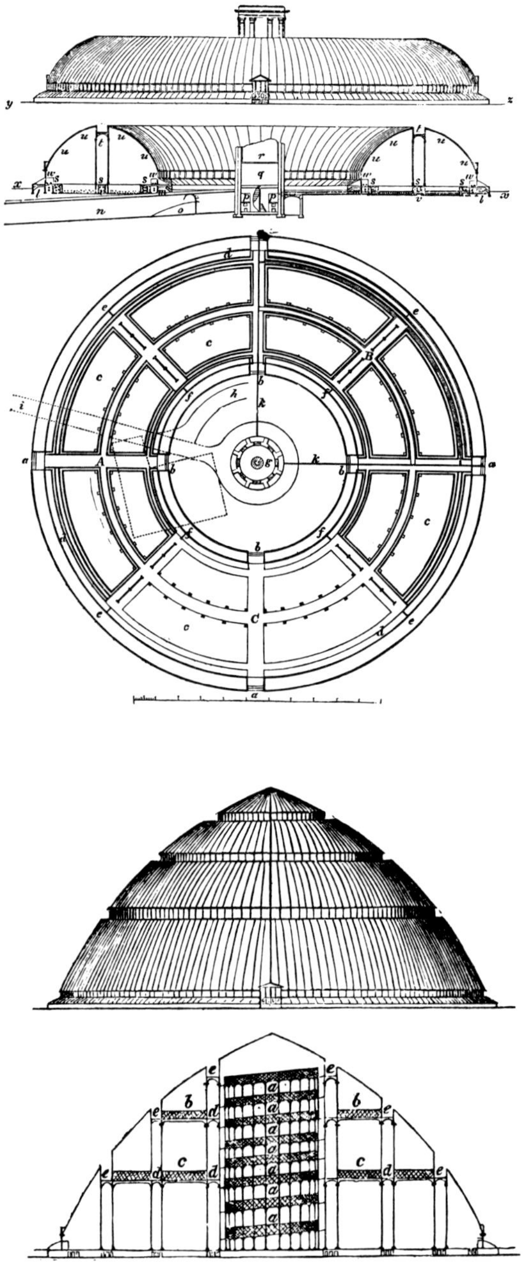

John Claudius Loudon
Alternativentwürfe für ein großes Pflanzenschauhaus im Botanischen Garten Birmingham, 1831. Ansichten, Schnitte und Grundriß

diese Konstruktion jedoch die nötige Steifigkeit: »Als das Eisenwerk aufgestellt war, aber noch nicht verglast war, konnte der leichteste Wind das Ganze von unten bis oben in Bewegung bringen; dies erzeugte soviel Aufregung auf seiten der Auftraggeber, daß die Bauunternehmer, die Herren W. und D. Bailey aus Holborn, London, versprechen mußten, es für eine gewisse Anzahl von Jahren instand zu halten. Sobald das Glas eingesetzt war, erwies es sich als vollkommen solide und fest ...«[36]
Vieles spricht dafür, daß auch das heute noch bestehende Palmenhaus in Bicton Gardens (vgl. S.72) auf einen Entwurf von Loudon zurückgeht und von der Firma Bailey erbaut wurde.
1831 machte Loudon der Birmingham Horticultural Society Vorschläge für die Anlage eines botanischen Gartens in Edgebaston.[37] Sein ausführliches Projekt enthielt auch zwei Alternativentwürfe für ein Gewächshaus. Der erste Entwurf sah einen gläsernen Ring von 60 Meter Durchmesser mit einem Turm im Mittelpunkt vor. Der Turm sollte die Heizung und den Wassertank für die Beregnungsanlage enthalten. Für die Brennstoffzufuhr war ein unterirdischer Tunnel vorgesehen. Im First des Rings ordnete Loudon einen versenkten Gang an, von dem aus die Strohmatten zur Wärmeisolierung hätten ausgerollt werden können. Für den zweiten Entwurf schlug er einen aufwendigeren konischen Bau von 60 Meter Durchmesser und 30 Meter Höhe vor, der in vier verschiedene Klimazonen unterteilt werden sollte. Im Zentrum des Baus war ein bis unter das Dach reichender gläserner Zylinder für die höchsten tropischen Bäume vorgesehen. Im Inneren des Zylinders sollten die Besucher auf einer spiralförmigen Rampe zu verschiedenen Ebenen gelangen können. Zu Loudons Enttäuschung wurde das kostspielige Projekt nicht realisiert.
In solchen Entwürfen, die ihrer Zeit weit voraus waren, könnte man die Erfüllung einer seiner theoretischen Forderungen sehen: »Jedes Gebäude sollte als das erscheinen, was es ist, und jeder Teil eines Gebäudes sollte nach außen auf seinen besonderen Zweck verweisen.« An anderer Stelle setzte er die »Schönheiten von Nutzen und Wahrheit« über die bloße Zurschaustellung verschiedener Stile. Die Architektur, eine »Kunst des Geschmacks«, könne einem Bau, der den funktionalen Anforderungen genügt, allerdings durchaus noch weitere Schönheit hinzufügen.
Loudon lehnte die Verwendung historischer und exotischer Stile keineswegs ab, sondern wollte lediglich mit solchen Aussagen die aller Architektur gemeinsamen »abstrakten Kompositionsprinzipien« über die Kenntnis der jeweiligen Stile stellen.[38] Mit seinen »funktionalistischen« Ideen sah sich Loudon nicht im Widerspruch zur herrschenden Architekturpraxis. Er integrierte vielmehr die Forderung nach architektonischer Ehrlichkeit in den auch von ihm geförderten Pluralismus der Stile.

**Joseph Paxtons Gewächshäuser in Chatsworth** Markiert der Name Loudon die Pionierphase in der Entwicklung der Gewächshäuser, die ja gleichzeitig auch die Erprobungszeit für alles Bauen mit Eisen und Glas war, so steht für die Weiterentwicklung an erster Stelle der Name Joseph Paxton. Bei Loudon selbst blieben ja viele Ideen unverwirklicht, seine kühnsten Projekte wurden nicht ausgeführt. So hatte Loudon zwar als erster den Entwurf für ein Ridge-and-furrow-Dach veröffentlicht, es blieb jedoch Joseph Paxton vorbehalten, diese Idee an den Gewächshäusern, die er für den Herzog von Devonshire in Chatsworth baute, zu erproben.
Paxton war 1803 als siebter Sohn eines Farmers geboren worden und arbeitete seit seinem 15. Lebensjahr in verschiedenen Gärten, wo er sich das für seinen Beruf notwendige Wissen autodidaktisch erwarb. Seit 1822 arbeitete er in den Gärten der Horticultural Society in Chiswick, wo ihn der 6. Herzog von Devonshire kennenlernte und ihm 1826 die Stelle des Obergärtners in Chatsworth anbot. Trotz eines sich ständig erweiternden Tätigkeitsfeldes blieb Paxton bis zum Tod des Herzogs 1858 in dessen Diensten.
In Chatsworth wuchsen seine Aufgaben schnell über die eines Gärtners hinaus: Er war nicht nur mit der Neugestaltung des Gartens befaßt, sondern vertrat auch die Geschäftsinteressen des Herzogs, zu dem er eine freundschaftliche Beziehung unterhielt. Paxton erhielt die Chance, sich vielseitig weiterzubilden. Dazu trugen

auch viele Reisen bei, von denen er einige gemeinsam mit dem Herzog unternahm. Nicht nur eine wachsende Zahl von Aufträgen an den Landschaftsplaner und Architekten Paxton, sondern auch eigene Spekulationsgeschäfte, die in Zusammenhang mit dem Ausbau des Eisenbahnnetzes und neu entstehenden Wohnsiedlungen standen, machten ihn bald finanziell unabhängig. Auch als Planer war er an solchen Projekten beteiligt. Die Planung des Prince's Park in Liverpool oder des Birkenhead Park waren neue Formen der Bauspekulation, die darin bestanden, öffentlichen Park und Villenvorortsiedlung so miteinander zu verbinden, daß die nach Fertigstellung des Parks aufgewerteten Baugrundstücke mit hohem Profit verkauft werden konnten. Nebenbei gab er seit 1834 *Paxton's Magazine of Botany* und seit 1841 den *Gardener's Chronicle* heraus. Als 1850 sein Entwurf für das Ausstellungsgebäude der Internationalen Industrieausstellung angenommen wurde, begann der Höhepunkt seiner erstaunlichen Karriere. Denn mit dem Kristallpalast gelang einem Außenseiter ein Einbruch in ein Gebiet, das von Ingenieuren und Architekten beherrscht wurde. Das hinter dem Kristallpalast stehende Konzept kam jedoch nicht von ungefähr: Eigentlich war es nur eine Weiterführung der in Chatsworth entwickelten Konstruktions- und Herstellungsmethoden. Paxton, der übrigens von Anfang an vorwiegend Holz für das Tragwerk seiner Glasbauten verwendete, erprobte dort 1832 das erste Ridge- and-furrow-Dach; weitere Bauten nach demselben Prinzip folgten.[39]

Joseph Paxton
Gewächshaus mit geneigtem Ridge-and-furrow-Dach in Chatsworth

1836 begann dann der Bau eines Gewächshauses, das alle vergleichbaren Bauten, selbst Bahnhofshallen, an Grundfläche und Spannweite übertreffen sollte. Über einer rechteckigen Fläche erhob sich ein gläsernes Dach von 20 Meter Höhe. Das Dach hatte einen basilikaähnlichen Querschnitt: Es bestand aus einer auf gußeisernen Stützen stehenden Längstonne, an die sich zu beiden Seiten Halbtonnen anschlossen. Der örtliche *Derbyshire Courier* gab seinen Lesern folgende Beschreibung des Baus: »Diese enorme Konstruktion besteht aus eigens angefertigten Glasscheiben, die in ein eisernes Rahmenwerk von der leichtesten Art, aber, wie nachfolgende Versuche erwiesen haben, von höchst fester Beschaffenheit sind ... Es bedeckt nahezu die Fläche eines Acre, durch dessen Mitte ein Fahrweg führt; die Heizungsrohre messen 6 Meilen. Eine leichte, aber schöne Galerie, an der Basis der Kuppel, läuft um den ganzen Innenraum und setzt den Betrachter in die Lage, das ganze Innere von verschiedenen Blickpunkten aus zu sehen. Der Zugang zur Galerie erfolgt durch Treppen, die mit bewundernswertem Geschmack inmitten von Felswerk gesetzt sind, in dessen Spalten Pflanzen wachsen ... Ein Tunnel, durch den die unterirdischen Heizanlagen zugänglich sind, umgibt den ganzen Bau, in diesem sind Schienen verlegt, um die Kohle mit einem Zug anzutransportieren und so die nötige Wärme zu liefern. Das Innere enthält eine große Anzahl von Bäumen und Pflanzen, manche von ihnen von riesigen Ausmaßen, sowie die seltensten exotischen Gewächse. Verschiedenste Vögel von auserlesener Schönheit, deren zarter Körperbau unser rauhes Klima nicht ertragen könnte, sieht man herumfliegen; Wasserbecken, in denen Pflanzen, die dem erforderten Zweck angemessen sind, zum Wachsen ermutigt worden sind, enthalten goldene, silberne und andere Fische.«[40]

Als der Bau 1841 fertiggestellt war, hatten sich die Gesamtkosten auf über 33 000 Pfund addiert. Das Skelett des Baus bestand jedoch nicht, wie der *Derbyshire Courier* irrtümlich behauptete, aus Eisen, sondern aus Holz; lediglich die Stützen und die Galerie waren aus Gußeisen gefertigt. Die gußeisernen Stützen waren hohl und leiteten das Regenwasser aus den hölzernen Dachprofilen ab, die so neben ihrer Funktion als Dachspanten und Fensterprofile auch noch die einer Regenrinne übernahmen. Da Paxton eine große Anzahl dieser speziellen Holzprofile benötigte, konstruierte er eigens eine dampfbetriebene Maschine, um diese Teile rationell herzustellen. Dieses Verfahren bewährte sich auch beim Bau des Kristallpalastes, dessen Ridge-and-furrow-Dach ebenfalls mit hölzernen Profilen hergestellt wurde. Das gefaltete Dach des Gewächshauses wurde zusätzlich durch gebogene Träger aus laminiertem Holz gestützt. Auch die Träger des Querschiffs im Kristallpalast waren aus Holz. Die Ausmaße des Gewächshauses, das bei den Zeitgenossen einiges Aufsehen erregte, werden besser vorstellbar, wenn man weiß, daß bei dem Besuch der

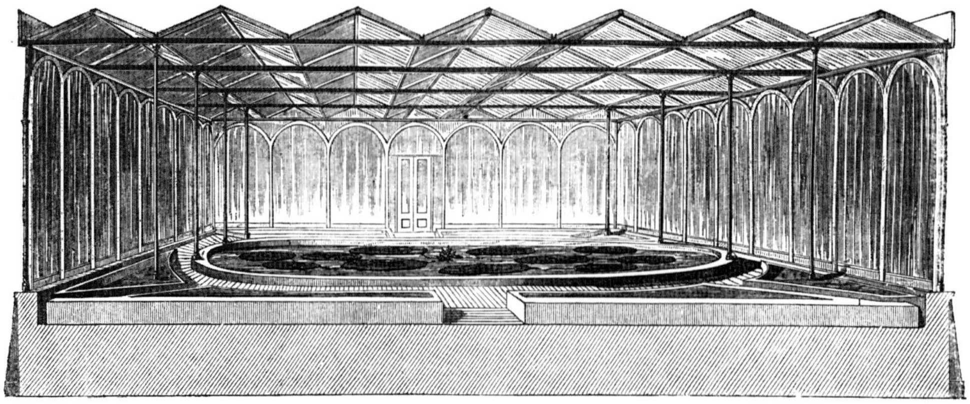

Joseph Paxton
Victoria-Regia-Haus in Chatsworth, 1850

Königin im Jahr 1848 die ganze Gesellschaft in offenen Wagen durch den künstlich beleuchteten Bau fuhr. Der Eindruck, den Paxtons Wunderwerk bei den königlichen Besuchern hervorrief, soll den Wunsch nach einem ähnlichen Bau für den botanischen Garten in Kew geweckt haben. Das Gewächshaus in Chatsworth wurde nach dem Ersten Weltkrieg abgerissen, da den Nachkommen des 6. Herzogs von Devonshire der Unterhalt zu kostspielig geworden war.
Das 1850 errichtete Wasserpflanzenhaus besteht ebenfalls nicht mehr. Paxton hatte 1849 eine Victoria-Regia-Pflanze erhalten, die er in einem der vorhandenen Glashäuser unterbrachte. Das schnelle Wachstum der Seerose machte es jedoch bald unumgänglich, ihr ein eigenes Haus zu errichten. Deshalb wurde ein weiteres Gewächshaus errichtet, dieses Mal mit einem flachen Dach nach dem Ridge-and-furrow-System, das sich Paxton noch im selben Jahr patentieren ließ. Noch mehr als an dem vorigen Bau wird hier deutlich, daß Paxtons Prinzip, einen Bau aus wenigen vorgefertigten Teilen herzustellen, sich auf jede gewünschte Dimension anwenden ließ. Die immer wiederkehrenden gleichen Einzelelemente konnten in beliebiger Anzahl addiert werden. Das Grundkonzept für den Kristallpalast war hier also bereits voll entwickelt. Paxton war es auch als erstem gelungen, die Victoria Regia in England zum Blühen zu bringen. Stets auf Publicity bedacht, überreichte er die erste Blüte der Königin, nach der diese Pflanze benannt worden war.

**Spezialbauten** Nachdem es erst einmal gelungen war, die Victoria Regia zum Blühen zu bringen, wurde diese Pflanze bald zur Sensation der botanischen Gärten in ganz Europa. 1852 erhielt auch der botanische Garten in Kew ein von Richard Turner entworfenes Wasserpflanzenhaus. Der botanische Garten in Brüssel hatte bereits seit 1854 einen solchen Bau, der heute an einem anderen Ort steht (vgl. S. 174). Weitere Wasserpflanzenhäuser entstanden in Leiden, München und Berlin. Alle diese Bauten haben quadratische, achteckige oder runde Grundrisse und sind über einem zentralen Wasserbecken errichtet. Um eine gute Aufwärmung im Inneren zu erzielen, spannte man das Glasdach möglichst niedrig über das Becken. Da die Pflanzen, die in den tropischen Amazonasgebieten heimisch sind, ein großes Wärmebedürfnis haben, muß hier auch das Wasser beheizt werden. Loudon machte sogar einen Vorschlag, wie man in einem solchen Becken die Wasserströmung simulieren könnte: Sein Idealentwurf für ein Wasserpflanzenhaus, ein runder Bau mit spitz auslaufender Kuppel, enthält unter dem mittleren Becken eine Maschinerie, die die auf einem drehbaren Teller wachsenden Pflanzen in eine Kreisbewegung versetzt.[41]
In Chatsworth gab es außer dem Victoria-Regia-Haus noch weitere Gewächshäuser, die jeweils spezielle klimatische Anforderungen erfüllten. Um 1860 existierte hier wahrscheinlich die größte Ansammlung von Glashäusern in ganz England. Neben drei Orchideenhäusern gab es eigene Häuser für Neu-Holland-Pflanzen und Nadelhölzer sowie Treibhäuser für Wein, Kirschen, Erdbeeren, Pfirsiche, Melonen, Gurken und Pilze. Eine Modepflanze des 19. Jahrhunderts war die aus Ostasien stammende Kamelie. Auch ihr wurden eigene Bauten errichtet. Ein bemerkenswertes Beispiel eines Kamelienhauses steht noch heute im Park von Wollaton Hall bei Nottingham (Vgl. S. 68).

John Claudius Loudon
Idealentwurf für ein Wasserpflanzenhaus, 1822

Anschließend soll hier noch ein Bau erwähnt werden, der nicht in erster Linie für Pflanzen bestimmt war: Die um 1830 von Henry Philipps erbaute Glasmenagerie der Surrey Zoological Gardens. Der kreisrunde Bau von 30 Meter Durchmesser erinnert an Loudons etwa gleichzeitiges Projekt für den botanischen Garten Birmingham.[42] In seinem Zentrum waren ringförmig Käfige für Raubtiere und Vögel angeordnet, an der Außenwand entlang lief ein Kanal, in dem tropische Fische schwammen, und in die Dachwölbung hatte man Drähte für Kletterpflanzen gespannt. Nach Loudons Vorbild hatten die Konstrukteure gebogene Eisensprossen verwendet.

**Vorgefertigte Bauteile und modulare Systeme** Mit Paxtons Kristallpalast verbindet sich allgemein die Vorstellung des ersten in rationeller Vorfertigung entstandenen Bauwerks. Dabei stellte dieses Ausstellungsgebäude bereits einen ersten Höhepunkt in der Geschichte der Vorfertigung dar.[43] Als 1851 in London die Great Exhibition of the Works of Industry of all Nations stattfand, waren unter den Ausstellern bereits etablierte Firmen wie E.T. Bellhouse aus Manchester, die sich auf die Herstellung vorgefertigter Eisenbauten spezialisiert hatten. Der erste Anstoß dazu war aus den britischen Kolonien gekommen: Da es dort weder eine genügend große Zahl qualifizierter Handwerker noch eine leistungsfähige Bauindustrie gab, kamen bald einige Fabrikanten auf die Idee, den Ausgewanderten preiswerte Unterkünfte anzubieten, die, in Einzelteile zerlegt, verschifft wurden und nach der Montage jederzeit wieder abgebaut und an anderer Stelle wieder aufgeschlagen werden konnten. So wurden schon seit etwa 1790 vorgefertigte Holzrahmenbauten nach Australien geschickt; um 1830 war »Manning's Portable Colonial Cottage« bereits ein eingeführter Markenbegriff. Die meisten dieser Konstruktionen bestanden aus Holz und Segeltuch. Diese Materialien wurden jedoch bald durch Gußeisen und Wellblech ersetzt, das seit etwa 1820 industriell hergestellt wurde. Eine gußeiserne Brücke der berühmten Coalbrookdale Company war bereits 1807 nach Jamaica verschifft worden. Seit das erste Colonial Cottage versandt worden war, hatte sich die Angebotspalette der englischen Hersteller beträchtlich erweitert. Neben großen Wellblechschuppen für die Londoner Docks wurden nun ganze Lagerhäuser, Warenhäuser, Fabriken, ja sogar Leuchttürme und Kirchen vorgefertigt. Der Absatz dieser Produkte beschränkte sich vorwiegend auf den überseeischen Markt. In England bestand kein dringender Bedarf dafür, auch waren die Wellblechbauten wegen ihres anspruchslosen Äußeren hier schwerer verkäuflich. Zum Teil entstand neuer Bedarf für Fertigbauten auch über Nacht: Als 1849 in Kalifornien der Goldrausch ausbrach, stieg die Nachfrage sprunghaft: »Eine besondere Gelegenheit, solche Häuser in größerem Maße auszuführen, bot das Bedürfnis für transportable und leicht zu versetzende Wohn- und Warenhäuser der nach Kalifornien ausgewanderten Spekulanten. Die Herren E.T. Bellhouse u. Komp. in Manchester haben dieses Bedürfnis ebenso spekulativ aufgefaßt, als demselben geschickt und glücklich entsprochen. Sie haben bereits Hunderte von eisernen Häusern verschiedener Größen in Manchester angefertigt und mitunter auch vollständig meubliert nach Amerika versandt.«[44]
Um die Jahrhundertmitte entstanden zahlreiche neue Firmen, die sich auf die Vorfertigung spezialisierten. Samuel Hemming verschickte 1853 sechs vorgefertigte Kirchen nach Australien, und zwei Jahre später wurde eine seiner wellblechverkleideten Kirchen sogar in Kensington errichtet. Größere Bauten wurden meistens zur Probe erst einmal auf dem Werksgelände aufgebaut. Dann nahm man sie wieder auseinander und verpackte die Einzelteile in Kisten. Robertson & Lister aus Glasgow veranstalteten erst einen großen Ball in dem eisernen Warenhaus, das dann zerlegt und nach Melbourne verschifft wurde. Neben der bereits intensiv betriebenen Anzeigenwerbung diente natürlich auch ein solches Ereignis der Publicity beim ohnehin für Neuheiten sehr aufnahmebereiten Publikum. Als die Firma Bellhouse 1854 ein für Peru bestimmtes Zollhaus auf dem Gießereigelände ausstellte, kamen in nur zehn Tagen 25 000 Besucher. Auf dem südamerikanischen Markt gab es jedoch schon bald Konkurrenz: Die Firma des französischen Ingenieurs Gustave Eiffel errichtete hier Gebäude für Häfen und Zoll und auch eiserne Kirchen. Als Bellhouse 1851 im Kristallpalast sein Programm vorstellte, war der vorgefertigte

Querschiff des Kristallpalasts, London, 1851

Eisenbau bereits so gesellschaftsfähig geworden, daß Prinz Albert für Balmoral Castle ein eisernes Ballhaus bestellte. Der Kristallpalast selbst war bei der Ausstellung von 1851 das sichtbarste Zeichen für den fortgeschrittenen Stand englischer Technologie. Die Wirkung des spektakulären Bauwerks zeigte sich schon darin, daß bald weitere Kristallpaläste entstanden: in München ebenso wie in New York. Unter den 245 Wettbewerbsarbeiten für den Ausstellungsbau der Great Exhibition hatte die Jury keine befriedigende Lösung gefunden. So sah Paxton die Chance, nach Abschluß des Wettbewerbs einen in nur acht Tagen ausgearbeiteten Vorschlag einzureichen. Daß er den Auftrag auch schließlich erhielt, verdankte er weniger seinen guten Beziehungen als der Tatsache, daß er mit seinem Entwurf der Baukommission aus der Klemme half: Als Paxton im Juli 1850 der Auftrag erteilt wurde, waren bis zur Eröffnung der Ausstellung nur noch neun Monate Zeit. Da es unmöglich war,

innerhalb so kurzer Zeit aus traditionellen Materialien ein Gebäude dieser Größe (die Grundfläche des Kristallpalasts maß 536 x 124 Meter) fertigzustellen, entwickelte Paxton seinen Entwurf aus einer begrenzten Anzahl standardisierter und vorgefertigter Bauteile aus Gußeisen, laminiertem Holz und Glas, die erst am Bauplatz montiert wurden. Von unschätzbarem Wert waren für Paxton die Erfahrungen, die er beim Bau von Gewächshäusern in Chatsworth gemacht hatte. Im Kristallpalast finden wir nicht nur das gewölbte Ridge-and-furrow-Dach des Großen Pflanzenhauses, sondern auch das in seinem Victoria-Regia-Haus besonders deutlich ausgeprägte Prinzip der Addition immer gleicher Elemente wieder. Mit der Montage aus Fertigteilen war auch ein späterer Abbau problemlos. Zudem konnte der Bau in gleicher oder veränderter Form an anderer Stelle neu errichtet werden. Bald nach der Ausstellung schlug Paxton vor, den Kristallpalast in einen öffentlichen »Wintergarten und Garten unter Glas« zu verwandeln. Als das Parlament gegen den Ankauf des Kristallpalastes stimmte, hatte Paxton bereits eine Kapitalgesellschaft gegründet, die das Ausstellungsgebäude von der Baufirma Fox & Henderson erwarb und es in veränderter Form im Londoner Vorort Sydenham neu eröffnete. 1936 wurde der Kristallpalast durch einen Brand zerstört.
Der Kristallpalast hatte in triumphaler Weise aller Welt die Leistungsfähigkeit der britischen Industrie vor Augen geführt. Zugleich hatte er Hunderttausenden von Menschen ein völlig neues Raumerlebnis vermittelt. Noch nie hatte es einen Innenraum von solchen Ausmaßen gegeben. Die Leichtigkeit und Transparenz des Baus stellte alle herkömmlichen Vorstellungen von Architektur auf den Kopf: »Wir sehen ein feines Netzwerk symmetrischer Linien, aber ohne irgend einen Anhalt, um ein Urteil über die Entfernung derselben von dem Auge und über die wirkliche Größe seiner Maschen zu gewinnen; die Seitenwände stehen zu weit ab, um sie mit demselben Blick erfassen zu können, und anstatt über eine gegenüberstehende Wand, schweift das Auge an einer unendlichen Perspektive hinauf, deren Enden in einem blauen Dunst verschwimmt. Wir wissen nicht, ob das Gewebe hundert oder tausend Fuß über uns schwebt, ob die Decke flach oder durch eine Menge kleiner paralleler Dächer gegliedert ist; denn es fehlt ganz an dem Schattenwurf, der sonst der Seele den Eindruck des Sehnervs verstehen hilft. Lassen wir den Blick langsamer wieder hinabgleiten, so begegnet er den durchbrochenen, blaugemalten Trägern, anfangs in weiten Zwischenräumen, dann immer näher rückend, dann sich deckend, dann duchbrochen durch einen glänzenden Lichtstreifen, endlich in einem fernen Hintergrund verfließend. Erst an den Seitenwänden orientieren wir uns, indem wir eine einzelne freie Säule heraussuchen, ihre Höhe an einem Vorübergehenden messen und über ihr eine zweite und dritte verfolgen ... Säulen, so schlank, als wären sie nicht da, um zu tragen, sondern nur um das Bedürfnis des Auges nach einem Träger zu befriedigen.«[45]
Nachdem in den Anfängen der Vorfertigung vor allem komplette Bauten entwickelt worden waren, gingen die britischen Eisengießer bald dazu über, normierte Einzelteile herzustellen, die sich beliebig untereinander kombinieren ließen und sich zu kompletten Baukastensystemen addierten. Die meisten dieser Eisengießereien saßen in Schottland, das damals den Markt beherrschte. Eine der bekanntesten Firmen war die 1850 gegründete Gießerei Walter MacFarlane & Co. in Glasgow. Der zweibändige Katalog von 1882 enthält auf gut 700 Seiten gußeiserne Teile für das Baugewerbe. Von der Regenrinne über Geländer, Tore, Treppen, Straßenlaternen, Schulbänke, Badewannen und Pissoirs, Säulen, Binder und Konsolen bis zu kompletten Vorhallen, Veranden, Musikpavillons und natürlich auch Gewächshäusern und Wintergärten wurde hier alles angeboten, was man sich nur vorstellen konnte.
Sämtliche Elemente gab es in verschiedenen, genormten Größen. Elementare Bauteile wie Stützen, Konsolen und Binder waren in den verschiedensten Ausführungen erhältlich. So konnte man bei MacFarlane allein unter etwa 140, in Stil und Abmessung verschiedenen Säulen wählen. Die im Katalog abgebildeten Bauten wurden nur als Verdeutlichung der nahezu unbegrenzten Kombinationsmöglichkeiten innerhalb des Systems verstanden. Unter dem Stichwort »Conservatories« finden sich, vom kleinen Wintergartenanbau bis zum riesigen Gewächshaus aus Kuppelbau

Werbeanzeige für ein vorgefertigtes Treibhaus von Joseph Paxton

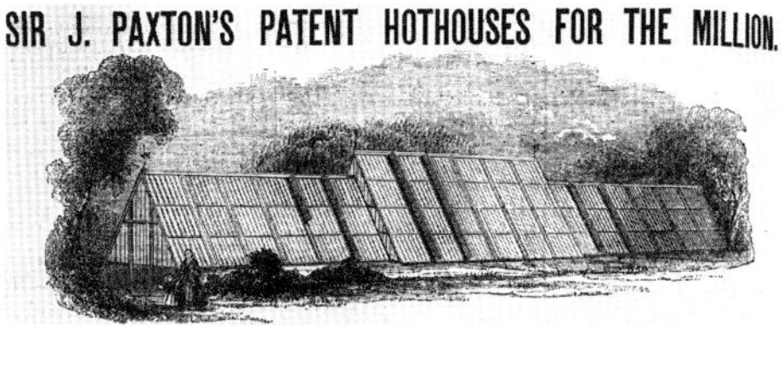

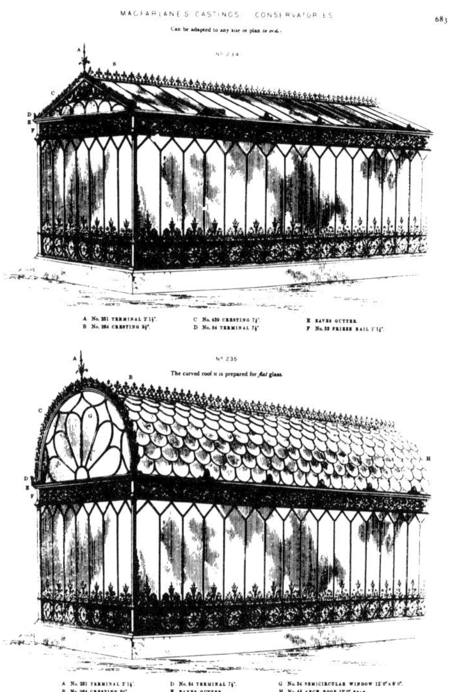

Gewächshäuser aus dem Katalog der Eisengießerei Walter MacFarlane & Co., Glasgow, 1882

und Seitenflügeln, zahlreiche Beispiele, die »jeder beliebigen Größe und jedem Grundriß angepaßt werden« konnten. MacFarlane war »wahrscheinlich das erste Versandhaus« auf dem Baumarkt.[46]

Auf Gewächshäuser hatten sich schon früh einige Hersteller spezialisiert. Jones and Clark war eine der ersten Firmen gewesen, die Gewächshäuser aus vorgefertigten Gußeisenteilen errichteten: Das noch bestehende Kamelienhaus in Wollaton Hall (1823) ist ein eindrucksvolles Beispiel aus ihrer Produktion.

War in der ersten Hälfte des Jahrhunderts das vorgefertigte Gewächshaus noch die Ausnahme, so war seit den 1870er Jahren das Massenprodukt die Regel. Während der Besitz eines Gewächshauses oder Wintergartens ursprünglich ein Luxus war, den sich nur die Reichen leisten konnten, so wurde mit dem Gewächshaus aus dem »Versandhaus« dieser Luxus auch für den Mittelstand erschwinglich. 1858 ließ sich der inzwischen geadelte Sir Joseph Paxton ein einfaches Gewächshaus aus Holz und Glas patentieren, das die Form eines Zeltes hatte und sich zusammenklappen ließ. Da es galt, mit einem solchen Produkt ein Massenpublikum anzusprechen, warb die Firma, die Paxtons Patent betrieb, auch folgerichtig mit dem Slogan »Hothouses for the Million«. Mit fortschreitender Industrialisierung hatte sich ein städtischer Mittelstand herausgebildet, der nun wichtigster Abnehmer der Industrieproduktion war. Auch die Werbung richtete sich daher in erster Linie an diese Zielgruppe. Paxton hatte sein Patent aus einer Auftragsarbeit für die englische Regierung abgeleitet: Während des Krimkriegs 1854/55 wurde eine große Anzahl billiger, leicht montier- und transportierbarer Unterkünfte für die Soldaten benötigt, die den Winter auf der Krim verbringen mußten. Für diesen Zweck hatte Paxton ein faltbares Zelt und eine demontierbare Hütte entworfen.

Auch das phantastische Gewächshaus, das sich der Earl of Stamford and Warrington 1854 auf dem Grundstück von Enville Hall, Staffordshire, bauen ließ, stammte aus der Fabrik. Das Bauwerk, das eine Grundfläche von etwa 45 x 21 Metern bedeckte, täuschte mit seinen Kuppeln und Türmchen sowie dem »gotischen« Maßwerk seiner Fassaden einen mehrgeschossigen Palast vor. Die aus Holz und Gußeisen bestehende Konstruktion hatte die Firma Gray, Ormson and Brown aus Chelsea entworfen und montiert. Der Bau wurde im Zweiten Weltkrieg zu Übungszwecken gesprengt.

Blättert man die Anzeigenseiten von Zeitschriften wie dem *Gardener's Chronicle* durch, stellt man fest, daß all die oben genannten Hersteller nur einen kleinen Teil einer bedeutenden Industrie darstellten. Auch in Frankreich, in Deutschland und in Österreich konnte der Gewächshausliebhaber nach der Jahrhundertmitte aus einem beständig wachsenden Angebot wählen. Den besten Überblick über den Markt konnte man sich auf den regionalen Gewerbeausstellungen und den internationalen Ausstellungen in Paris und Wien verschaffen. Auf der Weltausstellung von 1867 in Paris hatten die Glashäuser Hochkonjunktur. Neben dem riesigen elliptischen Aus-

Gray, Ormson and Brown
Gewächshaus von Enville Hall, Staffordshire, 1854

stellungsgebäude aus Eisen und Glas, das im Zentrum des Marsfeldes lag, nahmen sich die Gewächshäuser der Sektion Gartenbau jedoch eher bescheiden aus. Außer den Mustergewächshäusern verschiedener Anbieter gab es auch einen Palais de Cristal für Pflanzenausstellungen, der jedoch noch vor Ende der Ausstellung durch einen Sturm zerstört wurde.[47]
In den USA gab es schon um die Mitte des 19. Jahrhunderts Firmen wie Woodward oder Hitchings, die vorgefertigte Gewächshäuser anboten. Vor allem um New York gab es genügend wohlhabende Abnehmer. In dem Katalog *Woodward's Graperies* von 1865 wird eine Auswahl hölzerner Gewächshäuser angeboten, darunter langgestreckte Anlehntreibhäuser mit bogenförmigem Dach, die für das Treiben von Weintrauben bestimmt waren. Auch die Firma Hitchings (später Lord & Burnham) verwendete anfangs nur Holzkonstruktionen. Erst das 1881 von Lord & Burnham in Lyndhurst für den Eisenbahnmagnaten Gould errichtete Gewächshaus hatte ein Eisenskelett. Blättert man alte Kataloge von Lord & Burnham durch, so stößt man unter den Besitzern der teilweise riesigen Anlagen immer wieder auf prominente Namen – außer Gould waren auch Rockefeller, Eastman und Colgate Kunden der Firma. Neben diesen privaten Wintergärten sind ausgedehnte Bauten für botanische Gärten wie das klassizistische Gewächshaus in St. Louis oder das im Botanischen Garten New York abgebildet.

**Große Palmenhäuser und öffentliche Wintergärten** »Manche dieser Gärten haben gewundene Spazierwege, Fontänen, Grasflecken und Wasserteiche, so daß der einzige Unterschied zu richtigen Gärten der ist, daß Glas zwischen den Baumspitzen und dem Himmel ist; und nichts ist köstlicher, als die milde Wärme und grünende Schönheit im Inneren zu genießen, wenn draußen Frost herrscht und Schnee die Erde bedeckt.«[48]
Als 1854 in Sydenham der Kristallpalast wiedereröffnet wurde, gab es bereits seit einigen Jahren in mehreren europäischen Städten öffentliche Wintergärten. Loudon und Paxton hatten mit ihren allseits verglasten Pflanzenhäusern die Grundlage für die weitere Entwicklung des Bauens mit Eisen und Glas geschaffen. Mit dem Glashaus in Bretton Hall oder dem Großen Pflanzenhaus in Chatsworth waren erstmals Innenräume großen Ausmaßes entstanden, die durch das allseits einflutende Licht taghell beleuchtet wurden und die Illusion vermitteln konnten, »draußen« zu sein, die aber dennoch Schutz vor dem nördlichen Klima boten. In Verbindung mit einer künstlichen Tropenwelt, die die Menschen aus ihrem Alltag zu entrücken vermochte, müssen solche »Hellräume«[49] eine ungeheure Anziehungskraft auf die Zeitgenossen ausgeübt haben. Die scheinbar unbegrenzten Möglichkeiten des Bauens mit Eisen und Glas regten nicht nur die Phantasien der Architekten, sondern auch die der Spekulanten an, die schnell die Eignung des Wintergartens als öffentliche Vergnügungsstätte, als modischen Treffpunkt der Großstädter erkannten. John Claudius Loudon hat die Atmosphäre solcher Orte sehr anschaulich in der Beschreibung von »Teichmanns Wintergarten« in Berlin wiedergegeben, den er auf einer seiner Europareisen kennengelernt hatte. Dieses frühe Beispiel eines öffentlichen Wintergartens war noch keiner jener hellen Glasbauten, sondern hatte Ähnlichkeit mit einer traditionellen Orangerie, in der man einen Kaffeehausbetrieb eingerichtet hatte. Hier standen vor allem Orangenbäume und Myrten, die zum Teil aus der Mitte runder Tische »wuchsen«. »Es ist fast überflüssig zu erwähnen, daß in diesem Wintergarten reichlich Stühle und kleine Tische vorhanden sind; in der Regel sorgen Kapellen, Dichterlesungen und Vorträge für geistige und akustische Unterhaltung; an Sonntagen werden sogar kleine Stücke aufgeführt. Abends ist das Ganze erleuchtet, und an bestimmten Wochentagen sind Musik und Beleuchtung großartiger als gewöhnlich. In manchen dieser Orangerien gibt es separate Salons, mit Billardtischen für die Damen, die den Tabakrauch nicht ertragen, andere für Kartenspiele oder geschlossene Gesellschaften. Betritt man diese Gärten an einem Wintervormittag, so sieht man Herren, die die Zeitung lesen, Schokolade trinken und über Politik reden; nach drei Uhr trifft man Damen und Herren und Leute verschiedenster Art an, die unter den Bäumen sitzen, reden, rauchen und lesen; sie haben

Jardin d'Hiver, Paris 1847
Charpentier und Rigolet nach dem Vorentwurf von H. Meynadier de Flamalens

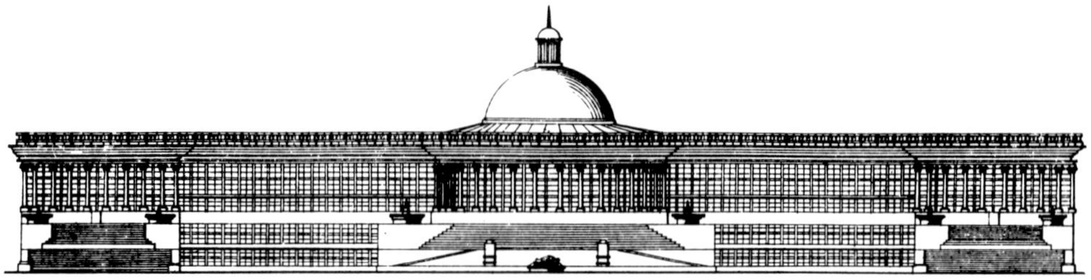

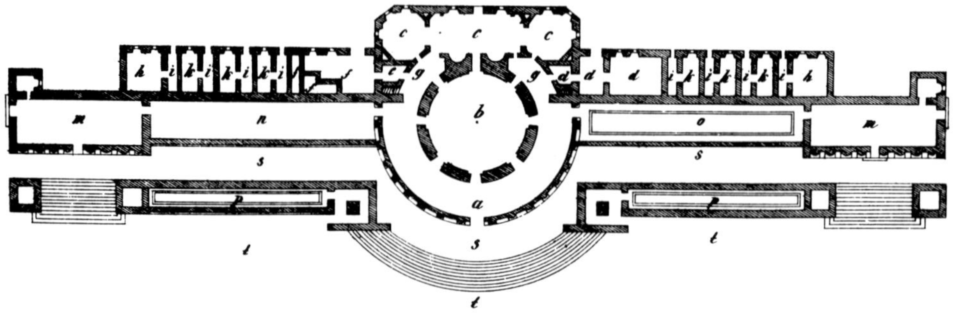

Tielemann Franciscus Suys
Gewächshaus im Botanischen Garten Brüssel, 1826–30. Ansicht und Grundriß

Punsch, Grog, Kaffee, Bier oder Wein vor sich stehen. In den Salons sieht man die Damen und Herren, die den Rauch nicht vertragen; das Rauchen ist in manchen Orangerien nicht gestattet, in anderen nur bis zu einer bestimmten Tageszeit erlaubt. Wenn abends das Theater aus ist, pflegt eine große Anzahl gutgekleideter Personen beiderlei Geschlechts vor dem Nachhausegehen diese Gärten zu besuchen, um die Schönheit der Vegetation im Glanze des künstlichen Lichts zu sehen und um über das Stück und die Schauspieler zu sprechen.«[50]
Loudons Schilderung zeigt exemplarisch, wie sich das städtische Bürgertum einen feudalen Bautypus angeeignet hatte – freilich zu einem Zeitpunkt, als die Orangerie und ihre typischen Gewächse längst ihren exotischen Reiz eingebüßt hatten. Aber auch das große Glashaus mit seiner tropischen Flora, das in der Frühzeit seiner Entwicklungsgeschichte fast ausschließlich in den Parks von Adligen und reichen Grundbesitzern zu finden war, erfährt bald eine Vereinnahmung durch die bürgerliche Gesellschaft. Mit der Öffnung der botanischen Gärten, die seit der französischen Revolution nicht mehr nur als wissenschaftliche Einrichtungen, sondern auch als Stätten der Volksbildung angesehen wurden, gingen auch die Gewächshäuser in den Besitz der Allgemeinheit über. War der Pariser Jardin Royal schon bald nach 1789 verstaatlicht worden – auch die königliche Menagerie in Versailles wurde dem neugegründeten Muséum d'Histoire Naturelle eingegliedert –, so wurden die Königlichen Gärten in Kew erst 1841 in einen öffentlichen Park umgewandelt. Aber in vielen europäischen Städten gab es bereits seit längerem private bürgerliche Vereine, deren Mitglieder sich dem Fortschritt von Gartenbau und Botanik verschrieben hatten. Viele dieser Vereine besaßen eigene Gärten und Glashäuser. Das früheste dieser öffentlichen Gewächshäuser wurde 1829 in Brüssel eingeweiht. Erbauer war die Société Royale d'Horticulture des Pays Bas, eine private Kapitalgesellschaft, die nicht nur an Botanik, sondern auch an Rendite interessiert war. In seiner palastartigen Erscheinung war das Gewächshaus noch an feudalen Vorbildern orientiert. Ähnlich wie die Bauten in Kassel oder Syon House ist es in einen überkuppelten Mittelbau und langgestreckte Seitenflügel gegliedert. Das Äußere wird von klassizistischen Säulenordnungen geprägt. Glas und Eisen treten in den Hintergrund. Der konzentrisch angelegte Mittelbau enthielt außer Kaffeehaus, Billardraum und Lesezimmer einen runden Saal für Kunst- und Gartenbauausstellungen, um den sich das ringförmige Palmenhaus legte. Die Unterscheidung in verschiedene Klimabereiche, die die Gliederung des Brüsseler Baus mitbestimmt hatte – wie Loudon an seinem Projekt für den Botanischen Garten Birmingham gezeigt hatte, ließ sich diese Aufgabe freilich auch anders lösen als durch eine hierarchische Gliederung mit betonter Mitte –, kennzeichnete auch den Bau, den Charles Rohault de Fleury für den Jardin des Plantes in Paris konzipiert hatte. In Rohaults Entwurf fehlt jedoch die beherrschende Mitte: Durch eine ansteigende Rampe wird die

Anlage in zwei gleiche Hälften geteilt. Rohaults Bau war das erste aus mehreren Baukörpern addierte Gewächshaus, das ganz aus Eisen und Glas bestand und aus vorgefertigten Einzelteilen montiert wurde. Charles Rohault de Fleury war der Sohn des bekannten Pariser Architekten Hubert Rohault de Fleury. Nach dem Studium an der Ecole Polytechnique widmete sich Charles der Bildhauerei, bevor er sich als Architekt niederließ. Sein erstes Projekt, die Passage du Saumon, bearbeitete er im Auftrag seines Vaters. Rohault war während der Neugestaltung von Paris unter Napoleon III. vor allem als Architekt von Wohnhäusern tätig. So entwarf er zusammen mit Henri Blondel die Bebauung der Place de l'Opéra. Mit seinem Wettbewerbsbeitrag für die Oper hatte er keinen Erfolg. Als Rohault den Auftrag erhalten hatte, die neuen Gewächshäuser für das Naturhistorische Museum im Pariser Jardin des Plantes zu entwerfen, unternahm er 1833 eine Reise nach England, um dort die jüngsten Fortschritte im Gewächshausbau kennenzulernen.[51] Unter anderem besuchte er auch die Gärtnerei von Conrad Loddiges, wo bereits das von Loudon entworfene Kamelienhaus stand. Der an eine Rückwand gelehnte, gewölbte Glasbau beeinflußte sichtbar das Aussehen der Seitenflügel von Rohaults Gewächshaus (heute verändert).

Das folgende Jahrzehnt sah eine Reihe weiterer großer Glashäuser in Großbritannien und Frankreich. Für die Entwicklung in England und Irland stehen an erster Stelle die Namen Richard Turner und Decimus Burton. Decimus Burton, Sohn eines Bauunternehmers, hatte die klassische Erziehung eines Architekten mit anschließender Griechenlandreise genossen. Durch seinen Vater erhielt er schon als sehr junger Mann Bauaufträge in Zusammenhang mit John Nashs Planung des Regent's Park. In Anlehnung an Nash entwarf er mehrere Villen und Häuserreihen in einem neoklassisch-palladianischen Stil. Richard Turner dagegen stammte aus einer Familie von Eisenhändlern. Nachdem er das Geschäft seines Onkels geerbt hatte, gründete er 1834 in Dublin einen großen eisenverarbeitenden Betrieb, die Hammersmith Iron Works. Der Entwurf und die konstruktive Entwicklung von Gewächshäusern zählten früh zu Turners wichtigsten Aktivitäten. Der erste Bau, mit dem sich Turners Name verbindet, ist das Palmenhaus im botanischen Garten Belfast (1839). Außer einer Reihe von Gewächshäusern für private Kunden in Irland stellte er auch die Eisenkonstruktionen der Gewächshäuser im botanischen Garten Dublin, den Wintergarten im Regent's Park und das berühmte Palmenhaus in Kew her. Auch wenn er in erster Linie als Konstrukteur auftrat und die zeitgenössischen Quellen ihn in der Regel als ausführenden Bauunternehmer erwähnten, so veränderten seine konstruktiven Lösungen doch oft entscheidend die Entwürfe des Architekten. 1846 wurde im Londoner Regent's Park der Wintergarten der Royal Botanic Society eröffnet. Man hatte zunächst Decimus Burton mit dem Entwurf betraut. Sein erster Vorschlag sah eine überwiegend aus Holz bestehende Konstruktion vor, sein zweiter einen Bau mit einem eisernen Ridge-and-furrow-Dach. Von den Herstellern, die man um Kostenvoranschläge bat, machte Turner das günstigste Angebot. Turners Vorschlag sah einen Bau vor, der ganz aus Eisen und Glas bestehen sollte. Nicht nur die im Übergang in die senkrechten Wände gewölbten Satteldächer erinnern an andere von Turner stammende Bauten, auch die buntverglasten Pilaster, die er häufig verwendete, tauchen hier zum ersten Mal auf. 1846 war jedoch erst ein Teil des geplanten Bauwerks fertiggestellt: Erst 1871 wurde der Ostflügel und noch weitere fünf Jahre später auch der Westflügel angefügt. 1932 wurde das Glashaus im Regent's Park abgerissen. Ein Bericht von 1850 beschrieb den Bau wie folgt: »Der Bau überdeckt eine Fläche von 15 000 Quadratfuß (ca. 1400 Quadratmeter). Die größte Breite beträgt 100 Fuß und die Länge 175 Fuß. Er ist nur ein Teilabschnitt des ursprünglichen Entwurfs und wurde von Herrn Turner aus Dublin erbaut. Die Konstruktion besteht aus Eisen und Glas, ohne daß Wände oder Mauerwerk irgendwelcher Art über dem Boden erscheinen; es ist daher eine äußerst leichte und elegante Struktur, die von allen Seiten Licht einläßt. Das Gebäude besteht aus fünf parallellaufenden Satteldächern, die von Norden nach Süden verlaufen, sowie einem Dach an der Stirnseite, das von Ost nach West läuft ... Ausreichende Ventilation wird durch bewegliche Fensterrahmen gewährleistet, die mit Hilfe einer Maschinerie in

Decimus Burton und Richard Turner
Wintergarten im Regent's Park, London, 1846

jedem Dach gleichzeitig geöffnet werden können. Die senkrechten Glaswände an der Vorder- und Rückseite lassen sich in der Art französischer Fenster oder Klapptüren öffnen.«[52]
Die senkrechten Wände waren durch schmale Pilaster untergliedert; diese bestanden aus zwei Eisenprofilen, die einen mit rotem und blauem Glas gefüllten Zwischenraum rahmten. Dadurch, daß die Dächer halbrund in die Wände übergingen und die Flügel in halbrunden Apsiden endeten, entstand ein sehr eleganter Gesamteindruck. Die geplante Erweiterung sah Raum für einen Vorlesungssaal, eine Bibliothek und ein Museum vor. Die Mitglieder hatten zwar ein starkes Interesse an dem botanischen Aspekt ihrer Pflanzensammlung, deren Anordnung geschah jedoch nach eher dekorativen Gesichtspunkten. Die Bäume und Sträucher waren in unregelmäßigen Gruppen gepflanzt, um einen landschaftsähnlichen Eindruck hervorzurufen. Durch die an allen Seiten zu öffnenden Türen konnten die Besucher an jeder beliebigen Stelle das Haus verlassen und betreten.

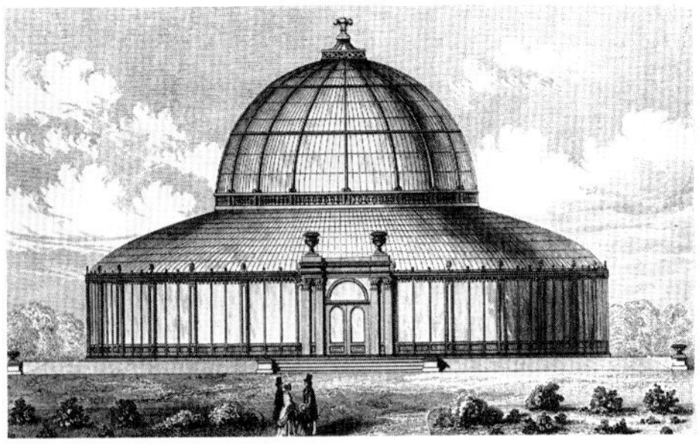

Richard Turner
Entwurf für ein rundes Gewächshaus, um 1850

Etwa gleichzeitig mit dem Bau im Regent's Park entstand das große Palmenhaus im Königlichen Botanischen Garten Kew; es wurde 1848 eröffnet. Auch hier wurde zuerst Burton damit beauftragt, einen Entwurf zu liefern. Turner bewarb sich unabhängig von Burton mit eigenen Vorschlägen um den Auftrag. Bei der nun folgenden Planung entstand eine Synthese ihrer verschiedenen Vorstellungen. Wer den entscheidenden Anteil am Entwurf hat, ist schwer zu entscheiden. Daß hier ein Bau entstand, dessen Erscheinung nur von funktionalen und statischen Überlegungen bestimmt war und der in seiner Klarheit auf herkömmliche architektonische Formen verzichtete, ist vermutlich dem Einfluß des Ingenieurs zu verdanken. Burton, der anfänglich dazu neigte, den Bau durch Elemente aufzuwerten, die dem Steinbau entliehen waren, konnte seine akademische Ausbildung nicht leugnen. Dies zeigt sich besonders deutlich bei seinem Entwurf für das Temperate House (1859), das später in der Nähe des Palmenhauses errichtet wurde. Im Gegensatz zu Burton, der vor allem Wohnbauten entwarf, fiel der Bau von Gewächshäusern in Turners Spezialgebiet. Er bot nicht nur auf einem wachsenden Markt Gewächshäuser nach eigenen Entwürfen an, sondern konstruierte auch andere »Zweckbauten« wie die Bahnhofshalle der Lime Street Station II in Liverpool. Für den Kristallpalastwettbewerb lieferte er den Entwurf einer riesigen gewölbten Halle, die aus vorgefertigten Eisenteilen bestehen sollte. Während den Bauauftrag bekanntlich Joseph Paxton erhielt, wurden Turner und sein französischer Kollege Hector Horeau als einzige der 245 Wettbewerbsteilnehmer durch eine »besondere Erwähnung« ausgezeichnet.
Am Beispiel Burton und Turner zeigen sich exemplarisch die verschiedenen Berufsbilder von Architekt und Ingenieur. Hatte es in früheren Jahrhunderten keine Trennung in unterschiedliche Tätigkeitsfelder gegeben, so entstand mit der wissenschaftlich exakten Berechnung der statischen Kräfte, die erst die Durchführung der neuen Bauaufgaben ermöglichte, auch der Beruf des Ingenieurs. Sein Vorläufer war der »Genieoffizier« oder Militärbaumeister des 18. Jahrhunderts gewesen, in dessen Aufgabengebiet der Bau von Befestigungen, Brücken und Straßen gehört

Richard Turner
Pflanzenhaus für einen herrschaftlichen Wohnsitz, um 1850

Jardin d'Hiver, Paris, 1847. Querschnitt

hatte. In Frankreich teilte sich mit der von Napoleon gegründeten Ecole Polytechnique auch die Ausbildung auf: Hier studierten die Ingenieure und an der Ecole des Beaux Arts die »Baukünstler«, das heißt die Architekten. Den unterschiedlichen Bauaufgaben entsprachen unterschiedliche Berufsauffassungen. Fühlte sich der Architekt traditionell den schönen Künsten verpflichtet, so kam es dem Ingenieur auf die zweckorientierte Lösung seiner Aufgabe an. Heute sieht man in den Ingenieurbauten gern die »authentische« Architektur des 19. Jahrhunderts und die Ingenieure als Wegbereiter von moderner Architektur und Formgebung. Wenn auch das vorige Jahrhundert die Schönheit vieler Ingenieurbauten nicht gänzlich verkannte, so dürfen den Ingenieuren damit noch keine künstlerischen Absichten unterstellt werden. Dies hätte ihrem Selbstverständnis widersprochen. Auch sie waren der Auffassung, daß ein Bau erst durch den Architekten zum Kunstwerk wird.
Etwa gleichzeitig mit den zuvor beschriebenen englischen Bauten entstanden auch in Frankreich zwei große öffentliche Wintergärten: der eine in Paris, der andere in Lyon. Keiner von beiden blieb erhalten. Das Motiv für die Errichtung dieser Wintergärten war jedoch nicht botanisches, sondern kommerzielles Interesse.
Der Pariser Jardin d'Hiver wurde 1847 nach dem Konzept von H. Meynadier de Flamalens durch Charpentier und Rigolet erbaut.[53] Er lag an den neugestalteten Champs-Elysées, zwischen der Avenue Montaigne und der Rue Marbeuf. Ihm vorausgegangen war ein kleinerer, 1845 erbauter Wintergarten, der wegen seiner geringen Grundfläche und niedrigen Innenhöhe keinen Anklang beim Pariser Publikum gefunden hatte und schon nach sechs Monaten wieder abgerissen worden war. Der neue Bau war großzügiger konzipiert: Außer einem ausgedehnten Garten enthielt er einen Ballsaal, eine Konditorei, einen Lesesaal und Gärtnerwohnungen. »Die Anstalt ist von einer Aktiengesellschaft errichtet und bestimmt, im Winter als Versammlungsplatz der eleganten Welt zu gemeinsamer Belustigung und Unterhaltung zu dienen. Man gibt dort alle Tage und vorzüglich Sonntags und Feiertags Concerte und zuweilen auch Bälle, wo dann oft 7 bis 8000 Menschen daselbst versammelt sind ... Das Ganze macht einen wundervollen Eindruck; denn obgleich der größere Teil des Gartens als Concertsaal dient, und nur ein Teil desselben zu Pflanzenanlagen benutzt werden konnte, so ist es doch ein imposanter Anblick, wenn man aus den unbelaubten und mit Schnee bedeckten elyseischen Feldern mitten in diese in voller Pracht und Üppigkeit dastehende künstliche Tropenwelt hineintritt. Die Anlage des Gartens ist ausgezeichnet in Betreff der geschmackvoll combinierten Bewegungen des Terrains in horizontaler und verticaler Richtung, so wie durch sinnige und malerische Verteilung der Pflanzengruppen und der Rasenplätze. Das Eisenwerk der Construction ist durch Schlingpflanzen zum Teil versteckt und die Mannigfaltigkeit und Pracht dieser letzteren ist Staunen erregend ... Dann ist eine Cascade in der hintersten Rotunde mit Figuren. Über eine künstliche Felsenpartie stürzt sich ein Wasserfall und aus dem Bassin vor demselben erhebt sich ein 60 Fuß hoher Wasserstrahl. Dies Alles ist durch die einzige kleine Maschine getrieben, und gibt dem Ganzen einen feenhaften Reiz, besonders in der Stille der Dämmerung, wo diese Wasserwerke ein lebhaftes Getöse in dem glasumwölbten Dom verursachen.

Hector Horeau
Projekt für die Überdachung eines Pariser Boulevards, 1866

Bei Sonnenschein ist die Wirkung des Gartens sehr schön, aber noch günstiger zeigt er sich bei Mondschein, wenn er sich in den springenden Wassern spiegelt, dunkle Schatten auf den sanft schimmernden Rasen wirft und eine sanfte Hörnermusik von den Galerien ertönt. Man glaubt in eine Welt des Traums versetzt und von Elfen und Elementargeistern umflüstert zu sein.«[54]
Der Wintergarten, dessen Grundriß Gottfried Semper mit »einer gotischen Kirche mit ihrem Schiff und Querschiff«[55] verglich, war nicht bis zum Boden verglast. Die Seitenwände waren gemauert und enthielten hohe Rundbogenfenster. Auf der Mauer und einer innen umlaufenden Reihe eiserner Stützen lag das etwa 17 Meter hohe Glasdach auf. Die Apsis am Ende der Halle und die Seitenwände des Querschiffs waren verspiegelt. Eine Dampfheizung hielt das Gebäude auch an den kältesten Wintertagen auf einer gleichmäßigen, angenehmen Temperatur.
Der Pariser Jardin d'Hiver hat nur bis 1860 bestanden. Wie viele spätere Wintergärten, die nur aus spekulativen Gründen erbaut worden waren, wurde er abgerissen, als er seinen Aktionären nicht mehr genügend Gewinn einbrachte. Noch vor seiner Fertigstellung war auch der öffentliche Wintergarten von Lyon nach nur siebenmonatiger Bauzeit im Parc de la Tête d'Or eröffnet worden. Die Konstruktion aus Holz und Schmiedeeisen stand über einer quadratischen Grundfläche. Über dem abgesenkten, mit Bäumen, Sträuchern und Blumen bepflanzten Zentrum des Baus erhob sich ein achteckiges Pyramidendach mit Laterne.[56] Der Entwurf stammte von Hector Horeau, einem Architekten, der neben wenig Gebautem ein faszinierendes Oeuvre nicht realisierter und zum Teil auch kaum realisierbarer Projekte hinterließ.[57] In fast allen seinen Projekten bekannte er sich zu den modernen Konstruktionsmethoden und zu Materialien wie Eisen und Glas. Seine Themen waren Ausstellungsgebäude, Markthallen, Hotels, Kasernen, Bürogebäude, Fußgängerbrücken und Passagen. Für die Pariser Boulevards entwickelte er in den 1860er Jahren verschiedene Projekte, in denen sich das Thema der Passage mit dem des Wintergartens verbindet: Weite Glasdächer überspannen den Straßenraum, Pflanzen hängen von der eisernen Konstruktion herab und ranken sich an den Stützen empor. Für die Stelle, an der die alte Pariser Oper stand, entwarf er 1871 ein riesiges »Office Central« aus Eisen und Glas für die Stadtverwaltung. Eine Perspektivzeichnung des angeschnittenen Gebäudes gibt den Blick in einen baumbestandenen Innenhof frei, der von ringsumlaufenden Galerien einsehbar ist und von einem gewölbten Glasdach überdeckt wird.[58]

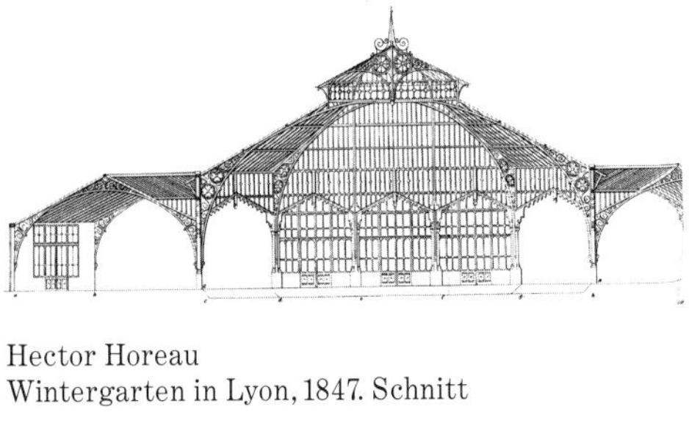

Hector Horeau
Wintergarten in Lyon, 1847. Schnitt

Bestanden in England und Frankreich schon früh die industriellen Voraussetzungen für innovative Anwendungen von Eisen bei der Lösung der verschiedensten Bauaufgaben, so blieb in Deutschland bis zur Jahrhundertmitte Eisen als Baumaterial ohne große Bedeutung. Daß Architekten und Bauherren dennoch schon früh von dem neuen Baustoff fasziniert waren, zeigte das Gewächshaus, das sich Carl Eugen 1789 in Hohenheim hatte bauen lassen. Eisen war damals freilich noch ein großer Luxus. Als in den 1840er Jahren bei Stuttgart die Gewächshäuser der Wilhelma gebaut wurden, war eine Eisenkonstruktion zwar noch immer teurer als ein Bau aus Holz oder Stein, die Entscheidung für Eisen war jetzt jedoch nicht nur ein symbolisches Bekenntnis zum Fortschritt, sondern stellte zugleich einen konkreten Beitrag zur Entwicklung der heimischen Industrie dar.[59] Auch in Kassel wurde beim Bau des Großen Pflanzenhauses schon zu einem frühen Zeitpunkt Eisen für die Konstruktion einer gläsernen Kuppel verwendet. Die Existenz kleiner Gießereien am Ort machte dieses Experiment möglich. Solche fortschrittlichen Versuche blieben aufgrund der politischen und wirtschaftlichen Struktur Deutschlands jedoch nur von regionaler Wirkung. Wie lange die Verzögerung der industriellen Entwicklung nachwirkte, zeigt das Beispiel der Frankfurter Oper, bei der noch 1880 aus Kostengründen ein eiserner Dachstuhl abgelehnt wurde. Bei vergleichbaren Bauten wie der 15 Jahre früher entstandenen Pariser Oper oder der Royal Albert Hall in London war die Verwendung von Eisenkonstruktionen bereits selbstverständlich. Auch was Brücken und Bahnhofshallen betraf, hinkte man in Deutschland hinter der englischen und französischen Entwicklung her. In Deutschland entstanden bedeutende Eisenbahnbrücken erst zu einer Zeit, in der das englische Bahnnetz bereits ausgebaut war. Materialprüfungswesen und Normierung kamen in Deutschland erst in den 1870er Jahren auf, so daß die Hersteller eiserner Bauteile erst spät mit traditionellen Baustoffen konkurrieren konnten.
Daß man Eisen gerne verwendet hätte, es aber oft zu teuer war, kann man bei dem Palmenhaus vermuten, das 1846–49 nach den Plänen von Georg Ludwig Friedrich Laves im Berggarten von Hannover-Herrenhausen erbaut wurde: Die Holzstützen der verglasten Fassade waren mit gußeisernen Halbsäulen verkleidet – vielleicht, um eine forschrittlichere Konstruktion zumindest vorzutäuschen. Auch der Weinbrennerschüler Heinrich Hübsch, Oberbaurat in Karlsruhe, erbaute die Gewächshäuser der badischen Residenz noch aus herkömmlichen Materialien. Die Fassade des Palmenhauses (1853–57) untergliederte er sogar mit dünnen Steinsäulen. Der im Halbkreis angelegte Wintergarten (1857), der im Sommer ganz abgedeckt wurde, bestand aus einer Holzkonstruktion, die sich an der Rückseite an eine Mauer lehnte. Bereits nach zehn Jahren war das Holz verfault und mußte durch eine Eisenkonstruktion ersetzt werden. Auch Sckells erstes Gewächshaus im Park von Schloß Nymphenburg bestand ursprünglich aus Holz. Vor allem im feuchtwarmen Klima der Palmenhäuser waren die einheimischen Hölzer nur von begrenzter Lebensdauer. Das kegelförmige Haus, das 1821 im botanischen Garten in Berlin-Schöneberg nach einem Entwurf von Karl Friedrich Schinkel errichtet wurde, mußte ebenfalls schon nach zehn Jahren abgerissen werden.[60]
Solange Eisen als Baumaterial nicht in geeigneten Qualitäten allgemein zur Verfügung stand, konnten sich auch keine neuartigen Formen entwickeln, die den Möglichkeiten des Baustoffs entsprochen hätten. Obwohl die deutschsprachigen Fachzeitschriften regelmäßig über die neuesten Entwicklungen im englischen Ingenieurwesen berichteten, und auch John Claudius Loudons *Encyclopaedia of Gardening* schon 1823/24 in einer deutschen Übersetzung erschienen war, blieben neue Konstruktionsformen wie das »kurvenlineare« Glasdach in Deutschland fast ohne Folgen. Im Gegensatz zu Frankreich und Belgien, wo sich die englischen Vorbilder allgemein durchsetzten, entstanden hier nur vereinzelt Gewächshäuser mit gewölbten Dächern. Bei den Gewächshäusern von Schloß Glienicke in Berlin oder der Villa Berg in Stuttgart war die Verwendung gewölbter Dächer vermutlich eher ein ästhetisches als ein technisches Bekenntnis: Schließlich richtete man sich auch bei der Gestaltung des Gartens nach dem englischen Vorbild. Das von Christian Leins entworfene Gewächshaus der Villa Berg (1845) läßt jedoch vermuten, daß man

Christian Leins
Gewächshaus der Villa Berg, Stuttgart, 1845

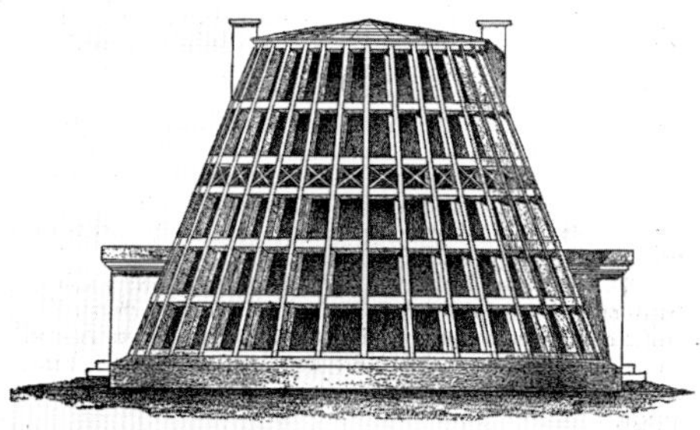

Karl Friedrich Schinkel
Palmenhaus im alten botanischen Garten von Berlin-Schöneberg, 1821

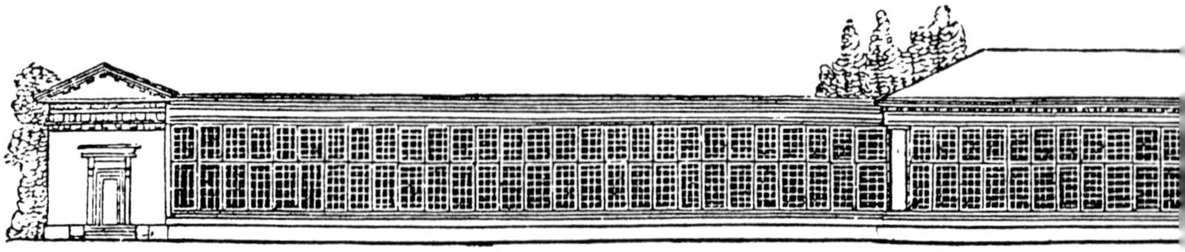

Friedrich Ludwig von Sckell
Gewächshaus im alten botanischen Garten, München, 1818

konstruktiv nicht in der Lage war, die Eleganz englischer Glashäuser konsequent nachzuahmen: Die Zylinderform der Pavillons an den Flügelenden erscheint als formale und konstruktive Notlösung.[61] Im größeren Maßstab wurde um 1860 im botanischen Garten der Universität Würzburg ein Gewächshaus mit gewölbter Dachfläche erbaut. Die aus gußeisernen Bogenbindern montierte Konstruktion, die die Firma Cramer-Klett in Nürnberg hergestellt hatte, lehnte sich nach Norden an ein zweigeschossiges Haus an und wurde an beiden Schmalseiten durch massive Giebelwände eingefaßt. Das doppelt verglaste Dach war 9 Meter hoch und hatte eine etwa ebenso große Spannweite.[62]

In Deutschland findet sich jedoch bis in die 1850er Jahre unter den Gewächshäusern kein Bau, der den allseits verglasten Eisenkonstruktionen, wie sie in England seit 1820 entstanden, vergleichbar wäre. Stets dominierte die aus dem Steinbau abgeleitete Form über die Konstruktion. Entweder wurde wie in Kassel, Hannover oder Karlsruhe ein gemauerter Bau von klassizistischer Grundform durch die weitgehende Auflösung der Südfassaden und Dächer dem Licht geöffnet, oder schlichte Treibhäuser mit Pult- und Satteldächern wurden, wie es Sckell in Nymphenburg und München zeigte, mit gemauerten Pavillons kombiniert. Die Vorliebe für einfache stereometrische Körper mit glatten Oberflächen und die vertikale Gliederung durch Säulen, die die klassizistischen Entwürfe auszeichnete, vertrug sich gut mit dem strengen Raster der vielfach unterteilten Glasflächen. Wie Sckell kombinierte auch Schinkel schlichte Glaskörper mit gemauerter Architektur: Das »Treibhaus« für den Oberhofbuchdrucker Decker in Berlin bestand aus einem gläsernen Pultdach, das er zwischen zwei tempelartige Pavillons einspannte, deren Säulenstellungen auf drei Seiten völlig verglast waren.[63] Ludwig Persius und Friedrich Hitzig, beide Schüler und Mitarbeiter Schinkels, suchten für vergleichbare Aufgaben weniger strenge Lösungen. Der linearen Gliederung zogen sie eine »malerische« Gruppierung der Baukörper vor. Stilistisch waren sie dabei nicht an der griechischen Antike, sondern am Idealbild eines italienischen Landhauses orientiert. Hitzigs »Treibhaus bei Berlin mit Gärtnerwohnung und herrschaftlichem Salon«[64] kombinierte ein langgestrecktes Glashaus mit einem achteckigen Turm (»Salon«) und einem Wohnaus mit Campanile. Persius setzte in Glienicke ein Gewächshaus nach englischem Muster quer vor die Schmalseite einer gemauerten Orangerie.

Karl Friedrich Schinkel
»Treibhaus des Herrn Geheimen Ober-Hofbuchdrucker Decker in Berlin«

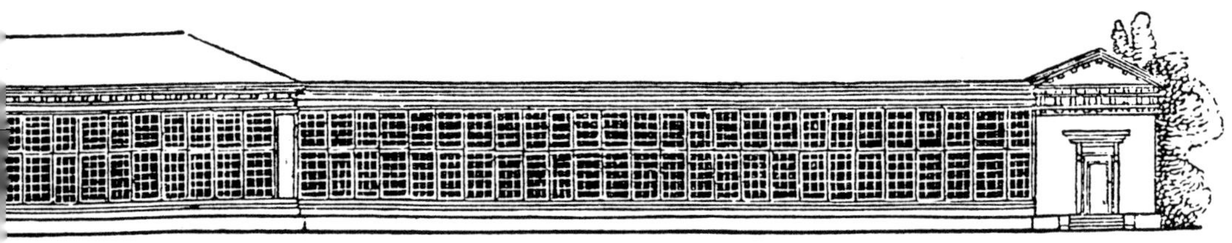

Für die Entwicklung des Bauens mit Eisen und Glas waren solche Bauten jedoch ohne Bedeutung. Reine Eisenkonstruktionen entstanden erst seit den 1860er Jahren in den botanischen Gärten von Berlin, München, Hannover, Straßburg oder Wien. Das bereits erwähnte Palmenhaus in Hannover-Herrenhausen brannte 1879 ab und wurde durch einen von Auhagen entworfenen Bau aus Glas und Eisen ersetzt, der zwar an Höhe sämtliche Vorgänger übertraf, dessen anspruchslose Architektur sich jedoch mit keinem der englischen Bauten messen konnte. Wie bei den meisten anderen deutschen Beispielen wurden hier nur gerade Flächen, rechteckige Grundrisse und Satteldächer verwendet. Der Berggarten von Herrenhausen besaß um 1850 etwa 34 Glashäuser, wovon das erste 1775 erbaut worden war. Keiner der Bauten hat den Zweiten Weltkrieg überlebt. Als typisch für die deutsche Entwicklung können auch die Gewächshäuser angesehen werden, die nacheinander im botanischen Garten Berlin errichtet wurden. Hier wurde erst im frühen 20. Jahrhundert mit dem Bau des Tropenhauses ein wegweisender Beitrag geleistet und der internationale Stand eingeholt. Der botanische Garten, der sich heute in Dahlem befindet, lag bis 1907 in Schöneberg auf dem Gelände des heutigen Kleistparks. Nachdem Schinkels Palmenhaus abgerissen worden war, brachte man die Pflanzen in anderen Häusern unter. Ein Teil gelangte auch in das Palmenhaus auf der Pfaueninsel, das Albert Dietrich Schadow entworfen hatte. Erst 1858 wurde ein Ersatzbau für das alte Palmenhaus eröffnet. Die schlichte Kastenform und das konstruktive Prinzip des von Carl David Bouché entworfenen Baus erinnerten jedoch weniger an typische Gewächshäuser als an Ausstellungsbauten wie August von Voits Münchner Glaspalast von 1854. Indirekt war das Berliner Palmenhaus damit auch von Voits englischem Vorbild, dem Londoner Kristallpalast abhängig. Auf die Wirkung der Weltausstellungen, die seit 1851 zu immer größeren Demonstrationen des industriellen Fortschritts wurden, ist auch die Existenz des Wintergartens zurückzuführen, den sich Ludwig II. auf dem Dach der Münchner Residenz bauen ließ. Der Besuch der Pariser Ausstellung von 1867 führte ihm erst vor Augen, welche gewaltigen Möglichkeiten das Bauen mit Eisen bot: Statt des bescheidenen Gewächshauses, das er bereits vor seiner Reise geplant hatte, entstand nun eine gläserne Halle von 70 Meter Länge und einer Spannweite von 17 Metern. Die Abhängigkeit von ausländischen Vorbildern zeigte sich noch bei dem Palmenhaus im Park Schönbrunn (1880–82), das mit seinen gewölbten Dächern offensichtlich durch das Palmenhaus in Kew Gardens inspiriert war. Neuartig an dem Wiener Bau waren die außenliegenden Fachwerkbinder mit der innen angehängten Glashaut – ein Konstruktionsprinzip, das später auch Alfred Koerner beim Bau des Berliner Tropenhauses anwendete. Durch die Überbetonung einer ornamental aufgefaßten Konstruktion unterschied sich der Wiener Bau jedoch deutlich von der sachlichen Eleganz, die das Palmenhaus von Burton und Turner auszeichnet.

Daß man im allgemeinen ebenen Dachflächen vor gekrümmten den Vorzug gab, hatte allerdings auch praktische Gründe. Über die ebenen Flächen ließen sich leichter die aus Holzlatten bestehenden Verschattungen rollen; auch seien gebogene Scheiben teurer in der Herstellung, argumentierte H. Eggert, der Architekt der 1877–82 für die damalige Kaiser-Wilhelm-Universität Straßburg erbauten Gewächshäuser.[65] Die sichtbare Plazierung der Schornsteine kennzeichnete das Straßburger Gewächshaus als nüchternen Zweckbau. Das ähnlich gegliederte Gewächshaus, das August von Voit für den Botanischen Garten in München entworfen hatte, wirkte weit weniger technisch.[66] Das 1860–67 erbaute Glashaus wiederholte mit seiner Gliederung in erhöhten Mittelbau und niedrige Flügel das Schema des Botanischen Instituts, das seine Rückseite bildete. Voit orientierte sich beim Entwurf des Glashauses eher an den formalen Möglichkeiten des Steinbaus als an denen der Eisenkonstruktion. Schon durch die deutliche Unterscheidung von Dach und Wand gab Voit seinem Bau »architektonische« Haltung. Sein aus der Addition verschiedenförmiger Körper entwickelter Entwurf war vor allem von formalen Überlegungen bestimmt. Die dem Mittelpavillon angefügten Zylindersegmente waren ebensowenig aus den Erfordernissen des Innenraums abgeleitet wie die Eingangstürme an den Flügelenden. Mit der Neuanlage des Botanischen Gartens in Nymphenburg, der 1914 eröffnet wurde, war Voits Gewächshaus überflüssig geworden und wurde abgerissen.

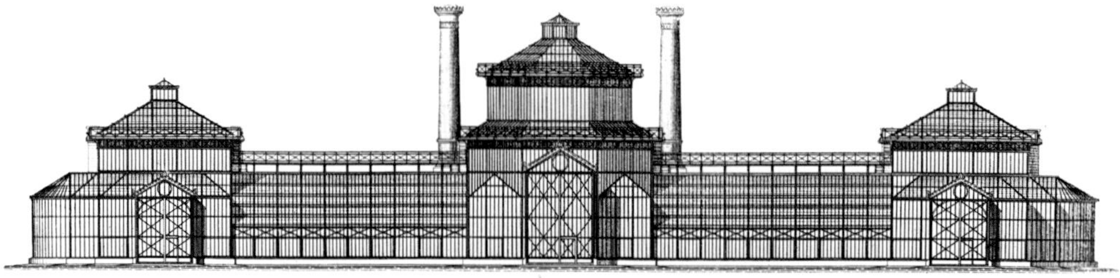

H. Eggert
Gewächshaus der Universität, Straßburg, 1877–82.
Ansicht der Südseite

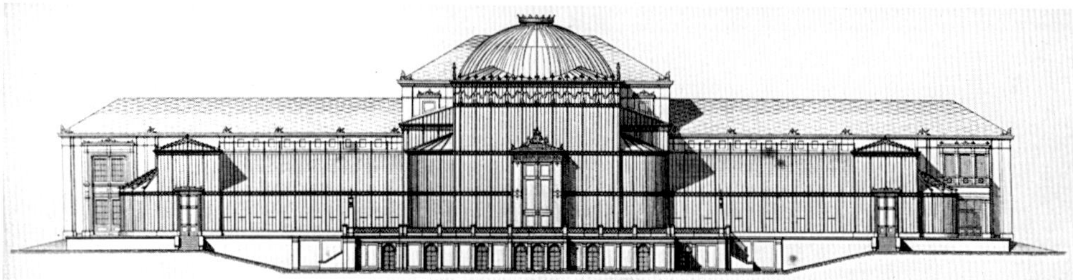

August von Voit
Gewächshaus im alten botanischen Garten,
München, 1860–65. Ansicht der Südseite

**Vom »funktionalen« zum »architektonischen« Gewächshaus** Die im frühen 19. Jahrhundert gebauten Gewächshäuser waren die ersten allein aus Eisen und Glas errichteten Hochbauten. Die konsequente Erfüllung der Bauaufgabe führte zur Reduzierung der Raumhülle auf ein Minimum. In der Architekturgeschichte stellte der allseits verglaste »Hellraum« ein absolutes Novum dar.

Die erste Phase in der Entwicklung neuer Raumformen begann um 1815 mit Mackenzies und Loudons Entwürfen für Glashäuser mit sphärisch gekrümmter Außenhaut. Die frühen Bauten hatten relativ bescheidene Dimensionen und einfache Grundrisse, die auf Rechteck, Kreis und Ellipse basierten. Die neuartigen Konstruktionen regten dazu an, auch weitgehend noch in Stein erbaute Pflanzenhäuser mit gläsernen Kuppeln zu versehen. Diese »Übergangsbauten« nahmen gleichzeitig das differenzierte Raumprogramm späterer Pflanzenhäuser vorweg. An Loudons Ideen anknüpfend, entwickelte Joseph Paxton eine elementierte Bauweise: Die Wiederholung immer gleicher vorgefertigter Tragelemente in Verbindung mit dem Ridge-and-furrow-Dach ermöglichte die Überdachung beliebig großer Flächen. Das Große Pflanzenhaus in Chatsworth (1836–40) stellte die erste Anwendung von Paxtons Bauweise im großen Maßstab dar.

In der nächsten Phase wurden in den botanischen Gärten einzelne Glashäuser zu linear angeordneten Baugruppen addiert. In einem differenzierten Raumprogramm kam die Unterscheidung in verschiedene Klimabereiche zum Ausdruck. Vor allem in England setzten diese Bauten das Prinzip ihrer Vorgänger fort, mit bis zum Boden heruntergezogenen Glasdächern möglichst große Transparenz zu erzielen. In der reinen Konstruktion, die auf jede Zutat verzichtete, kam ungebrochener Stolz auf die technische Innovation zum Ausdruck. Der Anziehungskraft der Eisenkonstruktionen verdankten auch die ersten öffentlichen Wintergärten ihren kommerziellen Erfolg. In dieser Phase, die bis zur Jahrhundertmitte reichte, entstanden die ersten großen Glashäuser in Paris, Dublin, London und Lyon. Die Beliebtheit des Eisens führte um die Jahrhundertmitte so weit, daß die Ecclesiological Society den Architekten Carpenter beauftragte, den Entwurf für eine eiserne Kirche zu liefern.[67] Zur

gleichen Zeit wurden auch die ersten gußeisernen Kirchen in die britischen Kolonien verschifft. Mit dem Bau des Kristallpalasts (1851) erreichte das Bauen mit Eisen und Glas seinen ersten, international beachteten, Höhepunkt.
In der zweiten Jahrhunderthälfte wurde das Bauen mit Eisen weiter vervollkommnet. Grundlegend neue Raumformen entstanden dabei nicht. Die massenhafte industrielle Herstellung einer verbesserten Eisenqualität in Form von Stahl, die exakte Berechnung der statischen Kräfte und konstruktive Neuerungen wie der Zwei- und Dreigelenkbogen ermöglichten jedoch immer größere Spannweiten. Der Kristallpalast mit seiner Mischkonstruktion aus Holz, Guß- und Schmiedeeisen war bald technisch überholt.
In dem Grad, in dem das Bauen mit Eisen immer selbstverständlicher wurde, verlor das neue Material jedoch an Faszination. Aus dem neuartigen und kostspieligen Baustoff, der in den Anfängen von der Aura eines als wunderbar empfundenen technischen Fortschritts umgeben war, wurde das alltägliche Baumaterial, aus dem man Bahnhöfe, Brücken und Markthallen baute. Auch aus diesem Verlust an Prestige erklärt sich die Abkehr von der reinen Konstruktion, die bei dem Ausstellungsbau der zweiten Londoner Weltausstellung (1862) ebenso zu beobachten war wie bei zahlreichen Gewächshäusern und Wintergärten. In Kew entstand nur zehn Jahre nach dem Palmenhaus mit dem Temperate House ein Bau, der mit seinem großen Anteil an Mauerwerk zur »architektonischen« Tradition im Pflanzenhausbau zurückkehrte. Das Palmenhaus im botanischen Garten von Edinburgh gehört ebenfalls in die Reihe der »architektonischen« Gewächshäuser. Der durch seine große Höhe monumental wirkende klassizistische Sandsteinbau läßt wenig Licht durch seine Fenster, die durch breite Pilaster getrennt sind: Die Beeinträchtigung der Funktion wurde eines repräsentativen Äußeren wegen in Kauf genommen.
In der Gestaltung der Gewächshäuser zeigten sich die gleichen Tendenzen wie auch in der übrigen Architektur. Wechselnde Moden und Vorlieben für bestimmte Stile spiegelten sich auch hier wider. Auch die Beliebtheit der Materialien Eisen und Glas war Geschmackswechseln unterworfen. Mit der Ausbreitung der Neugotik und industriefeindlicher kunsthandwerklicher Bewegungen trat der neue Baustoff für lange Zeit in den Hintergrund. John Ruskin, einflußreicher Theoretiker der rückwärts gewandten gotischen Bewegung, lehnte jegliche Verwendung von Eisen in der Architektur ab. Der neue Baustoff wurde als Symbol der Industrialisierung verteufelt; er widersprach dazu einer historisch getreuen Verwendung gotischer Formen. Von anderen Kritikern wurde dem Eisen mangelnde plastische Wirkung und »Verletzung des ästhetischen Gefühls«[68] vorgeworfen. Die zerbrechlich wirkenden Konstruktionen verunsicherten das Gefühl für Statik, das, am Steinbau orientiert, Stabilität mit Masse gleichsetzte. Ruskin, der zwischen künstlerischem Bauwerk und Nutzbau, zwischen »architecture« und »building« unterschied, erkannte ein Gebäude nur dann als Werk der Baukunst an, wenn es Eigenschaften besaß, die es über den reinen Nutzen erhoben.[69] Die Verwendung von Eisen widersprach seiner Meinung nach dem Geist »wahrer Architektur«,[70] da deren Proportionsgesetze sich im Laufe der Geschichte aus den Eigentümlichkeiten von Materialien wie Ton, Stein und Holz entwickelt hatten. Gottfried Semper, der 1849 in der *Zeitschrift für praktische Baukunst* über den neuerbauten Pariser Wintergarten berichtete, dachte ähnlich: »Es wird noch lange dauern bis das Eisen ... auf eine so vollkommene Weise technisch beherrscht sein wird, daß es als künstlerisches Element in der schönen Baukunst neben dem Stein, den Ziegeln und dem Holze Geltung und Würdigung zu finden beanspruchen darf.«[71] An den Wintergärten bemängelte er, daß sie »in einer Art von nacktem Eisenbahnstyle« erbaut seien. Aber auch die Bibliothèque Sainte-Geneviève (1838–50), in deren Lesesaal Henri Labrouste eine sichtbare Eisenkonstruktion verwendet hatte, fand vor Semper keine Gnade: »Das Mißlingen dieser Versuche, der Eisenconstruction für die ernste Architektur einen Ausdruck zu geben, sollte es aber wirklich aus unserer Unerfahrenheit in der Benutzung des Stoffes herrühren? Vielleicht; – Doch so viel steht fest, daß das Eisen und überhaupt jedes harte und zähe Metall, als constructiver Stoff seiner Natur entsprechend in schwachen Stäben und zum Theil in Drähten angewendet, sich wegen der geringen

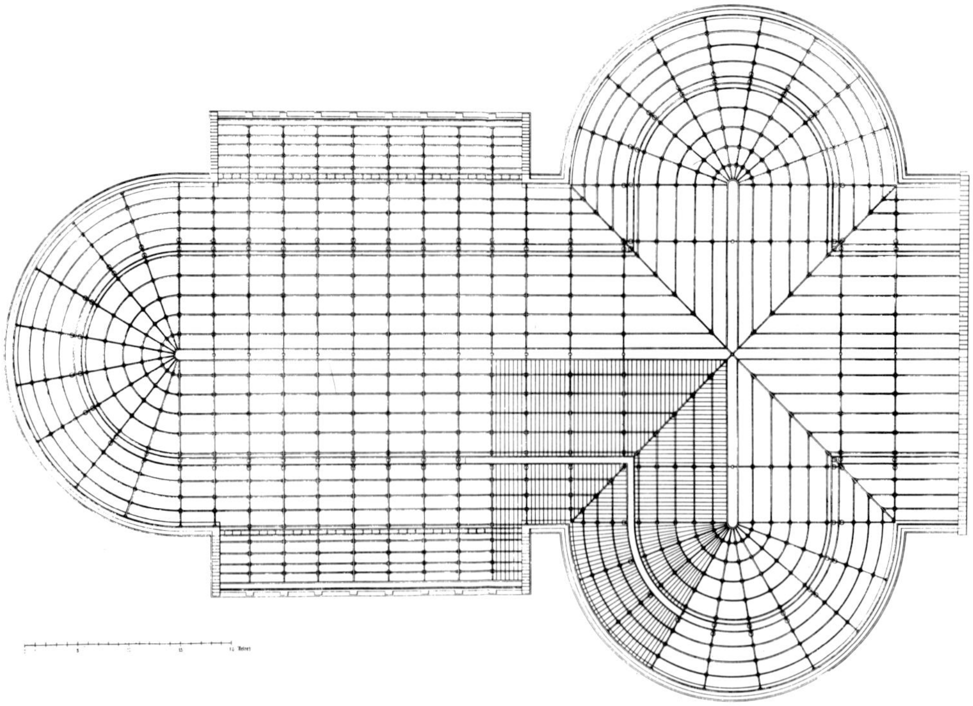

Jardin d'Hiver, Paris, 1847. Grundriß mit Dachplan

Oberfläche, welche es in diesen Formen darbietet, dem Auge um so mehr entzieht, je vollkommener die Construction ist und daß daher die Baukunst, welche ihre Wirkungen auf das Gemüth durch das Organ des Gesichts bewerkstelligt, mit diesem gleichsam unsichtbaren Stoffe sich nicht einlassen darf, wenn es sich um Massenwirkungen und nicht bloß um leichtes Beiwerk handelt. Als Gitterwerk bei Einhegungen, als zierliches Netzwerk darf und soll die schöne Baukunst das Metall in Stäben als günstigen Baustoff anwenden und zeigen, aber nicht als Träger großer Massen, als Stütze des Baues, als Grundton des Motivs.«[72]

Semper erkannte freilich an, daß der Bau eines Wintergartens die Verwendung filigraner Bauteile erforderte, er billigte ihm jedoch nicht mehr künstlerischen Wert zu als einer Bahnhofshalle. In der Skepsis gegenüber den stilbildenden Möglichkeiten der neuen Bautechniken kann man eine Abkehr von jener Fortschrittseuphorie sehen, die noch in den Bauten und Projekten von Loudon und Paxton zum Ausdruck gekommen war. Diese Skepsis war nur ein Symptom eines allgemeinen Unbehagens an der industriellen Entwicklung, die in kürzester Zeit die Lebensumstände sämtlicher Bevölkerungsschichten geändert hatte. Bevölkerungsexplosion und Landflucht hatten zu einem enormen Anwachsen der Städte geführt. Viele Traditionen wurden vernichtet; das Handwerk fiel der Industrie zum Opfer. Der Glaube an gesellschaftlichen und technischen Fortschritt mischte sich mit Zukunftspessimismus und Existenzangst, zu der die sich verschärfenden sozialen Konflikte noch beitrugen. Eine Antwort auf das Unbehagen war die verstärkte Betonung traditioneller Bindungen. Religiöse Erneuerungsbewegungen und die Begeisterung der Romantiker für das Mittelalter förderten das Entstehen der Neugotik. Die Sozialutopisten Ruskin und Morris glaubten, mit einer Wiederbelebung handwerklicher Produktionsformen im Sinn der mittelalterlichen Bauhütte die Misere der Industriegesellschaft beheben zu können. Die Künstler und Architekten der Arts-and-Crafts-Bewegung setzten der Anonymität des industriell gefertigten Gegenstands die individuelle handwerkliche Fertigung entgegen. Sie übersahen dabei, daß Handwerk keine Antwort auf den Bedarf einer Massengesellschaft sein konnte. Statt sich die neuen Technologien zunutze zu machen, fertigten Morris und andere Künstler in Manufakturen Gegenstände für die Inneneinrichtung an, die nur für eine wohlhabende Schicht erschwinglich waren.

In der Architektur manifestierte sich die unbewältigte Gegenwart in dem Gegensatz zwischen innovativen technischen Lösungen und dem gleichzeitigen Rückgriff auf historische Stile. Die zwiespältige Haltung von Bauherren und Architekten gegenüber den neuen Baumaterialien führte zu den bekannten Kombinationen von schmucklosen Ingenieurbauten und historistischer Architektur. Der Bahnhofshalle aus Eisen und Glas, deren Form nur funktionalen und statischen Anforderungen entspricht, wurde ein Gebäude vorgesetzt, das zumindest nach außen auf die herkömmlichen Baustoffe und Bauformen vertraut: Der reine Ingenieurbau galt nicht als schön, er bedurfte der Aufwertung durch den Architekten. In der Beschwörung der Vergangenheit zeigte sich der Zweifel an den neuen Errungenschaften und die von vielen Architekten empfundene Unfähigkeit zu einer zeitgemäßen Ausdrucksform. Die Frage nach dem »Neuen Stil« beherrschte die Diskussion bis zur Jahrhundertmitte. Heinrich Hübschs Frage »In welchem Style sollen wir bauen?«[73] zeigt jedoch, daß man die Stilfrage vor allem als Problem der richtigen Wahl verstand: Es galt, im historischen Fundus den Stil zu finden, der sich am besten für die neuen Bauaufgaben eignete.

Als das Kamelienhaus im Park von Wollaton Hall erbaut wurde, war der Klassizismus noch der vorherrschende Stil. Wenn sich dieser Bau auch äußerlich in die Tradition einfügt, so wurden hier jedoch gänzlich unhistorische Materialien und Fertigungsmethoden verwendet. Die gesamte Fassade mit ihren tuskischen Säulen besteht aus vorgefertigten Gußeisenteilen. Auch die Pflanzenhäuser von Kassel, Syon House und Alton Towers stehen noch in der klassizistischen Tradition. Gleichzeitig existierten aber bereits einige Bauten, die unter Verzicht auf überlieferte Formen nur aus Skelett und Glashaut bestanden. Diese nach funktionalen Kriterien konstruierten Bauten erscheinen heute erstaunlich »modern«. Funktionalismus als Begriff und ausdrückliches Programm von Architekten und Kunsthandwerkern gab es freilich noch nicht, auch wenn bereits Vorstellungen über den Zusammenhang von Form und Funktion vorhanden waren. Er kündete sich aber bereits in Forderungen nach Zweckmäßigkeit, Materialgerechtigkeit und Sichtbarmachung von Konstruktionsprinzipien an. Der »Vorfunktionalismus«[74] der ersten Jahrhunderthälfte fiel in die Zeit klassizistischer Stilvorherrschaft und endete kennzeichnenderweise auch mit deren Auflösung. Denn mit seiner formalen Zurückhaltung und seiner Vorliebe für glatte Oberflächen kam der Klassizismus einer Ästhetik des Zweckmäßigen noch am nächsten.

Die Auffassung, daß sich aus rationaler Zweckerfüllung eine schöne Form ergeben könne, wird rückblickend durch viele frühe Ingenieurbauten bestätigt. Der Zusammenhang war jedoch auch ihren Erbauern oft bewußt. Auch einige Äußerungen von Loudon weisen in diese Richtung. Sie stehen jedoch in merkwürdigem Gegensatz zu anderen Aussagen dieses Mannes, der mit seiner *Encyclopaedia of Cottage, Farm and Villa Architecture and Furniture* (1833) maßgeblich zum Stilpluralismus der Zeit beigetragen hatte. Die Ursache für die neuesten Verbesserungen im Bau von Gewächshäusern (und damit meinte er vor allem die eigenen sphärischen Glasbauten) sah Loudon darin, daß man dieses Feld nicht länger den Architekten überließ, deren Kompetenz er entschieden bestritt. Den Grund dafür, daß die Architekten so wenig »Geschmack« auf diesem Feld gezeigt hatten, führte er darauf zurück, daß es für die Gewächshäuser keine klassischen Vorbilder gab, die nachgeahmt werden konnten. Außerdem verstünden die Architekten wenig vom Zweck eines Gewächshauses, und, fuhr er in seinem Angriff auf die Kollegen fort, »sind wir davon überzeugt, daß es unter den Personen, die sich selbst Architekten nennen, nur wenige gibt, die wirklich verstehen, was Kunst ausmacht«.[75] »Sie (die Gewächshäuser) gehören nur insofern der zivilen Architektur an, als sie, wie jedes andere Bauwerk auch, von mechanischen und chemischen Prinzipien und von den Gesetzen der Stärke und Dauerhaftigkeit des Materials betroffen sind. Was aber die Prinzipien der Gestaltung und der Schönheit betrifft, deren Grundlagen wir, zumindest bei Nutzbauten, als ›Angemessenheit in Hinblick auf den Zweck‹ ansehen, unterliegen sie ebensowenig den Gesetzen der zivilen Architektur wie ein Schiff oder eine Festung; denn die Formen und Formkombinationen und die Komposition aus festem Mauerwerk und Öffnungen, die für die Behausung der Menschen und Haustiere schön und angemessen sind, sind keinesfalls angemessen und daher auch nicht schön, wenn es darum geht, Pflanzen zu behausen. Die Macht der Gewohnheit und

Theodor Schmidt
Gesellschaftshaus mit rückseitig anschließendem Palmenhaus, Frankfurt, Palmengarten, 1880

das berufliche Vorurteil sind allerdings derart, daß es nicht leicht ist, Architekten von dieser Wahrheit zu überzeugen. Pflanzenhäuser werden von ihnen nur dann als schön angesehen, wenn sie nicht nur architektonische Formen, sondern auch undurchsichtige Materialien enthalten. Die Zweckentsprechung, wiederholen wir, ist die Grundlage aller Schönheit bei Nutzbauten, und daher kann der Geschmack des Architekten mit Sicherheit als vollkommen falsch bezeichnet werden.«[76]

Wie es sich in der Folge zeigte, waren unter den Neuerern auf diesem Gebiet kaum Architekten: Loudon und Paxton waren Gärtner, Turner war Konstrukteur und Fabrikant. Im übrigen war der Bauherr früh schon nicht mehr auf den Architekten angewiesen, da es bereits sei den 1820er Jahren Firmen gab, die auf den Bau von Gewächshäusern spezialisiert waren. Loudon empfahl für den Fall, daß man doch einen Architekten beschäftigen sollte, diesem nahezulegen, sich mit dem Gärtner zu beraten. Als abschreckendes Beispiel führte er ein Gewächshaus an, das »kürzlich nach den Entwürfen eines der bekanntesten und meistbeschäftigten Architekten des Tages errichtet wurde«, und dessen Stützen in Palmwedeln aus grünbemalten Kupferblech endeten.[77] Loudon sah darin eine abzulehnende Nachäfferei der Natur. In einem anderen Buch, dem anonym veröffentlichten *Greenhouse Companion* (1824), plädierte Loudon dafür, das Gewächshaus dem Stil des Wohnhauses anzupassen, sofern die dazu benötigten Stilelemente den ausreichenden Lichteinfall nicht verhindern: »Wo ein Haus durch einen bestimmten Stil charakterisiert ist, ist es einfach, diesen Stil auch dem Gewächshaus zu verleihen. Die Formen von Türen und Fenstern, wie sie der gotischen Architektur zu eigen sind, können ohne weiteres in den vorderen Fensterrahmen und Türen eines Gewächshauses nachgeahmt werden.«[78] Ebenso lasse sich die Front auch jeder gewünschten Säulenordnung anpassen. In Wollaton Hall war man ja bereits nach diesem Rezept verfahren. Der Widerspruch, in den Loudon mit solchen Vorschlägen zu seinen »funktionalistischen« Thesen geriet, war typisch für seine Epoche. Auch er unterlag immer wieder der Auffassung, daß nur das, was über den schlichten Nutzen hinausgeht, ein Bauwerk zum Kunstwerk mache. So waren die Zeitgenossen zwar von Paxtons Kristallpalast begeistert, bei herkömmlichen Bauaufgaben erwarteten sie jedoch die Anwendung der alten Rezepte. Selbst Paxton und Loudon fanden keine neuen Lösungen, wenn es darum ging, Wohnhäuser zu entwerfen. Auf diesem Gebiet unterschied sich ihre Produktion nicht von der ihrer Kollegen. Im übrigen stand schon das, was während der internationalen Ausstellung im Kristallpalast ausgestellt wurde, im äußersten Gegensatz zur Architektur des Gebäudes: Viele der Gegenstände für das Heim des viktorianischen Bürgers waren in der absurden Entstellung ihrer eigentlichen Funktion kaum zu überbieten und gaben Musterbeispiele ab für das, was wir als »schlechten Geschmack« bezeichnen. Immer neue industrielle Verfahren verlockten zur gedankenlosen Anwendung. Semper, der selbst mehrere Abteilungen innerhalb der Weltausstellung eingerichtet hatte, urteilte: »Die hohe Entwicklung der modernen praktischen Wissenschaft findet kein Gegenstück in einem angemessenen Fortschritt der Künste, des allgemeinen künstlerischen Empfindens und des Geschmacks.«[79]

Palmenhaus im Park von Wörlitz, 1777–79

Die von vielen Kritikern festgestellte Auflösung bisher gültiger Gestaltungskriterien wirkte sich auch auf das Bauen mit Eisen aus. Selbst Paxton war, wie seine späteren Entwürfe für Eisenkonstruktionen zeigen, gegen den Zeitgeschmack mit seiner Vorliebe für üppige Ornamentik und historisierende Formen nicht immun. Das ganze Potential neuer technischer und ästhetischer Möglichkeiten, das in den Bahnhofshallen, Ausstellungsbauten und Gewächshäusern steckte, wurde während des 19. Jahrhunderts weder ausgeschöpft noch voll in seiner Bedeutung erkannt. Selbst Loudons Forderung nach Zweckentsprechung beschränkte sich nur auf die sogenannten Nutzbauten. Daß sich die gleichen Prinzipien auch auf die übrigen Bereiche des Bauens und die Gestaltung von Möbeln und Alltagsgegenständen anwenden ließen, war offensichtlich nur andeutungsweise in den Köpfen vorhanden.

Gleichwohl ahnte man schon, daß die konstruktiven Möglichkeiten des Eisens die Grundlage des so oft beschworenen neuen Stils bilden könnten. Karl Bötticher, Lehrer an der Berliner Bauakademie, prophezeite in einem 1846 gehaltenen Vortrag,

daß sich ein neuer Stil, in dem »ein anderes statisches Prinzip den Grundton angibt, aus dem Schoß der Zeit losringen wird«. Und Grundlage »dieser Bauweise der kommenden Zeit« sei das Eisen.[80]
Mit der Etablierung des Historismus wurden jedoch die fortschrittlichen Ansätze des frühen 19. Jahrhunderts für lange Zeit verschüttet. Freiliegende Eisenkonstruktionen wurden gemieden, in der Repräsentationsarchitektur verschwanden sie, wie in Charles Garniers neobarocker Oper, hinter der historischen Dekoration. Dort, wo man die Konstruktion zeigte, orientierte man sich entweder an historischen Mustern oder überlud sie mit Zierformen. Für den Bau der Pflanzenhäuser galt ähnliches: Entweder setzte man das Glashaus an die Rückseite eines historistischen Steinbaus wie bei den Florabauten der 1870er Jahre, die Palmenhaus und Gesellschaftshaus kombinierten, oder man erhob die Konstruktion selbst zum Ornament, wie es die Architekten der Palmenhäuser in Laeken und Schönbrunn versucht hatten.

**Künstliche Paradiese** »Wenn man in dem Palmenhaus von Loddiges oder in dem der Pfaueninsel bei Potsdam von dem hohen Altane bei heller Mittagssonne auf die Fülle schilf- und baumartiger Palmen herabblickt, so ist man auf Augenblicke über die Örtlichkeit, in der man sich befindet, vollkommen getäuscht. Man glaubt unter dem Tropenklima selbst, von dem Gipfel eines Hügels herab, ein kleines Palmengebüsch zu sehen. Man entbehrt freilich den Anblick der tiefen Himmelsbläue, den Eindruck einer größeren Intensität des Lichtes; dennoch ist die Einbildungskraft hier noch tätiger, die Illusion größer als bei dem vollkommensten Gemälde. Man knüpft an jede Pflanzenform die Wunder einer fernen Welt; man vernimmt das Rauschen der fächerartigen Blätter, man sieht ihre wechselnd schwindende Erleuchtung, wenn, von kleinen Luftströmen sanft bewegt, die Palmengipfel wogend einander berühren.«[81]
Das von Alexander von Humboldt geschilderte Palmenhaus auf der Pfaueninsel (1829–31) barg eine künstliche Welt, die nicht nur durch ihre tropische Flora, sondern auch durch ihre Architektur exotisch war: In der Apsis an der Rückseite des Gebäudes hatte man aus Fragmenten eines indischen Bauwerks einen Pavillon gebaut, und Albert Dietrich Schadow hatte durch entsprechende Farbgebung und Verwendung indischer Detailformen das passende Ambiente dafür geschaffen. Die romantische Verklärung Indiens hatte in Deutschland seit dem großen Erfolg von Thomas Moores Verserzählung *Lalla Rookh* (1817) Tradition. Auf *Lalla Rookh* beruhte auch Spontinis Oper *Nurmahal*, für deren Berliner Aufführung Karl Friedrich Schinkel die Bühnenbilder entworfen hatte.
Auch der Wintergarten, den sich viel später Ludwig II. auf dem Dach der Münchner Residenz bauen ließ, stand auf ähnliche Weise mit dem Theater in Beziehung. Ludwig, der für Opern mit indischen Themen schwärmte, war möglicherweise durch Jules Massenets *König von Lahore*, der 1867 während seines Besuches der Pariser Weltausstellung aufgeführt wurde, dazu angeregt worden, die Landschaft seines Wintergartens unter ein indisches Thema zu stellen. Ludwigs Inszenierung aus »natürlich« gestalteter Landschaft, Architekturkulissen und gemalten Prospekten setzte die Tradition der »anglo-chinesischen« Gärten fort und perfektionierte sie mit technischen Mitteln: Hier wurden auch Klima und Beleuchtung gesteuert; das Geplätscher eines Wasserfalls und die Klänge einer versteckten Kapelle machten den Wintergarten zur Bühne eines Son-et-lumière-Spektakels. Auf der Weltausstellung hatte Ludwig erfahren, welche Mittel die moderne Industrie für die Verwirklichung seiner Projekte bereithielt. Dächer aus Eisen und Glas, Warmwasserheizung, künstliche Beregnung und elektrisches Licht machten möglich, wovon die Gartenkünstler des 18. Jahrhunderts nur träumen konnten: »Wenn man aus einem malerischen Garten ein Land der Illusion machen kann, warum soll man das ablehnen? Man zerstreut sich nur durch Illusionen; wenn die Freiheit sie leitet und die Kunst sie führt, wird man sich niemals von der Natur entfernen. Die Natur ist je nach Klima verschieden; laßt uns versuchen, mit den Mitteln der Täuschung das Klima zu verändern oder zumindest vergessen zu machen, wo wir sind; laßt uns in

unsere Gärten die wechselnden Bühnenbilder der Oper bringen; laßt uns hier das als Realität zeigen, was die geschicktesten Maler dort (d.h. auf der Bühne) als Dekoration anbieten: alle Zeiten und alle Orte.«[82]

Diese Vision von der perfekt inszenierten Illusion stammt aus der Beschreibung des Jardin de Monceau, einem berühmten Beispiel für jene »anglo-chinesischen« Gärten, die in den zwei Jahrzehnten vor der Revolution unter den Mitgliedern des französischen Adels in Mode gekommen waren. War hier die Begeisterung für illusionistische Naturinszenierungen auch dem Bedürfnis entsprungen, der politischen Realität zu entfliehen, so war die Vision einer völlig mit Glas überdachten Landschaft, die John Claudius Loudon ein halbes Jahrhundert später formulierte, Ausdruck der fortschrittsgläubigen Gewißheit, die natürlichen Lebensbedingungen des Menschen ließen sich mit technischen Mitteln beliebig verbessern. Joseph Neumann dagegen, dem die Glashäuser im Pariser Jardin des Plantes unterstanden, propagierte in seinem 1844 erstmals erschienenen Gewächshaushandbuch einen Illusionismus, der seine Wurzeln ganz deutlich in der Theorie des Landschaftsgartens hatte: »Welches Ziel sollen die Erbauer eines Glashauses vor Augen haben, wo es sich um die Aufstellung von tropischen Pflanzen handelt? Kein anderes als die Nachahmung der reichen Unordnung eines Urwaldes, indem er mit lebendigem Kunstsinn alle auffallenden Spuren der Künstlichkeit verwischt und vorzüglich den materiellen Beweis, daß man unter einem Glasdach wandelt, zu bemänteln, unbemerkbar zu machen sucht. In der Tat, warum sollte man nicht das geometrisch regelmäßige Netz oder Gitterwerk der Fenster und Scheibeneinfassungen durch eine möglichst getreue Nachahmung der Formen der Baumästung und Verzweigung ersetzen und durch die ungleichen Maschen derselben das Licht gerade so einfallen lassen wie durch den Dom eines natürlichen Waldes? Launenvolle Lianen, zwischen diese künstlichen Äste und Zweige eingeflochten, werden die malerische Täuschung noch vollkommener machen, hier das nackte Gerippe von Metall unter ihrem Laub verstecken, dort an die schwanken Zweige großer Bäume sich anhängend anmutige Girlanden bilden ... Inmitten einer sorgsam gewählten Lichtung müßte sich ein Bächlein schlängeln, bevölkert mit tropischen Fischen, bald rauschend zwischen Felswerk sich durchdrängend, bald sanft und still in ein breites, von Sand und Kieseln umgebenes Becken sich ausdehnend ... Zur Vollendung des Lebens der Szene würde noch ein Zug fehlen: das Vorhandensein der tropischen Schmetterlinge. Man schreit vielleicht voll zweifelnder Bewunderung gegen diesen Gedanken auf, allein wir scheuen uns nicht, die Ansicht auszusprechen, daß die Einführung dieser glänzenden Lepidopteren nicht sehr leicht, doch immerhin möglich sein würde ...«[83]

Phantasiebild eines künstlichen Urwalds.
Illustration aus Joseph Neumanns Buch

Diejenigen unter Neumanns Lesern, die Loudons Vorschlag kannten, Menschen aus den Herkunftsländern der verschiedenen Tropenpflanzen als Gärtner zu beschäftigen und damit gleichsam zu didaktischen Zwecken auszustellen, waren über Neumanns letzten Gedanken vermutlich nicht erstaunt. Loudons Idee, erstmals in seinen *Remarks on the Construction of Hothouses* (1817) geäußert, hatte dabei schon Tradition: Eine zeitgenössische Abbildung des Jardin de Monceau zeigt Diener in exotischen Kostümen, die zur Unterhaltung ihrer Herrschaften ein Dromedar durch den Park führen. Im Hintergrund ist unter Bäumen ein »Tatarenzelt« aufgeschlagen.

Die Verfremdung der Konstruktion zum Zweck vollkommener Täuschung, wie Neumann sie vorschlug, war im Wintergarten des Fürsten von Potemkin bei Petersburg zumindest teilweise verwirklicht: »Da das Dach wegen seiner Größe nicht ohne Pfeiler getragen werden kann, sind diese unter der Form von Palmen verkleidet ...«[84]

Eine solche Angleichung der Konstruktion an die Vegetation lag beim Bau eines Gewächshauses nahe: In Belfast bestehen die Konsolen in den Seitenflügeln des Palmenhauses aus geschmiedetem Rankenwerk, in Lednice wird das Glasdach von Stützen in Bambusform getragen. Ähnlich wie in Brighton, wo John Nash in der Küche des Royal Pavilion Stützen mit Palmwedelkapitellen verwendete, war es auch beim Bau eines Pflanzenhauses möglich, sich der architektonischen Konvention zu entziehen und andere als historische Formen auszuprobieren.

Die Existenz all dieser künstlichen Paradiese beruhte auf einem seltsamen Widerspruch: Ohne die Zerstörung der Natur durch die Industrie wäre das Bedürfnis nach ihnen kaum je so groß geworden, aber ohne die technischen Mittel dieser Industrie, ohne Eisen und Glas, ohne ein künstlich erzeugtes Klima, wäre es niemals möglich gewesen, die Lebensbedingungen für eine importierte Flora zu simulieren. Vor allem in den Städten, in denen »Natur« in Form von Parks und Grüngürteln ausdrücklich eingeplant werden mußte, ließ sich kein größerer Gegensatz denken als der zwischen der unwirtlichen Steinwüste und den grünen Oasen unter ihren Dächern aus Glas. Neben dem dringenden Bedürfnis der Menschen, den Verlust an Natur so wieder wettzumachen, äußerte sich in den Wintergärten symbolisch der Wunsch nach einem anderen Leben. Die Sehnsucht nach fernen fremden Ländern, nach den Südseeinseln, auf denen man das verlorene Paradies vermutete, hatte Tradition, seit die Europäer aufgebrochen waren, um neue Welten zu entdecken. Seit der Aufklärung hatte man das Leben der »Edlen Wilden« ebenso wie die einheimische ländliche Lebensweise idealisiert und daraus das »Zurück zur Natur!« abgeleitet. Man träumte nicht nur das Wunschbild einer vorindustriellen Idylle, sondern auch das eines von jeglichen gesellschaftlichen und moralischen Zwängen befreiten Lebens. Nur wenige waren so konsequent wie der französische Maler Paul Gauguin, der sein bürgerliches Dasein aufgab und in die Südsee auswanderte. Zahlreicher waren jene, die die Welt touristisch erkundeten, um danach mit Erinnerungen und Trophäen in die vertraute Umgebung zurückzukehren. Um die Fiktion des irgendwo noch existierenden Paradieses aufrechtzuerhalten, war es freilich sicherer und komfortabler, sich zu Hause das Abbild seiner Phantasien zu inszenieren. Und so wurde in den bürgerlichen Wohnburgen der Gründerzeit, der Viktorianischen Epoche, des Zweiten Kaiserreichs und der Dritten Republik der Wintergarten zum Höhepunkt einer ohnehin schon exotischen Innenausstattung. Mit echten und falschen Artefakten, mit Ritterrüstungen und Raubtierfellen, mit arabischen Sitzmöbeln und japanischen Wandschirmen beschwor man in den eigenen vier Wänden eine glorreiche Vergangenheit oder die Erinnerung an Länder, die man nie gesehen hatte.

Die Sehnsucht nach einem ursprünglichen Leben in fernen Ländern, die im 18. Jahrhundert von »Europamüdigkeit« und allgemeinem Zivilisationsüberdruß gespeist worden war, wurde mit der Industrialisierung und ihren tiefgreifenden Folgen nicht nur stärker, sie erhielt auch neue Ziele. Hatten sich im 18. Jahrhundert viele Menschen danach gesehnt, wie auf Antoine Watteaus Gemälde zur Liebesinsel Kythera aufzubrechen, oder wie *Paul und Virginie* in dem 1788 erschienenen Roman von Bernardin de Saint-Pierre auf einer Insel im Indischen Ozean zu leben, so wurde im 19. Jahrhundert ein geographisch kaum exakt zu umreißender »Orient« zur Projektionsfläche europäischer Phantasien.[85] Während man in England den »Orient« in erster Linie mit Indien gleichsetzte, wurde für Frankreich die Besetzung Algiers (1830) zum Auslöser einer von Nordafrika bestimmten Orientmode, die sich in Gemälden, Romanen, Opern und Bauwerken manifestierte.

Nicht von ungefähr kamen mit den Wintergartenanbauten auch orientalisch ausgestattete Bäder und Salons, Rauch- und Billardzimmer in Mode.[86] Die orientalischen Interieurs, die in den bürgerlichen Stadtwohnungen und Villen seit den 1870er Jahren Konjunktur hatten, waren mehr als nur willkommene Abwechslungen im Repertoire der historischen und exotischen Stile. Sie waren Teil einer weitverbreiteten Vorstellung, in welcher der Orient als Antithese zur westlichen Zivilisation erschien. Fast alle Einzelheiten dieses Orientbilds hatten Entsprechungen in Mängelerscheinungen, Sehnsüchten und Obsessionen der europäischen Seele. Der orientalische Dekor aus Diwan, Rauchtischchen und Wasserpfeife suggerierte nicht nur eine Lebensweise, die der Betriebsamkeit des Großstädters diametral entgegengesetzt war, sondern gab zugleich Anlaß zu Tagträumen von ungeahnten sinnlichen Genüssen. Welcher Art die Bilder waren, die das Stichwort »Orient« vor allem in männlichen Phantasien erzeugte, erfahren wir von den »Orientalisten«, die in immer neuen Variationen arabische Tänzerinnen, Badeszenen, Harems oder den Frauenkauf auf dem Sklavenmarkt malten.

Nicht nur die orientalischen Salons und die türkischen Bäder, die in Europa in Mode kamen, auch der Wintergarten als Sinnbild der Paradiessehnsucht war mit erotischer Bedeutung beladen. Emile Zola, der alle Schlüsselmotive seiner Epoche

Roguet und Boileau
Wintergarten mit türkischem Bad in der Rue Abatucci, Paris, 1873

literarisch verarbeitet hat, ließ sich die Symbolträchtigkeit des Wintergartens nicht entgehen: Die wichtigsten Szenen seines 1871 erschienenen Romans *La Curée* (Die Beute) spielen in dem Gewächshaus, das zur Villa eines reichen Bauspekulanten gehört. Dessen Frau Renée trifft sich hier mit ihrem Geliebten. In der minuziösen Beschreibung des Gewächshauses macht Zola das ungezügelte Wachstum der tropischen Pflanzen mit ihren schweren, berauschenden Düften zur Metapher für Renées erwachende Begierden: »Eine maßlose Leidenschaft, ein wollüstiges Begehren wogte in diesem geschlossenen Raum, in dem der heiße Saft der Tropenpflanzen kochte.«[87] Vor der Kulisse des künstlichen Paradieses befreien sich die Liebenden von allen moralischen Zwängen: »Das Treibhaus liebte, entbrannte mit ihnen. In der schwülen Luft, dem weißlichen Mondlicht sahen sie die fremdartige Pflanzenwelt, die sie hier umgab, in wirrer Bewegung und gegenseitiger Umschlingung … Es war die ungeheure Brunst des Gewächshauses, dieses Stückchens Urwald, wo das Laub und die Blütenpracht der Tropen in Liebesglut entbrannten … Maxime und Renée fühlten sich in ihrer verderbten Sinnlichkeit in die gewaltige Paarung der Natur hineingerissen. Durch das Bärenfell hindurch sengte ihnen der Boden den Rücken, und von den hohen Palmen fielen heiße Tropfen auf sie herab.«[88]

Wie nah die Assoziationen, die die tropische Pflanzenwelt und der »Orient« zu wecken vermochten, beieinander lagen, zeigt sich dort, wo sich beide Motive vermischten: in der »maurischen« Villa des württembergischen Königs Wilhelm I. mit ihren Gewächshäusern und noch deutlicher im Wintergarten Ludwigs II. Einmal sogar finden sich alle typischen Motive vereint: 1874 berichtete die monatlich erscheinende *Encyclopédie d'Architecture* über einen neuerbauten Wintergarten, der nicht nur mit einer Folge ineinandergehender Salons in Verbindung stand, die in verschiedenen islamischen Stilen ausgestattet waren, sondern darüber hinaus in seinem Souterrain ein luxuriöses türkisches Bad enthielt.[89]

Die Funktion der orientalischen Interieurs, der türkischen Bäder und der Wintergärten wird noch deutlicher, wenn man sich die äußere Erscheinung mancher Villen jener Epoche vergegenwärtigt, die mit Zinnen und Türmen mehr Ähnlichkeit mit befestigten Burgen als mit Stadthäusern hatten: Sie waren Fluchtorte vor der Realität; hinter ihren Mauern wurde die Illusion einer heilen privaten Welt verteidigt. Der Hang zur Selbsttäuschung, der das Interieur zur Bühne machte, fand seine Entsprechung im Spiel mit anderen Rollen: Die Sehnsucht nach einer anderen Identität, nach einem Leben am anderen Ort fand ihren trivialsten Ausdruck in den exotischen Kostümierungen wie sie so unterschiedliche Persönlichkeiten wie Ludwig II., Pierre Loti und Karl May liebten. Der Wunsch, der Gegenwart zu entfliehen, führte zu immer größerer Künstlichkeit, zu immer raffinierteren Genüssen und Sinnestäuschungen. *Die künstlichen Paradiese* (1860), die Charles Baudelaire beschrieb, waren im Gegensatz zu den Paradiesen der Bürger immateriell: Sie wurden durch den Gebrauch von Haschisch und Opium erzeugt. Für Menschen, die sich in solche künstlichen, von der Gesellschaft isolierte Welten geflüchtet hatten, war selbst das unvermittelte Erlebnis der Natur nicht mehr erträglich: Des Esseintes, der einsame Held von Joris Karl Huysmans' Roman *A Rebours* (1884) suchte nicht nur neue sinnliche Erfahrungen bei der Herstellung immer neuer künstlicher Duftstoffe, er duldete in seinem Haus auch nur noch solche Pflanzen, die ihm durch ihr fremdartiges Aussehen wie Kunstprodukte erschienen.

**Bürgerliche Wintergärten** »Sie kamen zum letzten Salon und hatten das Gewächshaus vor sich, einen großen Wintergarten voll hoher Tropenbäume über einem Dickicht seltener Blumen. In dem grünen Dunkel, worein das Licht wie Silberregen stäubte, atmete man die laue Frische feuchter Erde und den Hauch schwerer Düfte. Man hatte das seltsam süße, ungesunde und verzaubernde Gefühl von einer entnervend weichen, künstlichen Natur. Man schritt über moosartige Teppiche zwischen dichtem Gesträuch. Plötzlich erblickte Du Roy zur Linken, unter einem breiten Dom von Palmenbäumen, ein mächtiges Bassin aus weißem Marmor, wo man hätte baden können, und am Rand vier große Schwäne in Delfter Fayence, aus deren halboffenen Schnäbeln Wasser floß. Der Boden des Bassins war mit Goldstaub übersät, und riesige rote Fische schwammen darin, bizarre chinesische Ungeheuer mit vorspringenden Augen und blaugeränderten Schuppen, gleichsam Mandarine des nassen Elements, die über dem Goldgrund gleitend und schwebend an die fremdartigen Stickereien aus dem Reich der Mitte erinnerten. Der Journalist blieb mit klopfendem Herzen stehen. »Das ist's, das ist Luxus«, sagte er sich. »Das sind Häuser, in denen man wohnen müßte.«[90]

Das Wohnhaus von John Claudius Loudon, Bayswater, London, 1824

Das Haus, das den Neid von Georges Du Roy, Hauptfigur in Maupassants *Bel Ami* (1885) erregte, hatte gerade den Besitzer gewechselt: Ein in Schwierigkeiten geratener Fürst hatte es einem millionenschweren Spekulanten verkauft. Der exemplarische Vorgang, der als literarisches Motiv bereits Tradition besaß, illustriert nicht nur den Aufstieg des Bürgertums zu Geld und Macht, sondern auch die Aneignung feudalen Lebensstils durch die Parvenus. Der Besitz eines Wintergartens, einstmals aristokratisches Privileg, war längst auch zum Prestigeobjekt des wohlhabenden Bürgers geworden. Der war jedoch frei von dem schöngeistigen Interesse des adligen Müßiggängers an Botanik und Gartengestaltung. Für ihn war der Wintergarten die luxuriöse Erweiterung des Salons, eine Attraktion, mit der man seine Gäste beeindrucken konnte.
Während die großen Gewächshäuser von Syon House, Chatsworth oder Wollaton Hall abseits der Wohngebäude standen, waren die Wintergärten, die seit den 1860er Jahren vor allem in England und Frankreich zum unverzichtbaren Bestandteil der bürgerlichen Villa gehörten, meist Anbauten an vorhandene Wohnhäuser. Zum einen boten die Gärten in den Städten oder Vororten nicht genügend Raum für einen gesonderten Bau, zum anderen war der Wunsch, mit dem Wintergarten eine Erweiterung des Wohnbereichs zu schaffen, wichtiger geworden als das botanische Interesse und das Wohl der Pflanzen. Ein weiterer Vorteil einer Angliederung an das Wohnhaus war der, daß keine zusätzliche Heizung benötigt wurde.
1855 erschien in der *Revue générale de l'architecture* eine Serie von Artikeln, die sich mit den in Mode gekommenen Wintergärten befaßte.[91] Der Autor betonte nachdrücklich, daß sich hier ein neues und lukratives Betätigungsfeld für Architekten böte. Da der Artikel sich an einen breiten Leserkreis richtete, beginnt er mit preiswerteren Möglichkeiten, mit Blumenfenstern und kleinen Terrassentreibhäusern: Da die Kosten für Glas und Eisen erheblich zurückgegangen seien, sei ein kleiner Wintergarten bald für jedermann erschwinglich.
In England war es mit den auf dem Markt angebotenen Gewächshäusern aus vorgefertigten Bauteilen bereits dem Besitzer des bescheidensten Hauses möglich, ohne bedeutende Kosten und Schwierigkeiten ein Glashaus anzubauen. Die verschiedenen Systeme ermöglichten Bauten nach Maß, abgestimmt auf den gewünschten Grundriß und die finanziellen Möglichkeiten. Das wahrscheinlich früheste Beispiel eines integrierten Wintergartens findet sich in dem Haus, das sich John Claudius Loudon nach eigenen Entwürfen 1824 in Bayswater, London, erbaute. Der Wintergarten des Doppelhauses war für beide Hausparteien zugänglich und von den vorderen Räumen einsehbar. Das Dach besteht aus einer schuppenartig verglasten Kuppel. Loudons Wintergarten wirkt nicht, wie so viele spätere Beispiele, als Fremdkörper, sondern fügt sich nahtlos in die architektonische Konzeption ein, da er zur Hälfte in die vorspringende überdachte Veranda einbezogen ist und sowohl deren senkrechte Gliederung als auch den Sims übernimmt.

George Aitchison
Wintergartenanbau, Chesham Place, London, 1895

Eine Lösung, die dieser verwandt ist, finden wir an der Rückseite eines Wohnhauses in Brüssel, das Victor Horta für Max Hallet entwarf. Hier besteht der Wintergarten aus drei zylindrischen Balkons mit abgestuften Glaskuppeln.
Die für angebaute Wintergärten typischen Grundrisse waren rechteckig, halboval oder halbkreisförmig. Langgestreckte Grundrisse wurden dort bevorzugt, wo man eine Galerie schaffen wollte, die von mehreren Räumen zugänglich sein sollte. Wenn es auch oft gelang, innen einen bruchlosen Übergang zu dem oft nachträglich angebauten Gewächshaus zu schaffen, indem man den anschließenden Wohnraum mit dem gleichen Bodenbelag versah und ebenfalls mit Pflanzen dekorierte, so wirken die meisten Beispiele in den zeitgenössischen Architekturzeitschriften von außen als Fremdkörper, die in einem merkwürdigen Gegensatz zur Architektur des Hauses

Edward William Godwin
Wintergarten im »anglo-japanischen« Stil.
Aus dem Katalog der Gewächshaushersteller
Messenger & Co., 1880

stehen. In der Besprechung des Wintergartens eines Wohnhauses am Boulevard Arago in Paris (ca. 1885) wurde darauf hingewiesen, daß sich der Architekt nicht mit vorgefertigten Eisenteilen begnügte, sondern sein »künstlerisches Talent« darauf verwendet habe, sämtliche Profile selbst zu entwerfen.[92] Bei dem großen Angebot an vorgefertigten eisernen Bauteilen war ein solcher Aufwand längst nicht mehr notwendig.

1895 bildete die Zeitschrift *The Builder* einen Wintergarten ab, den der Architekt George Aitchison entworfen hatte.[93] Aitchison setzte den aus Guß- und Schmiedeeisen gefertigten Anbau, der vom »Boudoir« einer Stadtwohnung aus zugänglich sein sollte, auf eine Terrasse. Auf Wunsch des Bauherrn sollte die Vegetation des Wintergartens zugleich den dekorativen Hintergrund einer Skulpturengruppe bilden, die im angrenzenden Wohnraum stand. Der Wintergarten am Chesham Place, London, existiert leicht verändert noch heute.

Typisch für all diese Wintergärten war ihre Einbeziehung in den Wohnbereich. Sie waren vom Salon oder Speisezimmer aus zugänglich und einsehbar oder auch von der Bibliothek oder dem »Fumoir«. So hatte man auch dort einen Blick ins Grüne, wo die Stadt längst die Natur verdrängt hatte. In der Regel erbaute man den Wintergarten an der Südseite des Hauses zu ebener Erde oder auf einer Terrasse. Seltener waren Wintergärten auf dem Dach eines Stadthauses. Das Glashaus auf dem Dach von Otto Wagners Ankerhaus in Wien (1895) diente jedoch nicht als Wintergarten, sondern als Tageslichtatelier eines Photographen.

Dem Geschmack des späten 19. Jahrhunderts entsprechend, zeichneten sich die meisten Fertigglashäuser durch Detailformen verschiedenster Baustile aus. Die Tatsache, daß sich Gußeisen dazu eignet, in jede nur denkbare Form gegossen zu werden, wurde von den Herstellern ausgiebig genutzt. Dem Hang des Bürgers zur Prätention kam diese Gestaltung nur entgegen. Er konnte bei der Bestellung von »maurisch« bis »anglo-japanisch« wählen. Daß die derart bezeichneten Wintergärten den Stilen, die sie vage suggerierten, kaum zur Ehre gereichten, war dabei nicht so wichtig. Die Vorstellung, die der Käufer von japanischer oder maurischer Architektur hatte, war ebenso vage. »Japanisch« war seit der Londoner Weltausstellung 1862 zum Stichwort der künstlerischen Avantgarde geworden. Hier war zum ersten Mal eine größere Sammlung japanischer Kunst- und Alltagsgegenstände ausgestellt worden. In Malerei und Kunstgewerbe führte die Begegnung mit der bisher kaum bekannten Kultur zu einer Welle von Japonismen. Edouard Manet und Vincent van Gogh sammelten ebenso wie Emile Zola oder Edmond de Goncourt japanische Holzschnitte. In England zählte der Architekt Edward William Godwin zu den

Japanbegeisterten der ersten Stunde. Er schmückte sein Haus mit japanischen Holzschnitten und entwarf Möbel und Tapeten im »anglo-japanischen« Stil. Auch unter den Mustergewächshäusern, die Godwin für den Gewächshaushersteller Messenger & Co. entwarf, gab es Beispiele dieser synthetischen Stilrichtung. Der 1880 unter dem Titel *Artistic Conservatories* erschienene Firmenkatalog enthält Entwürfe für Blumenfenster, verglaste Veranden, freistehende und angebaute Gewächshäuser sowie verglaste Eingangshallen; ein zweistöckiges Gewächshaus wird in Höhe des ersten Stocks durch eine allseitig verglaste Brücke vom Wohnhaus erschlossen. Die Ornamente und Dekorationen dieser Bauten ließen sich kaum mit ihren angeblichen Vorbildern in Einklang bringen. Die Extravaganz des Stils war hier vor allem ein Mittel, um das eigene Produkt von anderen zu unterscheiden und sich auf dem Markt besser zu behaupten.

**Wintergärten in Hotels, Kurhäusern und Vergnügungsstätten** »Es war der Zweck, ein großes Concert- und Restaurations-Local zu schaffen, welches in jeder Jahreszeit einen gartenartig mit Grün geschmückten, gut beleuchteten und gelüfteten, mäßig erwärmten Raum nach Art der Pariser Café-Concerts bieten soll, in welchem die Besucher, zwanglos an Tischen sitzend, allabendlich musikalische oder mimische Vorstellungen genießen können, ohne von der in unserem Klima so unbeständigen Laune des Wetters abhängig zu sein.«[94]

Die Verbindung von Pflanzenhaus und öffentlicher Vergnügungsstätte, wie sie die Architekten des Berliner Central-Hotels (1878–80) beim Bau des Wintergartens anstrebten, war bereits das Kennzeichen des Pariser Jardin d'Hiver an den Champs-Elysées gewesen. Auch »Krolls Gärten«, ein 1844 erbautes Berliner Vergnügungslokal mit Restaurant und Ballsälen, hatte als Seitenflügel glasgedeckte Wintergärten besessen. Da dort die Pflege der Pflanzen zuviel Mühe machte, hatte man jedoch schon nach wenigen Jahren Pflanzen und Glasdach entfernt.[95] Der Wintergarten des Central-Hotels, das in der Nähe des Bahnhofs Friedrichstraße lag, hatte die Form eines langgestreckten Innenhofs, der von einem 18 Meter hohen Glasdach überwölbt wurde. Bei Hochbetrieb konnten hier und in den angrenzenden Speisesälen und Gesellschaftsräumen bis zu 3000 Gäste bewirtet werden. In den großen Hotels von Berlin bis Monte Carlo war der Wintergarten bis zum Ende des Jahrhunderts fester Bestandteil des Bauprogramms. Fast immer war er dem Speisesaal zugeordnet wie im Frankfurter Hof in Frankfurt oder im Schweizer Hof in Luzern, wo auch der Speisesaal ein Glasdach hatte. Die Standards dieser Hotelkultur waren bald international gültig: Auch im ehemaligen Palace Hotel in San Francisco gibt es noch heute einen prächtigen glasgedeckten Speisesaal.

Hermann von der Hude und Julius Hennicke
Wintergarten im Central-Hotel, Berlin, 1880

Nicht nur das Hotel, das zu den typischen neuen Bauaufgaben des 19. Jahrhunderts zählte, auch die Kurhäuser und Kasinos in den Kurorten und Seebädern boten sich zur Erweiterung durch Wintergärten geradezu an. Ob in böhmischen Kurorten wie Karlsbad und Marienbad, in französischen Villes d'Eaux wie Vichy und Vittel oder in englischen Seebädern wie Brighton und Llandudno, ob in Nizza oder Ostende: in ganz Europa hatte sich an den Orten, an denen sich die bürgerliche Gesellschaft erholte und zerstreute, eine spezifische Baukultur entwickelt. Hier fand man nicht nur besondere Bautypen wie Kasinos, Thermalbäder, Trinkhallen und Wandelgänge vor, hier war auch das stilistische Reglement, das für andere Bauaufgaben und andere Orte galt, weitgehend außer Kraft gesetzt. Hier gedieh ein hemmungsloser Eklektizismus, der Historisches mit Exotischem vermischte und in manchen Formerfindungen schon den Jugendstil ankündigte. Auffallend war auch die häufige Verwendung filigraner Eisenkonstruktionen. Vor allem die langgestreckten Wandelhallen, in denen die Kurgäste nach der Einnahme des Heilwassers auf und ab promenierten, waren oft reichverzierte Gußeisenkonstruktionen mit verglasten Fassaden. Das Gebäude des Thermalbads in Vittel (1883/84), das Charles Garnier entworfen hatte, enthielt eine glasgedeckte und mit Palmen dekorierte Halle, die durch eiserne Wandelgänge mit den übrigen Gebäudeteilen verbunden war.[96] Aber es gab auch große Thermalbadeanstalten wie die Montpellier Baths im englischen Harrogate (um 1890), die richtige Wintergärten besaßen.[97]

In Nizza enthielt der ins Meer gebaute Palais de la Jetée (1890) außer Konzertsaal, Café und Restaurant auch einen Wintergarten, und das Casino Municipal besaß eine große dreischiffige Glashalle, in der die Touristen bei kühlem Wetter unter Palmen Musik hören konnten. Auch eines der oben erwähnten Pariser Cafés-concerts, das 1882/83 erbaute Eden Théâtre, besaß außer einem »Indischen Hof«, dessen Glasdach im Sommer geöffnet werden konnte, einen »mit Pflanzen, Felsen und Wasserkünsten ausgestatteten Wintergarten«.[98] Für ein Café-concert, das wie die englische Music-hall allabendlich Schauplatz populärer Musik- und Theateraufführungen war, war jedoch ein Wintergarten ungewöhnlich. Im Eden-Théâtre erlaubte es der offene Grundriß sogar, aus dem Zuschauerraum durch offene Bogenstellungen in die Vegetation des Wintergartens und in den »Indischen Hof« zu schauen.

Der Konkurrenzkampf im städtischen Unterhaltungsgewerbe hatte dazu geführt, über den ursprünglichen Geschäftszweck hinaus immer mehr Attraktionen unter dem gleichen Dach zu bieten. Im Laufe des 19. Jahrhunderts waren die Vergnügungen der städtischen Bevölkerung in zunehmendem Maße von Unternehmern und Kapitalgesellschaften organisiert und vermarktet worden. Es entwickelte sich eine nie dagewesene und längst wieder verschwundene Vielfalt öffentlicher »Vergnügungsstätten«, die sich oft nur schwer voneinander abgrenzen ließen und untereinander immer neue Verbindungen eingingen: Ballhäuser, Konzertsäle, Varietébühnen, »Volksbelustigungsgärten«, Festhallen, Zirkusgebäude, Hippodrome, Wintergärten, Panoramen. Neben so speziellen Vergnügungsstätten entstanden seit den 1860er Jahren in vielen europäischen Großstädten monumentale Mehrzweckbauten, die Flora, Winterpalast, Palmengarten und in England häufig auch Aquarium hießen. Hier sollten möglichst viele Bedürfnisse eines Massenpublikums gleichzeitig geschäftlich nutzbar gemacht werden: Um einen ausgedehnten Wintergarten gruppierte man Restaurants, Cafés, Klubräume, Tanzsäle, Theater und Gemäldegalerien. Der Leipziger Kristallpalast enthielt sogar eine Zirkusarena und ein Diorama.

Alfred Bedborough
Royal Aquarium, Westminster, London, 1875/76

**Vom Wintergarten zum Winterpalast** »Das Palmenhaus bleibt zwar der Kern- und Ausgangspunkt der Anlage. Die letztere erhält aber noch eine charakteristische Vervollständigung durch die Anfügung einer Festlokalität und durch die Disposition des Ganzen innerhalb eines großen, entsprechend künstlerisch gestalteten Promenaden- und Konzertgartens. Die Flora gestaltet sich in dieser Form zu einem Vergnügungslokal im edelsten und großartigsten Sinne ...«[99]

Der Pariser Jardin d'Hiver war eines der ersten Beispiele eines Pflanzenhauses, das durch Gesellschaftsräume ergänzt wurde. Noch bestand die Hauptattraktion in dem technischen Wunder der filigranen Konstruktion und dem exotischen Reiz der

Johannes Otzen und Hubert Stier
Flora, Berlin-Charlottenburg, 1871–74. Perspektive der Gartenseite und Blick in das Palmenhaus

tropischen Flora. Die Wintergärten in Lyon und Paris blieben lange Zeit die einzigen ihrer Art, bis mehr Spekulanten den neuen Bautyp entdeckten. Es kam zu einem regelrechten Boom dieser Mehrzweckbauten, die nicht nur in Großstädten wie Köln, Frankfurt, Berlin, Leipzig, London, Dublin oder Paris, sondern auch in den englischen Seebädern wie Pilze aus dem Boden schossen. Der Schwerpunkt verlagerte sich jetzt deutlich: Der Wintergarten war nur noch eine unter vielen Attraktionen. In Paris gab es bereits seit 1854 den Jardin d'Acclimatation im Bois de Boulogne, eine Mischung aus Zoo, botanischem Garten und Vergnügungspark. Hier wurde 1891 der Palais d'Hiver als Nachfolger des längst abgerissenen Jardin d'Hiver eröffnet. Über die Hälfte des Gebäudes wurde von Gewächshäusern und einem »Palmarium« eingenommen, von dem man in einen großen Festsaal gelangte. Der Wintergarten wurde von sechs parallellaufenden, gewölbten Glasdächern von kurzer Spannweite überdacht. Das Palmenhaus war in dem höheren Hauptgebäude enthalten, das nach vorn eine historische Fassade zeigte.[100]
Da die Bezeichnung Wintergarten offensichtlich nicht mehr zugkräftig war, fand man hier, wie auch in Dublin, wo man um 1865 ein Ausstellungsgebäude in einen Winterpalast verwandelt hatte,[101] in dem Wort Palast noch eine Steigerung. Die veränderte Namensgebung kam jedoch auch in der veränderten Erscheinung dieser Bauten zum Ausdruck, die sich immer mehr von der technischen Eleganz der früheren Glashäuser entfernten und immer mehr das Aussehen von Palästen annahmen. Mit der raschen wirtschaftlichen Entwicklung, die in Frankreich mit der Machtübernahme durch Napoleon III., in Deutschland mit der Reichsgründung und dank französischer Reparationszahlungen einsetzte, waren nicht nur das Investitionskapital der Unternehmer, sondern auch die Ansprüche und die Kaufkraft der Massen gewachsen. Feste und Vergnügungen wurden zum wichtigen Bestandteil bürgerlicher Repräsentation. In ihrer architektonischen Selbstdarstellung griffen die

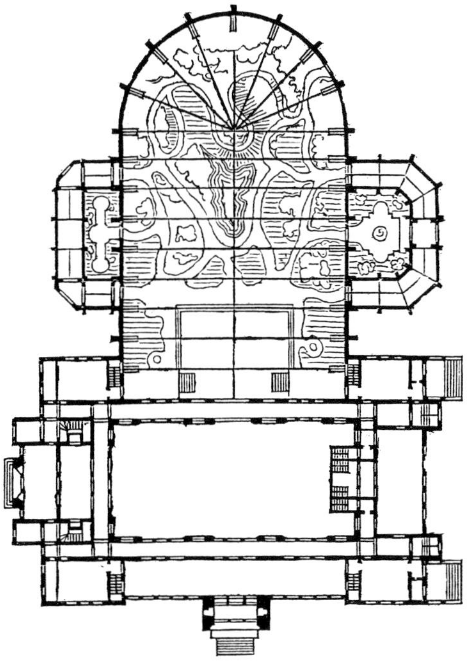

Flora, Berlin-Charlottenburg, Grundriß

H. Märtens, Georg Eberlein
Flora Köln, 1864. Außen- und Innenansicht

Bürger stets auf feudale Muster zurück: »Solche Prachtbauten, die früher zur Ausübung der Vorrechte der Fürsten dienten, sind jetzt zum Gemeingut des Volkes geworden.«[102]

Ähnliche Unternehmungen wie der Pariser Palais d'Hiver trugen in England oft die irreführende Bezeichnung Aquarium. Sie entstanden in den 1870er Jahren vor allem in Seebädern wie Brighton, Blackpool, Great Yarmouth, Torquay, Scarborough oder Hastings. In einem Bericht über einen solchen Bau hieß es: »Das Royal Aquarium in Westminster, das gerade fertiggestellt wurde und kurz vor seiner Eröffnung steht, repräsentiert eine Klasse öffentlicher Bauten, die noch vor wenigen Jahren in diesem Land völlig unbekannt war. Aquarien, Wintergärten, Blumenhallen und Eislaufbahnen scheinen die volkstümlichen Erholungsplätze unserer Zeit zu sein und haben spekulierenden Gesellschaften und Architekten ein neues Betätigungsfeld eröffnet.«[103] Das Royal Aquarium enthielt einen Sommer- und Wintergarten, ein Theater, einen Konzertsaal, einen Leseraum und eine Eisbahn. Der etwa 180 Meter lange Bau war aus roten Ziegelsteinen gemauert. Die östliche Schmalseite, in der sich der Haupteingang befand, hatte große Ähnlichkeit mit einer Kirche: Zwei helmbekrönte Türme flankierten die Eingangshalle, die von einer Glastonne überdacht wurde. Der eigentliche Wintergarten, in dem auch die Aquarien aufgestellt waren, lag im Inneren des Gebäudes und bedeckte eine Fläche von etwa 100 x 50 Metern. Auch er wurde von einer Glastonne überwölbt. Die Tragkonstruktion war nach dem Vorbild des Crystal Palace farbig bemalt. Um das Kapital für Grundstück und Baukosten aufzubringen, hatte man eine Aktiengesellschaft gegründet. Im Januar 1876, nur elf Monate nach der Grundsteinlegung, wurde der Bau eröffnet.

Die Entstehungszeit all dieser Bauten fiel in die Blütezeit von Eklektizismus und Historismus. Die dem Publikum vorgetragenen Stile, als »maurisch«, »italienisch«, oder gar als »gothic-swiss« bezeichnet, waren aus vielerlei Stilelementen addierte Phantasiemischungen. Hier diente Architektur der Werbung für das dahinterstehende Unternehmen. Stilanleihen aus fremden Kulturen oder der Vergangenheit versprachen ein wunderbares Märchenland, das den Besucher aus seinem Alltag in eine andere Wirklichkeit entführte, und sei es nur in die geheimnisvolle Unterwasserwelt der Aquarien.

Das erste deutsche Bauwerk, das Palmenhaus und öffentliche Vergnügungsstätte miteinander verband, war die 1864 in Köln eröffnete Flora. In ihrem Inneren bot die Flora einen ähnlichen Anblick wie der Pariser Jardin d'Hiver: Die von massiven Seitenwänden eingefaßte Halle, die sich in der Mitte mit einem Querschiff überschnitt, wurde von tonnenförmigen Glasdächern überwölbt. In den niedrigeren Seitenschiffen, nur durch offene Bögen vom Mittelschiff abgeteilt, befand sich der Restaurationsbereich. Nach außen zeigte die Flora in Rundbögen aufgelöste Fassaden im zeitüblichen Neorenaissancestil, die die Tonnenform der Glasdächer als Rosettenmotiv integrierten. Die Vereinigung von Wintergarten und Restauration in einem großen Raum erwies sich jedoch als nachteilig, da nicht nur, was die klimatischen Bedürfnisse von Menschen und Pflanzen betraf, ein Kompromiß gefunden werden mußte, sondern auch der allseits von massiven Wänden umgebene Pflanzenraum nicht genügend Licht erhielt. Bei allen späteren Bauten trennte man daher Palmenhaus und Gesellschaftsräume. Für die Kölner Flora schrieb man in den 1890er Jahren einen Umbauwettbewerb aus, der eine solche räumliche Trennung zum Gegenstand hatte.[104]

Außer der Flora, die heute kein Glasdach mehr hat, hat von den deutschen Beispielen dieses Bautyps nur das Haus im Frankfurter Palmengarten den Zweiten Weltkrieg und den Wiederaufbau überlebt. Der 1871, im Jahr der Reichsgründung, fertiggestellte Bau wurde sieben Jahre später durch einen Brand zum großen Teil zerstört. Man schrieb sofort einen Wettbewerb aus, um den Entwurf für einen Ersatzbau zu erhalten. Der preisgekrönte Entwurf von Theodor Schmidt war »in den Architekturformen der deutschen Renaissance gehalten« und wurde in nur 10 Monaten von der Firma Philipp Holzmann errichtet. Durch große Glasfenster im »Konzert- und Restaurationsraum« kann man noch heute in die Landschaft des Palmenhauses schauen. Die Flora in Berlin-Charlottenburg (1871–74) und das Gesellschafts- und Palmenhaus im Leipziger Palmengarten (1898/99) folgten in Aufbau und Grundriß dem Frankfurter Vorbild. In beiden Fällen kombinierte man einen historisierenden Steinbau mit einer modernen Stahlkonstruktion, ein Prinzip, das auch bei Bahnhofsbauten angewendet wurde. Während die Fassade der Berliner Flora den dahinterliegenden Eisen- und Glasbau des Palmenhauses nicht erahnen ließ, nahm der Leipziger Bau die Tonnenform des Glashauses bewußt in die Gestaltung auf. Das Vorderhaus mit seinen vier Rundtürmen stellte eine eigenartige Mischung aus Bahnhof und Schloß dar. Wie in Frankfurt schloß auch hier das Palmenhaus »unmittelbar an das Gesellschaftshaus an« und war von ihm »durch eine 15m breite und ebenso hohe Spiegelglaswand getrennt, so daß man von allen Plätzen des Saals einen wohltuenden Blick in den grünen Palmenhain genießen« konnte.[105] Wie alle bisher erwähnten Beispiele lag auch das Leipziger Palmenhaus in einem landschaftlich gestalteten Park mit künstlich geschaffenen Hügeln und Wasserflächen.

In Berlin hatte man die Flora in einem Park mit altem Baumbestand, der unweit des Charlottenburger Schlosses an der Spree lag, erbaut. Aus der Erkenntnis, daß »eine innige Berührung mit dem Publikum«[106] den Pflanzen schaden würde, hatten die Architekten von vornherein eine Trennung der Funktionen vorgesehen. Das Festsaalgebäude, das als Querriegel vor dem Glaskörper der Palmenhalle lag, bot sich zum Garten als zweigeschossiger, aus Loggien, vorspringenden Eckrisaliten und einem erhöhten Portikus mit offener Bogennische zusammengesetzter Ziegelsteinbau dar. Hubert Stier, der das Bauprojekt aus Vorentwürfen von Johannes Otzen, »eines talentvollen Vertreters der hannoverschen gotischen Schule«[107] entwickelt hatte, hatte es sich zum Ziel gesetzt, »moderne Architektur ... zu bilden, auf Grundlage nicht eines einzelnen, beliebig aus der Reihe der historischen Entwicklung der Kunst herausgenommenen Stils, sondern auf der Grundlage dieser gesamten Entwicklung als einer Einheit ... auf Grundlage vor allen Dingen jener beiden Stilrichtungen, die jede für sich und jede in ihrer Art in der bisherigen Geschichte der Baukunst zu der eigenartigsten und höchsten Entwicklung gelangt sind, der Gotik wie der Renaissance.«[108]

Hatte man durch den hohen Bogen des Eingangsportikus das Gebäude betreten, so gelangte man zunächst in den mehr als 20 Meter hohen Festsaal, dessen Dach von einer offenen Holzkonstruktion getragen wurde. Von hier aus bot sich durch ein 14 Meter hohes Rundbogenfenster der überraschende Ausblick in das Palmenhaus. Es hatte die Form einer längsrechteckigen Halle, die an ihrem Ende von einer Halbkuppel abgeschlossen wurde. Die parabelförmig gebogenen Fachwerkbinder bildeten einen im Scheitelpunkt und in den Auflagepunkten beweglich gelagerten Drei-

Schmidt und Johlige
Gesellschafts- und Palmenhaus im Leipziger Palmengarten, 1898/99

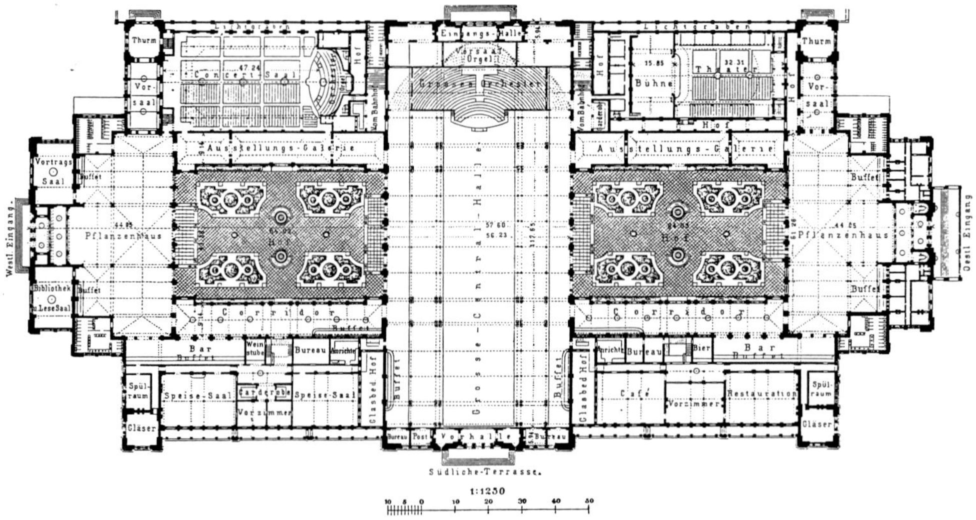


John Johnson
Alexandra Palace, London 1872–74. Grundriß

gelenkbogen mit einer Spannweite von 37,6 Metern. Die im Inneren des Palmenhauses nicht sichtbaren Horizontalverstrebungen lagen in der zweischaligen Glasdecke. Die Flora, die in ihren Räumen Platz für 10 000 bis 12 000 Menschen bot, fiel bereits nach einem Vierteljahrhundert der Bauspekulation zum Opfer: 1902 wurde das Gelände zur Bebauung mit Mietshäusern in einzelne Grundstücke aufgeteilt.
So schnell all die Floren und Winterpaläste entstanden waren, so schnell waren sie oft auch wieder aus dem Stadtbild verschwunden. Als kommerziell betriebenen Unternehmungen widerfuhr ihnen das gleiche Schicksal wie vielen anderen Vergnügungsstätten des 19. Jahrhunderts. Blieb erst einmal die erwartete Rendite aus, erzwang das investierte Kapital eine gewinnbringendere Verwertung des teuren Grundstücks. Daß die große Zeit der Wintergärten mit dem 19. Jahrhundert ihr Ende fand, lag darüber hinaus nicht nur an dem wirtschaftlichen Niedergang, der auf den Ersten Weltkrieg folgte: Die illusionistische Inszenierung des Exotischen, die die Massen in die Wintergärten und auf die Weltausstellungen gelockt hatte, war überflüssig geworden. Zum einen erlaubte es eine gewachsene Mobilität immer mehr Menschen, südliches Klima und fremde Kultur vor Ort zu erleben, zum anderen kündigte sich mit Kino und Radio der Sieg neuer Medien an, die die öffentlichen Vergnügungen durch die individuelle Unterhaltung ersetzten. So ist es vermutlich jene verlorene Urbanität, die uns heute wieder an bestimmten Bautypen des 19. Jahrhunderts fasziniert und bereits zu einer Renaissance der Passage geführt hat.
Von den Winterpalästen haben einige wenige überlebt: das ungewöhnliche Kurhaustheater in Augsburg, das durch einen Zufall erhalten blieb, der 1880 erbaute Wintergarten von Torquay[109], der heute, nach Great Yarmouth versetzt, als Bierlokal dient, der People's Palace in Glasgow oder der im Norden Londons gelegene Alexandra Palace. Das riesige Gebäude, das unter den Vergnügungsstätten seiner Zeit als »eines der großartigsten Anwesen der Welt«[110] angesehen wurde, enthielt außer Innenhöfen und Wintergärten mehrere Theater- und Konzertsäle, Restaurants, Cafés, Bars, Leseräume und Vortragssäle. Am Eröffnungstag drängten sich hier 90 000 Menschen. Das Gebäude, das 1980 durch einen Brand teilweise zerstört wurde, wird zur Zeit umfassend restauriert.

**Gewächshäuser und Palmenhaus im Park von Schloß Nymphenburg, München, 1807–20**
Entwurf: Friedrich Ludwig von Sckell

Friedrich Ludwig von Sckell, der mit Peter Joseph Lenné und Hermann Fürst Pückler-Muskau zu den drei wichtigsten Vertretern des von England übernommenen landschaftlichen Gartenstils gehörte, war 1789 von Kurfürst Karl Theodor nach München berufen worden, um dort den Englischen Garten anzulegen. Für Karl Theodor hatte Sckell bereits in Schwetzingen dem geometrischen Barockpark einen zeitgemäßen »natürlichen« Teil angefügt. Eine vergleichbare Aufgabe übernahm Sckell, inzwischen zum Hofgartenintendanten des bayerischen Königs Maximilian I. avanciert, als dieser ihn damit beauftragte, große Teile des Nymphenburger Schloßparks in einen Landschaftspark umzuwandeln. Zu Sckells Aufgaben gehörte auch der Entwurf zweier Gewächshäuser und eines Palmenhauses, die an der Nordseite des Großen Parterres eine lange Reihe bilden. Für Sckell waren die großen Glashäuser in erster Linie Zweckbauten, die er weder in optische Beziehung zum Schloß setzen noch als architektonischen Blickfang im Park ausbilden wollte. Er legte daher vor den Gewächshäusern einen regelmäßig gestalteten Gartenbereich an, der durch Büsche vom übrigen Park abgeschlossen ist: »Da aber die Natur keine Blumen- noch botanische Gärten pflanzt, so können diese auch nicht ihrer künstlichen Formen wegen mit ihr, nämlich mit den Naturgärten in Verbindung treten. Solche regelmäßigen Anlagen müssen daher für sich bestehen; man muß ihnen unerwartet begegnen und durch sie überrascht werden; daher muß sie ein Gebüsch verstecken.«[111]
Die Glashäuser in Nymphenburg bilden mit dem nicht mehr bestehenden Gewächshaus im alten botanischen Garten, das 1854 dem Bau von August von Voits Glaspalast weichen mußte, eine Gruppe von Bauten, die einander sehr ähnlich sind, da sie alle nur unterschiedliche Kombinationen der gleichen einfachen Grundelemente darstellen. Über das Gewächshaus im botanischen Garten (1818), mit 462 Fuß Länge der größte der vier Bauten, schrieb Sckell: »Ich habe auch dem Gewächshause einen architektonischen Wert (weil dieses bei Gebäuden der Art so selten der Fall ist) dadurch zu geben getrachtet, daß ich die beiden End-Portale oder Eingänge mit der dorischen Ordnung, nach den reinsten Verhältnissen und Regeln der Baukunst, geziert und mit Frontons versehen habe.«[112]
Sckell hatte sich jedoch auch mit den funktionalen Anforderungen intensiv auseinandergesetzt. So wies der Bau im botanischen Garten eine Besonderheit auf, die Sckell bereits an dem zweiten Nymphenburger Gewächshaus (1816) erprobt hatte. Da er die Erfahrung gemacht hatte, daß die an der Rückwand stehenden Pflanzen (alle Bauten wurden nur durch die verglaste Südseite belichtet) nicht

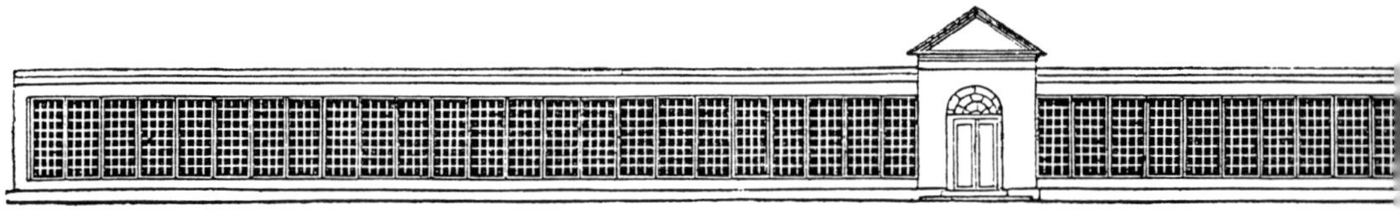

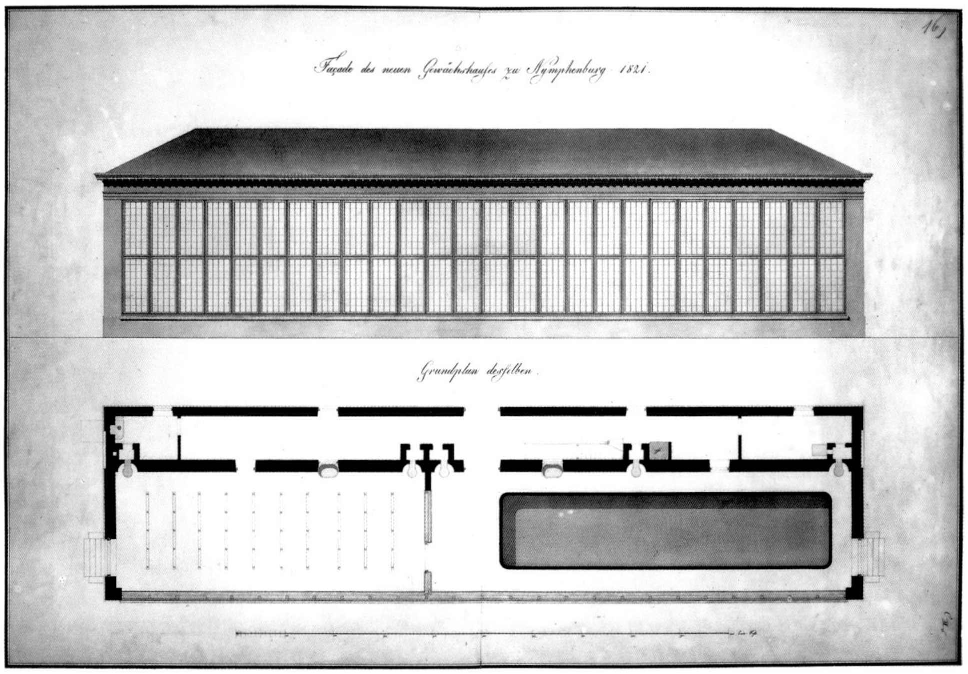

genügend Licht erhielten und in Richtung der Fenster wuchsen, bildete er die Rückwand als viertelkreisförmige Wölbung aus, »damit sie mehr Lichtstrahlen aufzunehmen und dieser wieder auf die Pflanzen zu reflektieren im Stande ist«.[113]
Das erste von Sckells Nymphenburger Gewächshäusern (1807) ist das ganz östlich gelegene. Der 80 Meter lange Bau war für die Aufnahme von Pflanzen aus Japan, China, Indien, Australien, Südamerika und Afrika bestimmt und enthielt in den beiden Eckbauten Salons für den Aufenthalt des Königs. Der zwischen die klassizistischen Pavillons eingespannte, langgestreckte Baukörper aus Eisen und Glas erhielt seine heutige Gestalt erst 1867 durch den Architekten Carl Mühlthaler. Ursprünglich war er wie die nachfolgenden Bauten aus Holz konstruiert.
Formal wie konstruktiv verweisen Sckells Bauten, die zu einer Zeit entstanden, in der in England ein John Claudius Loudon bereits die ersten sphärischen Bauten aus Eisen und Glas realisierte, zurück ins 18. Jahrhundert. Auch die Beheizung durch eiserne Öfen (nur das Palmenhaus erhielt 1830 Deutschlands erste Warmwasserheizung) zeigt, wie sehr die Nymphenburger Bauten noch den höfischen Orangerien verpflichtet sind. Diese Tatsache ist jedoch weniger mangelndem Genie beim Architekten als vielmehr den im Vergleich zu England weit zurückgebliebenen Produktivkräften zuzuschreiben. Wie sehr der Entwicklungsstand der Industrie architektonische Entwürfe bestimmen konnte, zeigen die langen Glasfronten, deren Monumentalität durch die fast endlos scheinende Zahl der Unterteilungen durch Rahmen und Sprossen hervorgerufen wird. Diese Unterteilung in immer kleinere Felder, die heute so reizvoll wirkt, war letztlich durch die Maße der damals lieferbaren Glasscheiben vorgegeben.

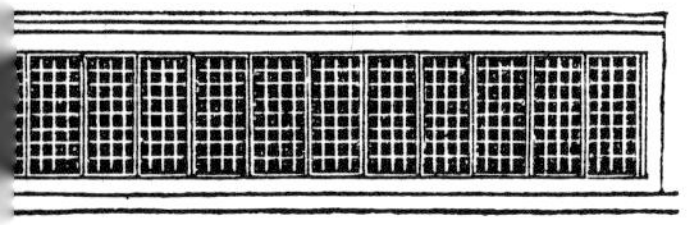

Gewächshaus, 1816

Gewächshaus von 1807, durch Carl Mühlthaler 1867 umgebaut

Friedrich Ludwig von Sckell
Aufriß und Grundriß des Palmenhauses, 1821

**Gewächshaus im Park von Syon House, London, 1820–27**
Entwurf: Charles Fowler

Das um die Mitte des 16. Jahrhunderts durch den Herzog von Somerset erbaute Schloß Syon House liegt in einem großen an die Themse grenzenden Park am Westrand von London. Die Grundzüge seiner heutigen Gestalt erhielt der Park im 18. Jahrhundert: Der 1. Herzog von Northumberland begann, die formale, von Hecken und Mauern eingefaßte Anlage in einen großzügigen Landschaftsgarten umzuwandeln. 1767–1773 beschäftigte der Herzog für die Neugestaltung seines Parks Englands damals berühmtesten Gartengestalter, Lancelot »Capability« Brown. Brown pflanzte zahlreiche ausländische Bäume in malerischen Gruppen. Anstelle des alten Obstgartens legte er weite Rasenflächen an, die bis unmittelbar ans Haus reichten. Große Mengen Erde wurden ausgehoben, um zwei künstliche Seen anzulegen. Im Unterschied zur natürlichen Ungezwungenheit von Browns Park liegt das große Gewächshaus, das sich der 3. Herzog von Northumberland erbauen ließ, in einem geo-

Ansicht der Gartenseite

Grundriß mit Dachplan

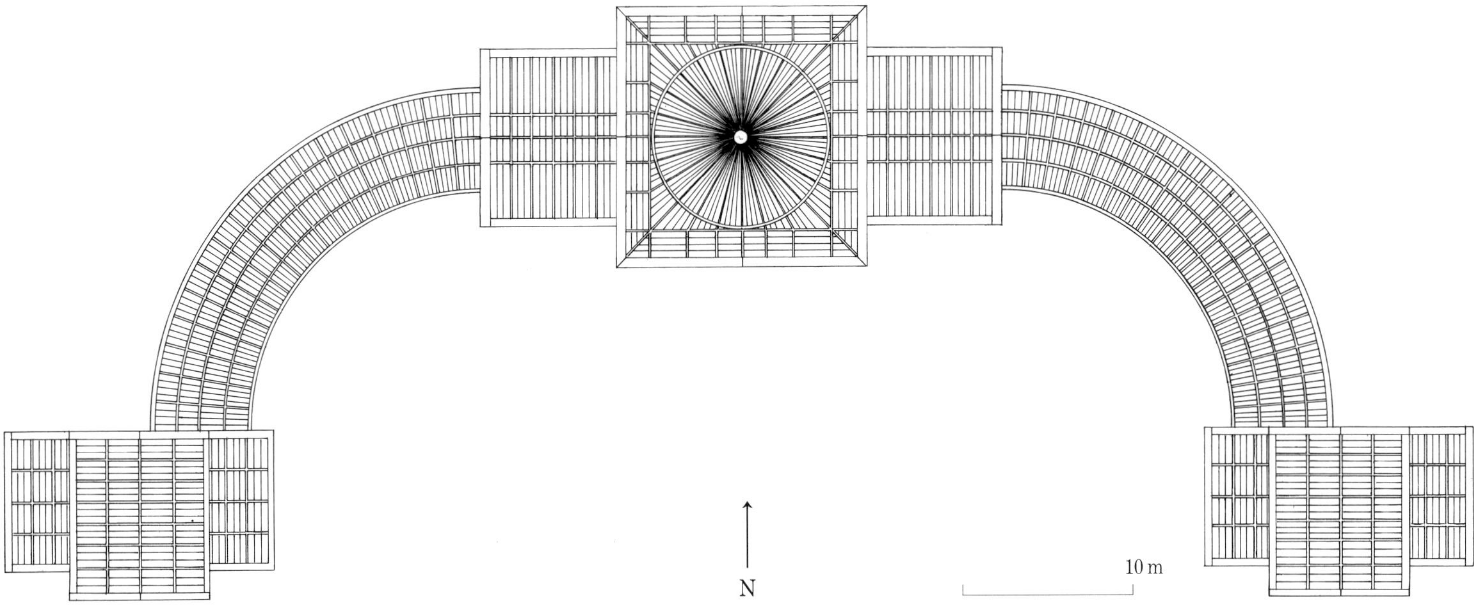

metrisch gegliederten Garten mit gestutzten Sträuchern. Mit dem Entwurf hatte der Herzog den jungen Architekten Charles Fowler beauftragt, der später als Erbauer des nicht mehr bestehenden Hungerford Market und des Covent Garden Market in London bekannt wurde.
Der Grundriß seines Gewächshauses, das sich mit seinen halbkreisförmig ausgreifenden Flügeln nach Süden, zum Schloß hin, öffnet, erinnert nicht nur an barocke Orangerien und Schloßanlagen auf dem Kontinent, sondern noch mehr an die ländlichen Villen Palladios. Vielleicht war es Palladios nie ausgeführter Entwurf für die Villa Trissino in Meledo mit ihrem ganz ähnlichen Grundriß, der Fowler inspiriert hat. Auch in Palladios Entwurf wird die Tempelfront des Mittelbaus von einer Kuppel überragt. Fowlers Fassade dagegen, die, verkleinert, noch einmal an den äußeren Pavillons wiederholt wird, wandelt ein weiteres Palladiomotiv ab: Der hohe, durch das Gebälk bis ins Feld des dreieckigen Giebels reichende Bogen wird links und rechts von niedrigeren, rechteckigen Öffnungen flankiert. Fowler gelang mit seinem Entwurf eine eigenartige Synthese von zwei sich widersprechenden Zielen: Dem Wunsch nach möglichst großer Transparenz, nach maximaler Belichtung der exotischen Pflanzen, steht das Bemühen entgegen, mit herkömmlichen Baumaterialien repräsentative Architektur zu schaffen. Die aus Sandsteinen gefügte Tempelfassade des Mittelbaus wird von einer phantastisch anmutenden, 18 Meter hohen Glaskuppel gekrönt, deren Konstruktion den neuesten technischen Möglichkeiten entsprach. Die glockenförmige Kuppel wird im Inneren von einem ornamental durchbrochenen Arkadenring auf gußeisernen Säulen getragen. Auf diesem Ring sitzt zunächst ein niedriger Tambour. Die Kuppel selbst besteht aus gebogenen eisernen Spanten, die in der Spitze zusammenlaufen und von horizontalen Ringen in ihrer Position gehalten werden. Die Kuppel ist wie John Claudius Loudons Glashäuser dachziegelartig mit kleinen Glasscheiben gedeckt. Dort, wo sich der Tambour mit den Satteldächern des massiven Unterbaus überschneidet, leiten gewölbte Zwickel von der kreisförmigen Grundfläche der Kuppel ins Quadrat über.
Bei den Seitenflügeln, deren Dachkonstruktion aus vorgefertigten gußeisernen Elementen besteht, hat Fowler den massiven Anteil der Fassade auf wenige schmale Pilaster reduziert. Ebenso wie die Pavillons an ihren Enden haben die Seitenflügel nach Norden Wände aus geschlossenem Mauerwerk. Fowlers Bau stellt, wie auch das Große Pflanzenhaus in Kassel, eine Übergangsform zwischen der alten Orangerie und dem allseits verglasten Palmenhaus dar. Das Gewächshaus von Syon House diente nicht nur den botanischen Interessen seines Besitzers. Es war zugleich Kulisse und Schauplatz großer Gartenfeste, die der Herzog hier für den englischen Adel gab.[114]

Blick in die Kuppel

Westlicher Anbau des mittleren Pavillons
Blick in den Flügel

Innenansicht des Mittelpavillons
Die Kuppel sitzt auf einem von 12 gußeisernen Stützen getragenen Arkadenring

Innenansicht des Ostflügels

Ansicht des östlichen Pavillons

## Kamelienhaus im Park von Wollaton Hall, Nottingham, 1823

Der unregelmäßige Grundriß des auf den ersten Blick wenig spektakulären Baus im Landschaftspark von Wollaton Hall, einem um 1600 erbauten Renaissanceschloß, erklärt sich aus dem Bauplatz: Die geschlossene Rückseite des Hauses grenzt unmittelbar an die Mauer einer höhergelegenen Terrasse des Schloßgartens. Als Gewächshaus erfüllt der Bau einen besonderen Zweck. Er wurde im Hinblick auf die Bedürfnisse von Kamelien konzipiert. Das Kamelienhaus ist ein Kalthaus, das laut Empfehlung der *Encyclopaedia of Gardening* nicht zuviel Licht einlassen soll, da zu starke Sonneneinstrahlung den Pflanzen schade. Diese gärtnerische Anforderung macht verständlich, warum das Dach nicht durchgehend mit Glas gedeckt ist.
Die zeltförmigen, schuppenartig gedeckten Glasdächer spannen sich nur über die Pflanzenbeete; die Gehwege zwischen den Beeten werden von tonnenförmigen Blechdächern überwölbt. Die Glas- und Blechdächer liegen auf U-förmigen Balken, die zugleich als Regenrinnen dienen. Diese Rinnen ruhen ihrerseits auf 3,6 Meter hohen gußeisernen Stützen, die innen hohl sind. Sie leiten das Regenwasser in Kanäle unter den Gehwegen. Dort trifft das Wasser auf die Rohre der Warmwasserheizung und verdampft teilweise: Der Raum wird so mit der nötigen Luftfeuchtigkeit versorgt. Ungewöhnlich an diesem Pflanzenhaus ist weniger die Dachkonstruktion und das ausgeklügelte Be- und Entwässerungssystem als vielmehr seine klassizistische Fassade: Säulen und Gesims wurden von der Firma Thomas Clark in Birmingham gegossen und erst am Bauplatz montiert. Das Kamelienhaus gehört damit zu den frühesten Beispielen eines bis in alle Einzelheiten vorgefertigten Eisenbaus.[115] Außer Gußeisen wurde Blei (für die Vasen auf dem Dachgesims) und Kupfer (für die Fensterrahmen) verwendet.
Das im Inneren des Kamelienhauses gewählte System von Stützen und parallel laufenden Dächern von geringer Spannweite ließ sich, dank immer wiederkehrender gleicher Elemente, auf Grundflächen von beliebiger Ausdehnung anwenden. Thomas Clark lieferte 1825 ein vermutlich aus identischen Grundelementen bestehendes Gewächshausdach an Lord Ashburton, der gerade von Charles Robert Cockerell seinen klassizistischen Landsitz The Grange in Hampshire erweitern ließ. Vergleichen lassen sich jedoch nur die Innenräume der beiden Gewächshäuser.[116] Der zu The Grange gehörige Bau besaß keine vorgefertigte gußeiserne Fassade: Die von Cockerell entworfene Fensterfront war durch schmale Steinpilaster untergliedert. Die Beschreibung, die Charles McIntosh von diesem Bau in seinem 1838 erschienenen Buch *The Greenhouse, Hothouse and Stove* gibt, paßt ebenso gut auf das Kamelienhaus

Innenansicht

Grundriß mit Dachplan

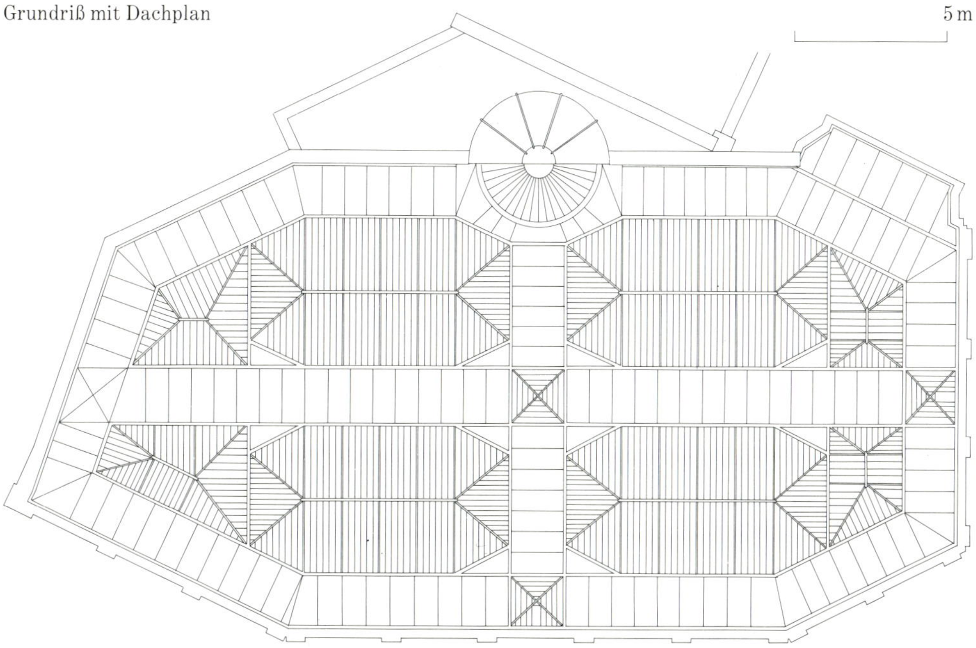


Detail der aus vorgefertigten Gußeisenteilen montierten Fassade

im Park von Wollaton Hall: »Ein Blick auf die beigefügte Zeichnung, welche einen Schnitt durch das prächtige Haus darstellt, zeigt sofort, wie leicht es wäre, ... auf diese Weise jede beliebige Fläche zu überdachen und so einen exotischen Garten zu besitzen, in dem ewiger Frühling herrscht. Das Dach, das hier doppelt ausgeführt ist und das sich beliebig ausdehnen ließe, wird von hohlen, gußeisernen Säulen getragen, die auch das Regenwasser ableiten ... Diese Säulen sind reich verziert; an ihnen sind Drähte befestigt, an denen Kletterpflanzen hochwachsen können ... Die Gehwege sind mit gewölbten Dächern überdeckt, die aus zwei Blechplatten bestehen, zwischen denen ein Abstand von zwei Inches gelassen ist, ... um den Verlust von Wärme und den Einlaß von Kälte zu verhindern.« [117]

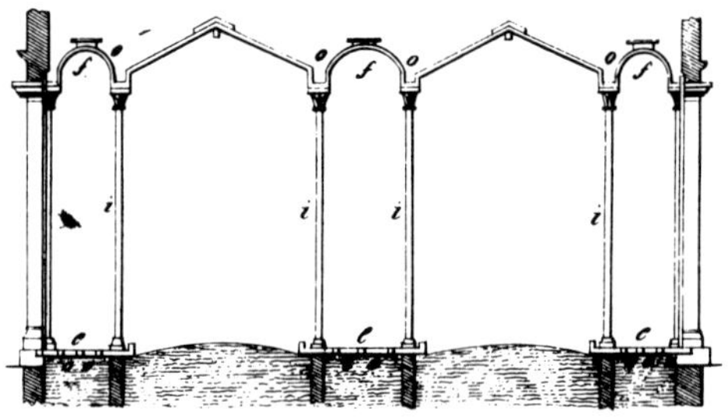

Schnitt durch das Gewächshaus von The Grange

Innenansicht des Kamelienhauses von Wollaton Hall

**Palmenhaus in den Bicton Gardens, Devon**

Das Palmenhaus in dem bei East Budleigh an der Südküste Englands gelegenen Park, dessen barocker Teil André Le Nôtre zugeschrieben wird, ist einer der bemerkenswertesten Glasbauten des 19. Jahrhunderts. Mit einer Länge von etwa 21 Metern und einer größten Breite von knapp 10 Metern gehört er zu den kleineren der in diesem Buch vorgestellten Bauten. Er ist aber von besonderem Interesse, da er eine eindrucksvolle Illustration für die Pionierphase im Bauen mit Eisen und Glas darstellt. Unterlagen und Pläne für diesen Bau existieren nicht mehr, deshalb lassen sich keine sicheren Aussagen über Baudaten, Architekt und Hersteller machen.
Basierend auf Überlegungen von Sir George Mackenzie, der in einem Vortrag über Gewächshäuser vor der Horticultural Society gesagte hatte: »Mache die Oberfläche des Gewächshauses parallel zur gewölbten Fläche des Himmels oder parallel zur Ebene des Sonnenlaufs«,[118] experimentierte John Claudius Loudon seit 1815 mit gläsernen Kuppeln und Halbkuppeln. Mackenzies und Loudons Überlegung war, daß eine gekrümmte Glashaut zur optimalen Lichtausnutzung die geeignetste Form sei. Loudon entwarf in der Folgezeit viele seiner Gewächshäuser mit gekrümmter Glashaut, die alle von der Firma W. und D. Bailey aus London ausgeführt wurden. 1818 übertrug Loudon der Firma Bailey die Rechte, nach seinen Plänen und unter Verwendung eines eigens von ihm entwickelten biegsamen Eisenprofils weitere Bauten herzustellen. In Loudons *Greenhouse Companion* und seiner *Encyclopaedia of Cottage, Farm and Villa Architecture and Furniture* finden sich einige dieser Entwürfe (vgl. S. 25).
Die bis ins Detail gehende Ähnlichkeit dieser Entwürfe mit dem Palmenhaus in Bicton läßt den Schluß zu, daß dieser Bau ebenfalls auf einen Entwurf von Loudon zurückgeht und von der Firma Bailey hergestellt wurde. Da das Palmenhaus auf einer Karte von Bicton aus dem Jahre 1838 eingetragen ist, ist der Bau vermutlich zwischen 1818 und 1838 entstanden.[119]
Vom Bautyp her gehört das Palmenhaus in die Reihe der »lean-to-greenhouses«, da sich das Dach an eine nach Norden abschirmende Wand »anlehnt«. Häufig lehnte man an die Nordseite der Wand einen zweiten niedrigeren Bau an, der als Heizraum und Geräteschuppen diente. Die gemauerte Rückwand folgt hier dem Verlauf der gekrümmten Glasflächen und ragt nur wenig über diese hinaus. In ihr sind auch die Belüftungsklappen enthalten; weitere Klappen befinden sich im Dachfirst. Für die Konstruktion dieses Baus, der im Inneren nur an zwei Stellen je eine dünne gußeiserne Stütze hat, gilt, was Loudon auch über einen anderen seiner Bauten, die Glaskuppel von Bretton Hall gesagt hat: »Es ist bemerkenswert, daß neben den gewöhnlichen schmiedeeisernen Rahmen-

profilen (zur Aufnahme der Glasscheiben) keine zusätzlichen Träger nötig waren, um das Dach zu verstärken ...«[120]
Die Anzahl der Rippen nimmt zum First hin ab: Je zwei Rippen laufen zu einer zusammen. So bleibt der Abstand und damit die Breite der Glasschuppen etwa gleich. Die nötige Stabilität erhielt diese Konstruktion erst nach Einsetzen der Glasscheiben. Wie auch bei dem noch bestehenden Wintergarten in Loudons Wohnhaus in Bayswater sind hier kleine Glasscheiben schuppenartig verlegt. Diese Art der Verglasung, die sich in späteren Bauten nicht mehr findet, erlaubte es, eine gekrümmte Fläche mit ebenen Glasscheiben zu decken. Größere Scheiben hätten gebogen werden müssen. Ein wichtigerer Grund war aber wohl die erst 1845 aufgehobene Besteuerung von Fensterglas. Da die Glashersteller nach dem Gewicht des produzierten Glases besteuert wurden, sie es aber ihren Kunden nach Flächengröße berechnen mußten, bemühten sich die Hersteller, möglichst dünnes Glas herzustellen. Dieses Glas war sehr zerbrechlich, wenn es in größeren Scheiben verwendet wurde. Der einzige Ausweg war daher die Verwendung kleiner Scheiben, die von vielen dünnen Rippen gehalten werden.

Blick nach oben in die Dachkonstruktion
In der Rückwand und im First befinden sich Lüftungsklappen

Seitenansicht
Das Palmenhaus ist auf seiner Nordseite an eine Mauer »gelehnt«, die der Schnittlinie des Gebäudes folgt

Detail des Dachs

Vorderansicht und Grundriß mit Dachplan

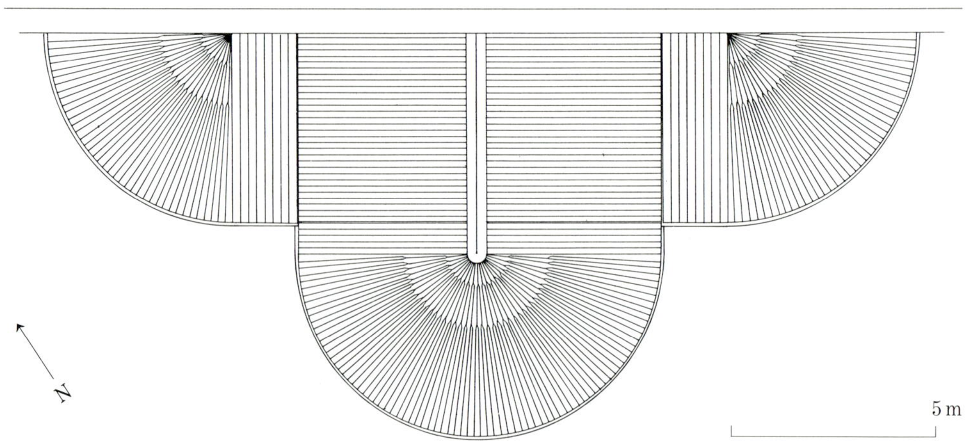


Blick von innen nach außen durch das Netz aus Eisensprossen und Glasschuppen

## Großes Pflanzenhaus im Park Wilhelmshöhe, Kassel, 1822

Entwurf: Johann Conrad Bromeis

Das Große Pflanzenhaus am sogenannten Bowling green war eines der ersten Bauvorhaben des Kurfürsten Wilhelm II., der 1821 die Regierung angetreten hatte. Der Neubau ersetzte ein 1822 abgerissenes langgestrecktes Treibhaus aus Holz und Glas, das in seinem Mittelpavillon einen Speisesaal enthalten hatte.

Johann Conrad Bromeis, der Architekt des Großen Pflanzenhauses, war von Wilhelm zum Oberhofbaumeister ernannt worden und betreute bis zum Ende von Wilhelms Regierungszeit im Jahr 1831 sämtliche Bauprojekte des Kurfürsten. Er hatte zur selben Zeit wie Georg Ludwig Laves, von dem das Palmenhaus im Berggarten zu Herrenhausen stammt, an der Kasseler Akademie studiert. Von seinen vorwiegend klassizistischen Bauten stehen in Wilhelmshöhe noch das Wachthaus (heute: »Schloßcafé«) und das von ihm zum Ballhaus umgebaute Theater von Leo von Klenze.[121]

In der Gliederung der Baukörper geht der Entwurf für das Pflanzenhaus auf die barocke Orangerie zurück. Neuartig war jedoch die Verglasung der Dächer und die Kuppel aus Eisen und Glas über dem ehemals runden Mittelpavillon. Der nach Süden ausgerichtete Bau ist nach Norden und auch auf beiden Seiten von festem Mauerwerk eingeschlossen. Ein erster Entwurf sah vor, die Fassade durch Steinpilaster zu untergliedern; in dem zur Ausführung bestimmten Entwurf entschied sich Bromeis dann für gußeiserne Pilaster.[122] Bereits beim Umbau des Kasseler Opernhauses (1821) hatte er Eisenstützen verwendet, und auch die nach seinem Entwurf hergestellte Teufelsbrücke in Wilhelmshöhe (1826) besteht aus Gußeisen. Die Verwendung von Eisen war zu dieser Zeit in Deutschland alles andere als üblich. Die flache Kuppel aus Eisen und Glas dürfte in Deutschland die erste dieser Art gewesen sein. Technisch befand sich dieser Bau auf dem gleichen Stand wie die etwa gleichzeitigen englischen Beispiele. Auch John Claudius Loudons erste Glaskuppeln sind nur wenige Jahre früher entstanden. Möglicherweise waren Bromeis Loudons erste Veröffentlichungen bekannt. Loudon wiederum bildete den Kasseler Bau in seiner *Encyclopaedia of Gardening* ab (»... a magnificent range of houses ...«[123]). Seine Darstellung ist jedoch ungenau: Die Dreieckgiebel der Eckpavillons suggerieren Satteldächer, wo sich flache Pyramidendächer befinden. Auch die Entwürfe von Bromeis zeigen hier Pyramidendächer. Die mit einem Durchmesser von 23 Fuß (ca. 14 m) und einer Höhe von 12 Fuß (ca. 3,6 m) recht flache Kuppel lag mit der vorderen Hälfte auf einem Steingebälk, das von 8 gußeisernen Stützen getragen wurde, und hinten auf Mauerwerk. Sie bestand aus

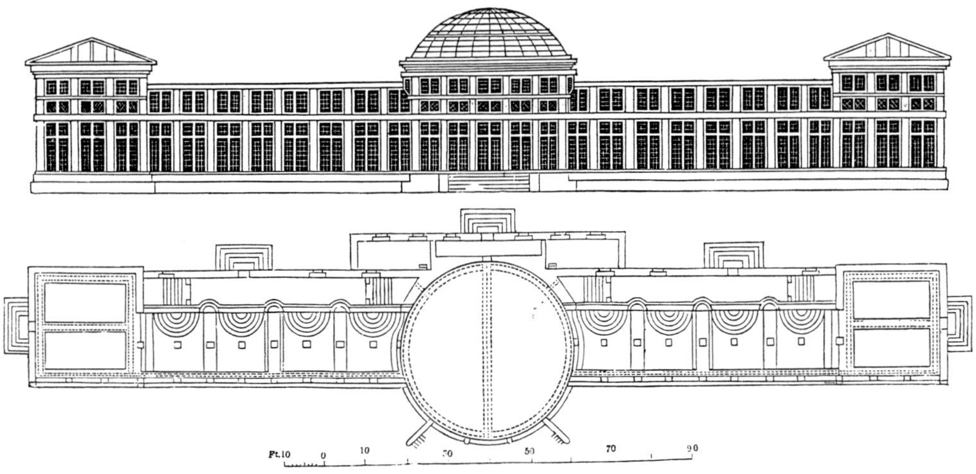

Aufriß und Grundriß aus John Claudius Loudons *Encyclopaedia of Gardening*

14 gußeisernen Bogenbindern, die horizontal durch schmiedeeiserne Spannstangen versteift waren. Unten wurde die Kuppel durch einen doppelten Ring aus geschmiedeten Bandeisen zusammengehalten, im Scheitel wurden die Binder durch einen Druckring in Position gehalten.[124]
Die Verwendung von Eisen war Bromeis allerdings nur deshalb möglich, weil sich nicht nur in Veckerhagen die kurfürstliche Eisenhütte befand, sondern auch in Kassel neben der kurfürstlichen Stückgießerei bereits der noch kleine Betrieb der Familie Henschel bestand. Beansprucht in ihrer Festschrift zum 125jährigen Jubiläum die Firma Henschel die Herstellung der eisernen Kuppel und auch der Teufelsbrücke für sich, so wird an anderer Stelle die Hütte in Veckerhagen als Hersteller genannt.[125]
1887 riß man den runden Mittelbau des großen Pflanzenhauses ab und ersetzte ihn durch den »Palmensaal«, einen rechteckigen Bau von größerer Grundfläche und Höhe, der von einer Stahlkonstruktion überdacht wird.

Ansicht des Palmenhauses von Westen

Gußeiserne Stütze am mittleren Pavillon

## Palmenhaus auf der Pfaueninsel, Berlin
## 1829–31

Entwurf: Albert Dietrich Schadow

Die in der Nähe Potsdams gelegene Havelinsel war schon unter Friedrich Wilhelm II. ein beliebtes Ausflugsziel. Häufig landete der König mit größeren Gesellschaften auf der Insel und ließ seine prächtigen orientalischen Zelte auf der Wiese aufschlagen.[126] 1793 erwarb er die Insel und ließ sie in einen romantischen Landschaftspark umwandeln. Nach und nach entstanden zahlreiche Staffagearchitekturen. Einer der ersten Bauten war das in Form einer Ruine weitgehend aus Holz erbaute Schlößchen, das in einem seiner Türme das »Otahitische Kabinett« enthält, das auf Bougainvilles Entdeckung Tahitis anspielte und zugleich ein mögliches Motto für die ganze Insel war: die Pfaueninsel als Südseeparadies mit Palmen.

Palmen gelangten erst unter Friedrich Wilhelm III. auf die Pfaueninsel, nachdem man ihnen zum Schutz vor dem nördlichen Klima ein Haus gebaut hatte.[127] Nach Entwürfen von Albert Dietrich Schadow entstand ein schlichter rechteckiger Bau, der nach Norden gemauert war und auf den übrigen Seiten verglaste Fassaden hatte, die durch dünne Holzsäulen und horizontale Balken in viele kleine Felder untergliedert waren. Das flach geneigte Pultdach war nicht durchgehend verglast, was man auf den von Karl Blechen gemalten Innenansichten gut erkennen kann. In der Mitte des Gebäudes erweiterte sich das längliche Rechteck des Innenraums nach hinten in eine halbrunde, gemauerte Apsis. Diese Apsis war in zwei Etagen unterteilt. Über Wendeltreppen an der Rückseite des Palmenhauses gelangte man auf eine offene Galerie, die es erlaubte, die Palmen von oben zu betrachten. Die Apsis hatte man eigens als Gehäuse für eine architektonische Kostbarkeit geschaffen, die der Kronprinz (der spätere Friedrich Wilhelm IV.) 1829 von einem englischen General erworben haben soll. Es handelte sich um Teile eines bengalischen Pavillons, die von Indien über England nach Berlin gelangt waren. Die mit bogenförmigen Öffnungen versehenen weißen Marmorplatten des Pavillons, an ihrer Oberkante mit Zinnen und minarettförmigen Spitzen verziert, waren, dem Grundriß folgend, im Halbkreis aufgestellt. Die Gestaltung der Apsis beruhte auf einem Entwurf Karl Friedrich Schinkels, der für die Aufstellung der indischen Fragmente einen selbständigen Bau vorgesehen hatte, bevor noch feststand, daß der beabsichtigte Kauf einer privaten Palmensammlung den Bau eines Pflanzenhauses notwendig machen würde. Schadow integrierte Schinkels Konzept in seine Planung. Es gelang ihm, durch farbliche Gestaltung und zurückhaltende Verwendung indischer Detailformen einen dem indischen »Kiosk« angepaßten Raum zu schaffen, dessen exotische Atmosphäre durch die tropischen Pflanzen

Ölgemälde von Karl Blechen (1834) und historische Photographie des Palmenhauses nach dem Umbau durch Heinrich Häberlin

noch verstärkt wurde. Karl Blechen hat auf seinen Bildern die Exotik des Raums nochmals gesteigert, indem er einige Odalisken hinzufügte, die sich auf einem roten Teppich räkeln.
Die größte Palme stieß bald gegen die Decke. Um sie in ihrem weiteren Wachstum nicht zu behindern, erhöhte Heinrich Häberlin das Palmenhaus 1845 durch einen turmartigen Aufsatz mit zwiebelförmiger Glashaube. So erhielt auch die äußere Erscheinung des Baus ein exotisches Flair.
In der Nacht vom 18. zum 19. Mai 1880 brannte das Palmenhaus mit allen seinen Pflanzen ab.

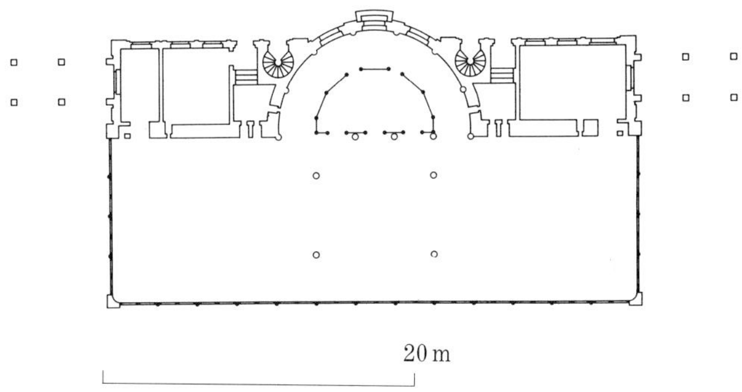

**Gewächshaus im Park von Alton Towers, Staffordshire, 1825**
Entwurf: Robert Abraham und Thomas Allason

»Der Stil mag als griechisch oder römisch angesehen werden. Die Rückwand besteht aus geschlossenem Mauerwerk, während die Vorderseite aus Steinpilastern und Architraven gebildet wird; die Öffnungen werden durch Guß- und Schmiedeeisen sowie kupferne Fensterrahmen ausgefüllt. Auch Dächer und Kuppeln bestehen aus Eisenwerk und Kupfer und sind verglast. Alles ist reichlich mit Vasen und Figuren geschmückt, und die Kuppeln sind aufs verschwenderischste vergoldet. Der Bau, der in ganz England kaum seinesgleichen findet, macht einen großartigen Gesamteindruck; die Pflanzen im Inneren, zum Teil übliche Gewächshauspflanzen, zum Teil tropische Gewächse, wurden in genügendem Abstand gesetzt, um eine beträchtliche Größe zu erreichen und gedeihen prächtig. Der Entwurf geht zum Teil auf mehrere Architekten zurück; aber hauptsächlich stammt er, glauben wir, von Robert Abraham und Thomas Allason.«[128]
John Claudius Loudon, von dem diese Beschreibung stammt, beurteilte den Park von Alton Towers und den Geschmack seines Besitzers weit weniger günstig. Charles Talbot, der 15.Graf von Shrewsbury, verfügte in seinen Augen »über weit mehr Phantasie als gesunde Urteilskraft«.[129]
Charles hatte 1814 damit begonnen, um Alveton Lodge, einem Gutshof, der im Zentrum ausgedehnter Ländereien im Tal des Flusses Churnet lag, einen Park anzulegen, den er im wesentlichen selbst entwarf (den Namen Alton Towers erhielt sein Besitz erst nach dem Umbau des Wohnhauses in eine neugotische Burg).
Sein Park setzte die Tradition früher Landschaftsgärten wie Stourhead und Stowe fort, die eine idealisierte Natur mit anspielungsreichen Architekturen verbanden. Charles schuf seinen Garten jedoch in einer Zeit, in der solche Anlagen längst nicht mehr dem aktuellen Stand der Gartenkunst entsprachen. Darüber hinaus tat er in Loudons Augen des Guten zuviel. In polemischer Übertreibung beschrieb der professionelle Gartengestalter das Werk des Dilettanten: »Der Rest des Tales bis zum Grund und der gegenüberliegende Hang stellen ein solches Labyrinth von Terrassen, seltsamen Mauern, Spalieren, Laubengängen, Vasen, Statuen, Stein-, Holz- und Rasentreppen, Pflaster-, Kies- und Graswegen, Schmuckbauten, Brükken, Portiken, Tempeln, Pagoden, Toren, Eisengeländern, Parterres, Springbrunnen, Teichen, Bächen, Ruhesitzen, Fontänen, Höhlen, Blumenkörben, Wasserfällen, Felsen, Cottages, Bäumen, Sträuchern, Blumenbeeten, ... etc. zur Schau, daß es völlig unmöglich ist, mit Worten eine Vorstellung der Wirkung zu vermitteln.«[130]

Schrägansicht der Südseite

Fassadenaufriß aus John Claudius Loudons
*Encyclopaedia of Cottage, Farm and*
*Villa Architecture*

Innenansicht des mittleren Pavillons
Die Kuppel trägt die Grafenkrone der Shrewsburys

Noch heute – und vermutlich eindrucksvoller als bei Loudons Besuchen – vermittelt der Park von Alton Towers einen ähnlichen Eindruck durch seine Fülle architektonischer und gärtnerischer Motive. Die Mehrzahl der von Loudon beschriebenen Bauten, zu denen eine bemalte gußeiserne Pagode und ein ebenfalls gußeiserner gotischer Aussichtsturm zählen, haben sich erhalten. Der einstmals aristokratische »Vergnügungspark« hat sich inzwischen in einen öffentlichen verwandelt: Alton Towers ist heute Teil eines riesigen Freizeitparks à la Disneyland.
Das am Nordhang des Tals auf einer Terrasse gelegene Gewächshaus gehört nach Loudons Klassifizierung zu den »architectural conservatories«.[131] Die symmetrische Anordnung von Seitenflügeln – hier überdachte, an der Vorderseite offene, Galerien – und Eckpavillons um einen erhöhten Mittelbau sowie die weitgehende Verglasung einer architektonisch durchgebildeten Fassade erinnern an die Orangerien des 18. Jahrhunderts. Zu einem neuartigen Typus wird dieser Bau erst durch die völlige Verglasung des Dachs durch flache Pyramidendächer und unterschiedlich geformte Kuppeln. In ihrer filigranen Konstruktion verweisen die Kuppeln, die mit kleinen Scheiben dachziegelartig verglast sind, auf die früheren Bauten von Loudon. Sie verdeutlichen jedoch auch, daß das Gewächshaus nicht mehr allein der Überwinterung von Orangenbäumen diente: Unter der großen Kuppel des mittleren Pavillons befanden sich ursprünglich Palmen und andere Tropenpflanzen. Beheizt wurde der Bau durch die unter dem Fußboden verlegten Rohre einer Dampfheizung. Zugleich geben die sieben gläsernen Kuppeln, deren mittlere die Grafenkrone der Shrewsburys trägt, dem Gewächshaus von Alton Towers einen phantastischen, fast orientalisch anmutenden Charakter. Die bei Loudon abgebildete Zeichnung des Gebäudes, die vermutlich den Originalzustand zeigt, läßt vermuten, daß die kleinen Kuppeln über den äußeren Pavillons und rechts und links der Mittelkuppel zu einem späteren Zeitpunkt durch einen achteckigen Tambour aufgestockt wurden.[132]

Blick auf die Dachlandschaft

Blick in eine der offenen Galerien

## Wintergarten von Schloß Eisgrub, Lednice, 1843–45

Entwurf: Peter Hubert Desvignes

Schloß Eisgrub, südlich von Brünn im tschechischen Bezirk Südmähren gelegen, gehörte bis zum Ende des Zweiten Weltkriegs den Fürsten von Liechtenstein, deren Besitzungen über halb Europa verstreut waren. Hier hat sich einer der schönsten unter den frühen Bauten aus Eisen und Glas bis zum heutigen Tag erhalten.

Gegen Ende des 18. Jahrhunderts hatte Fürst Alois I. Joseph, der in Wien residierte[133] und die Sommer in Eisgrub verbrachte, mit der Umwandlung des barocken Parks in einen englischen Landschaftsgarten begonnen. Nach seinem Tod setzte sein Bruder Johann die Arbeiten fort. Das sumpfige, oft von der weitverzweigten Taya überschwemmte Gelände machte umfangreiche Vorarbeiten nötig, die sich über Jahre hinzogen. Ein künstlicher See mit 16 Inseln war Teil eines großangelegten Entwässerungssystems. Nach und nach entstand hier einer der größten Landschaftsgärten Europas. Zu seinen zahlreichen romantischen Architekturstaffagen gehört ein spektakuläres, fast 70 Meter hohes Minarett.[134]

Das seit dem 16. Jahrhundert mehrmals umgebaute Schloß, zu dessen Nebengebäuden auch eine von Johann Bernhard Fischer von Erlach entworfene Reitschule gehört, wurde unter Alois II. Joseph ein letztes Mal verändert. Fürst Alois hatte zuvor seinen Architekten Georg Wingelmüller nach England und Schottland geschickt, um dort in verschiedenen Schlössern Detailstudien zu machen. Nach Wingelmüllers Rückkehr begann der Umbau des Schlosses im neugotischen Tudorstil (1846–58).

Nicht nur Park und Schloß orientierten sich an englischen Vorbildern, sondern auch der Wintergarten, der den Umbau eingeleitet hatte. Der Bau des englischen Architekten Peter Hubert Desvignes, der auch in Wien für den Fürsten arbeitete, gehört zu den wenigen erhaltenen Beispielen der auf John Claudius Loudon zurückgehenden »kurvenlinearen« Bauweise und war vermutlich die »erste derartige Eisenkonstruktion in Österreich«.[135] Das 92 Meter lange Glashaus, das von den Wohnräumen aus zugänglich ist, ersetzte die 1843 abgerissene Orangerie, die zu den »größten in Deutschland« gezählt hatte. Sie soll 76 Klafter (ca. 130 Meter) lang gewesen sein und 3000 Orangen- und Zitronenbäume beherbergt haben.[136] Der Neubau war jedoch als Warmhaus konzipiert und für die Aufnahme tropischer Pflanzen bestimmt. Er liegt am Rand des regelmäßig bepflanzten Parterregartens an der Rückseite des Schlosses, dort wo das Gelände zum eigentlichen Park hin abfällt. Nur auf der Hangseite ist die gemauerte Unterkonstruktion des Wintergartens sichtbar, in der sich Heiz- und Abstellräume befinden.

Gußeiserne Stütze in Bambusform

Der langgestreckte Bau endet in einer Halbkuppel

Blick in die Halbkuppel am Ende des Glashauses

Zwischen Wohnräumen und Pflanzenhaus vermittelt ein »gotischer« Raum mit großen Fenstern, in dessen Netzgewölbe ein filigranes Glasdach ausgespart ist. Die Dachhaut des tonnenförmig gewölbten Baus besteht wie bei Loudons Gewächshäusern nur aus dünnen eisernen Sprossen, zwischen denen kleine, unten leicht gerundete Glasscheiben schuppenartig verlegt sind. Der Querschnitt des Wintergartens setzt sich aus zwei viertelkreisförmigen Wölbungen zusammen, die auf einem niedrigen Steinsockel ruhen und sich oben an ein von einer doppelten Stützenreihe getragenes schmales Blechdach anlehnen, das den Scheitel des Gewölbes bildet. An seinem Ende schließt der Wintergarten mit einer Halbkuppel ab.[137] Der gesamte Bau hatte das Haus Liechtenstein 152 000 Gulden gekostet. Das meiste davon verschlang die Eisenkonstruktion, die zum Teil von den Zöptauer Eisenwerken der Brüder Klein geliefert wurde.[138]

Der große Reiz dieses schon durch seine Raumausdehnung ungewöhnlichen Baus wird wesentlich durch die filigrane Dachhaut bestimmt, die das Sonnenlicht wie ein feinmaschiges Netz filtert. Bemerkenswert sind auch die dünnen gußeisernen Stützen, die sich in ihrer fast naturalistischen Bambusform der exotischen Vegetation angleichen. Hinter der Entmaterialisierung und Verfremdung der Konstruktion verspürt man den Wunsch, über die künstlichen Voraussetzungen des im Glashaus inszenierten Dschungels hinwegzutäuschen und ein illusionistisches Landschaftsbild zu schaffen, so wie es Joseph Neumann unter der Überschrift »Über das Malerische beim Bau von Glashäusern« beschrieb (vgl. S. 48).

Der Raum zwischen Schloß und Pflanzenhaus vermittelt zwischen neugotischer Architektur und filigraner Eisenkonstruktion

Schrägansicht der Längsseite und
Fassadenaufriß

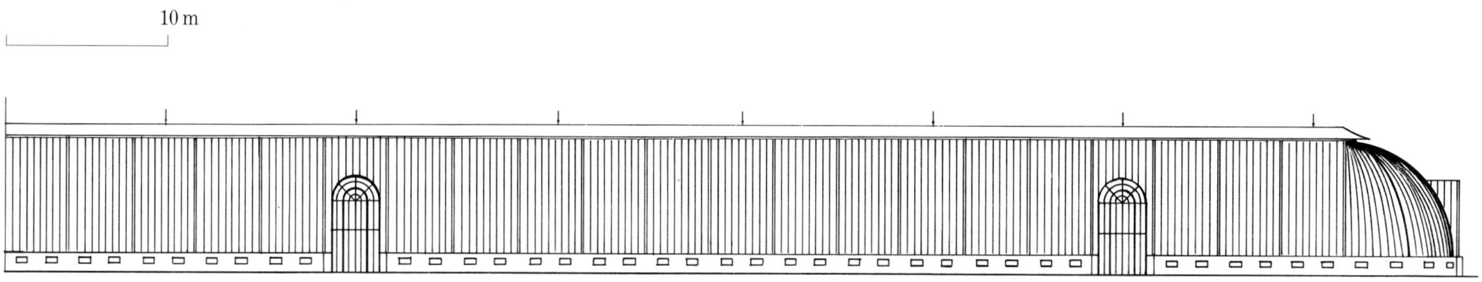

Fassadendetail des Wintergartens von Schloß Eisgrub

## Gewächshäuser im Jardin des Plantes, Paris, 1834–36

Entwurf: Charles Rohault de Fleury

Der Pariser Jardin des Plantes, zwischen dem Quai St. Bernard und der Rue Geoffroy St. Hilaire am linken Seineufer gelegen, geht auf den Jardin royal des herbes médicinales zurück, den Guy de la Brosse, Leibarzt Ludwigs XIII., 1626 gegründet hatte. Unter Buffon, der den Garten seit 1739 leitete, entwickelte sich der Jardin royal mehr und mehr zur Lehr- und Forschungsanstalt mit naturkundlicher Sammlung, Bibliothek, Hörsaal und Laboratorien; der Garten wurde in seiner Grundfläche verdoppelt und erhielt die Grundzüge seiner heutigen Gestalt. Nach der französischen Revolution ordnete der Konvent eine Neuorganisation der ehemals königlichen Institution an, die von jetzt an Muséum d'histoire naturelle hieß. 1794 wurde auch die königliche Menagerie von Versailles hierher verlegt. Neue Pflanzen- und Tierhäuser wurden gebaut.[139]

1833 begann die nächste Ausbauphase. Die Regierung stellte Mittel für die Errichtung weiterer Museumsbauten und Treibhäuser sowie eines Affenhauses zur Verfügung.[140] »Damit die Treibhäuser des Museums der großen Anstalt, wovon sie einen Theil bilden sollten, angemessen ausfielen, und damit nichts versäumt würde, dieses Resultat zu erreichen, sandte die Staatsverwaltung den Herrn Karl Rohault jun. mit Herrn von Mirbel, Mitglied des Instituts und Professor der Pflanzenkultur bei dieser Anstalt, auf eine Reise nach England, um daselbst alle die Vervollkommnungen kennenzulernen, welche die Engländer auf diese Gattung Bauten verwendet haben.«[141]

Der Bau, mit dessen Planung Charles Rohault de Fleury unverzüglich nach seiner Rückkehr aus England begann, besteht heute nicht mehr in seiner ursprünglichen Form. Die heutige Anlage spiegelt dennoch Rohaults Konzept wider. Dieses nutzte die schon vor der Jahrhundertwende bestehende Terrasse, die von einer leicht ansteigenden Rampe in zwei Hälften geteilt wurde.[142] Rohault machte die Rampe zur Symmetrieachse seines Entwurfs: Links und rechts der Rampe ordnete er 20 Meter lange und 15 Meter hohe Pavillons an, von denen einer als Warmhaus, der andere als Kalthaus diente. Langgestreckte Seitenflügel, die treppenartig in zwei Stufen an den Hang gebaut waren, schlossen sich an die Pavillons an. Ihre Glasdächer waren nach englischem Vorbild gewölbt. Seitenflügel und Pavillons bestanden auf der Hangseite aus festem Mauerwerk. Die Häuser an den Rückseiten der Glaspavillons enthielten Gärtnerwohnungen und Räume für die Kessel der Dampfheizung. Rohaults Entwurf wurde jedoch nur zum Teil ausgeführt. Der Flügel, der sich an den Ostpavillon anschließen sollte, konnte nicht mehr gebaut werden, da nach 1836 keine weiteren Mittel bewilligt wurden.

Schnitt durch die gewölbten Seitenflügel und Innenraumperspektive eines Pavillons
Die Zeichnungen geben den ursprünglichen Zustand der 1874 umgebauten Anlage wieder

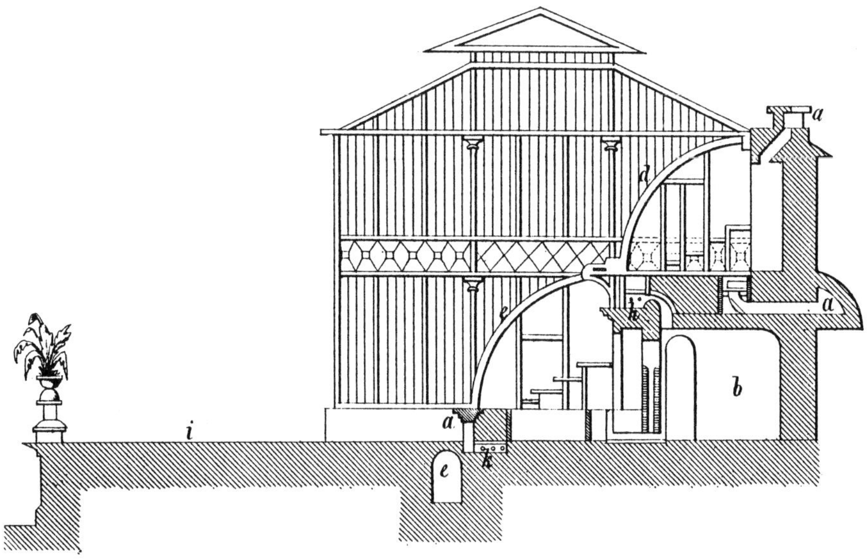

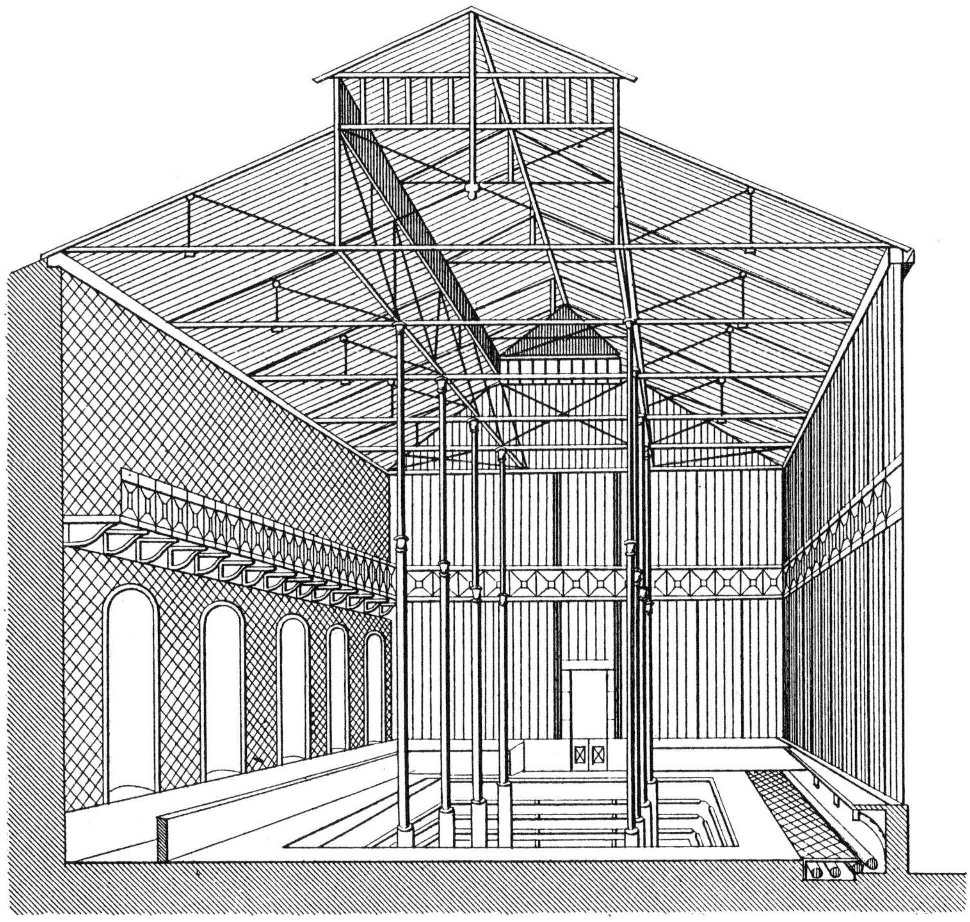

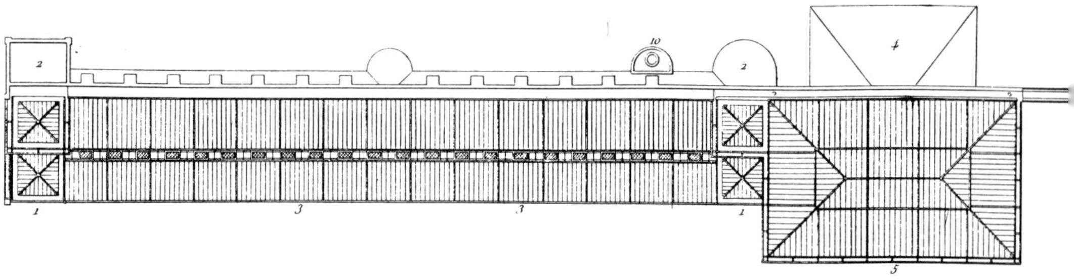

Perspektive aus Rohaults Buch
Der östliche Flügel wurde nie gebaut

1846 und 1855 machte Rohault neue Erweiterungsvorschläge.[143] Sein letzter Entwurf sah die Überbauung der rechten Terrasse mit einem weitgespannten gewölbten Wintergarten vor – ein Vorschlag, der erst nach seinem Tod wieder aufgegriffen werden sollte.
Im Januar 1871, während des deutsch-französischen Kriegs, wurden Rohaults Gewächshäuser von preußischen Granaten so sehr beschädigt, daß ein Neubau nötig wurde. 1874 entstanden die heute noch bestehenden Gewächshäuser. Die alte Unterkonstruktion und die gemauerten Rückseiten wurden beibehalten. Der Ferdinand Dutert zugeschriebene Neubau wahrte die Proportionen von Rohaults Entwurf.[144] Der neue Westflügel hatte jedoch statt gewölbter Dächer zwei übereinander gestaffelte Pultdächer. Die ebenen Flächen der Pavillondächer wurden durch leicht gewölbte Dächer auf gebogenen Stahlbindern ersetzt.
1882 wurde mit der östlichen Erweiterung begonnen. Der Entwurf des Architekten Jules André[145] knüpfte an Rohaults Vorschlag von 1855 an. Der Bau, dessen Fertigstellung sich bis 1889 hinzog, hatte einen basilikalen Querschnitt ähnlich dem von Paxtons großem Pflanzenhaus in Chatsworth. Doch auch Andrés Bau ist längst verschwunden. Er wurde durch den 1934 eingeweihten Wintergarten von Berger ersetzt.

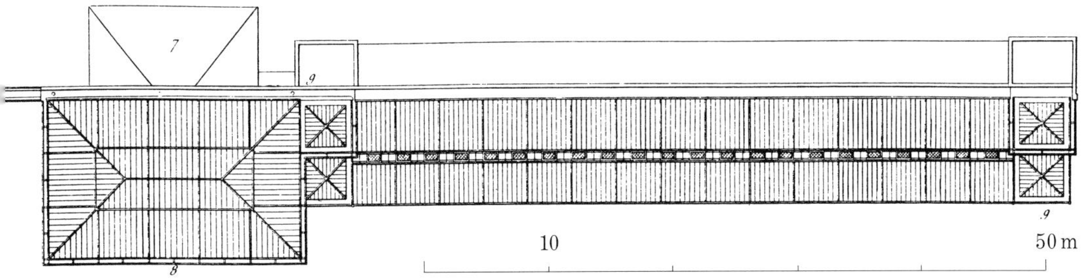


Grundriß mit Dachplan aus Charles Rohault de Fleurys Buch *Das Naturhistorische Museum in Paris,* 1837

Heutiger Zustand, Ansicht von Südwesten

**»Gartenhaus mit Wohngebäude und Ziergewächshäusern in maurischen Formen«, Wilhelma, Stuttgart, 1842–46**
Entwurf: Ludwig von Zanth

Dem Bau der »maurischen« Villa Wilhelma geht eine lange Planungsgeschichte voraus. Sie begann, als man 1829 im Park von Schloß Rosenstein Mineralquellen entdeckte. Der Bau eines »Badehauses« schien dem württembergischen König Wilhelm I. als Bereicherung des im englischen Stil angelegten Parks wünschenswert. Aus dem ursprünglich geplanten Badehaus sollte sich im Laufe der Jahre ein feudaler Landsitz mit zahlreichen Nebengebäuden entwickeln, den sein Architekt Karl Ludwig Wilhelm von Zanth später so beschrieb: »Diese Villa, in der Art der fürstlichen Landsitze Italiens gedacht, besteht in einem Wohngebäude, von Gewächshäusern, Säulengängen, Kiosken, Belvedere, Festsaal, Schauspielhaus und Dienstgebäuden umgeben, welche durch Gartenanlagen verbunden sind, in denen Blumenbeete, Wasserbecken, Springbrunnen und Baumpflanzungen, regelmäßig angeordnet, miteinander abwechseln. Das Ganze bildet den äußersten Teil des Königlichen Parkes Rosenstein …«[146]
Programm und Stil der Bauten waren dem Architekten weitgehend vom Bauherrn vorgeschrieben: »Die Vorschrift ging ferner dahin: dieses Wohngebäude mit Ziergewächshäusern in Verbindung zu setzen und die maurischen Bauformen dabei in Anwendung zu bringen.«[147]
Da Zanth davon überzeugt war, daß die für eine solche Aufgabe gültigen Regeln »nur in den Grundsätzen der griechischen Kunst«[148] zu finden seien, sah er sich vor die Aufgabe gestellt, eine klassische Gestalt mit islamischen Dekorationsformen in Einklang zu bringen. Es galt, einen exotischen Baustil zu adaptieren, »fessellose Eingebung« auf ein erträgliches Maß zu reduzieren: »Es handelte sich also in der Tat darum, die Verirrungen dieser Bauweise zu meiden, ohne den Vorteilen zu entsagen welche ihre, oft verführerische, im Allgemeinen aber launenhafte Ausschmückung bietet … es mußte deshalb, durch die eigentümlichen Reizmittel dieser Bauweise, kräftig auf die Phantasie gewirkt werden, ohne zu jenen Hilfsmitteln zu greifen welche der Vernunft und dem prüfenden Geschmacke widerstreben.«[149]
Diese Einstellung führte folgerichtig zu einem Kompromiß: Zanth übernahm zwar typische Motive islamischer Architektur, wie die hufeisenförmigen Bögen, die Streifung der Fassade oder die Trompenkuppel über dem Mittelbau, er wendete sie aber auf einen Bau an, der von seiner Gliederung her der europäischen Architekturauffassung folgte. Nach außen präsentierte sich die maurische Villa mit ihren links und rechts angesetzten Gewächshäusern als streng symmetrisch organisierte Anlage: Die Anordnung von Seitenflügeln und Eckpavillons um einen erhöh-

Blick in den mit Farnen bepflanzten westlichen Eckpavillon

Ansicht des Farnhauses von Westen

ten und noch durch eine Kuppel betonten Mittelbau entsprach dem Schema barocker Schlösser und Orangerien.
Die von der Eisengießerei in Wasseralfingen hergestellten Gewächshäuser erreichten jedoch durchaus den technologischen Standard, der durch vergleichbare englische und französische Bauten vorgegeben war. Zanth hatte auf seiner Englandreise nicht nur Fowlers großes Gewächshaus im Park von Syon House gesehen, ihm waren auch Charles Rohaults Bauten im Jardin des Plantes bekannt. Zanth übernahm das dort erstmals im großen Maßstab angewendete Prinzip der Vorfertigung: Für die langgestreckten Flügel und die Eckpavillons entwarf er als einheitliches Wandelement einen gußeisernen Rahmen, der durch einen Hufeisenbogen ausgesteift wird. Diese standardisierten Grundelemente konnten zu beliebiger Länge addiert werden. Angefertigt wurden sie in Wasseralfingen, montiert am Bauplatz. Zanth nutzte die Möglichkeiten des Eisengusses zu einer sparsamen Verzierung der Bauteile mit orientalischen Formen: Über dem Hufeisenbogen ist eine Reihe vielpassiger Bögen angebracht, vor den vertikalen Stützen stehen dünne gekuppelte Säulen mit einem abgewandelten maurischen Kapitell.
Trotz der hohen Herstellungskosten legte Wilhelm I. großen Wert darauf, daß seine Gewächshäuser aus Eisen erbaut wurden. Eine Holzkonstruktion wäre bedeutend billiger gewesen, hätte aber wohl kaum Aufsehen erregt. Der Eisenkonstruktion kam dagegen als Bekenntnis zu einer neuen Technologie Symbolwert zu: Sie zeigte nicht nur, daß man in Württemberg die industrielle Entwicklung in Frankreich und England aufmerksam verfolgte, sondern demonstrierte zugleich, daß man in der Lage war, den gleichen Weg einzuschlagen. Das Prestige, mit dem sich die Anwendung von Eisen verband, erleichterte es, die ungewohnte technische Ästhetik zu akzeptieren. Es ist sicher kein Zufall, daß sich in der Wilhelma fortschrittliche Bautechnik mit dem Versuch verbindet, einen exotischen Baustil zu erproben: Die »maurische Villa« zeugt also in doppelter Hinsicht für die Experimentierfreudigkeit ihres Bauherrn.
Freilich dienten die Gewächshäuser weniger einem gärtnerischen oder botanischen Zweck: Sie waren in erster Linie eine Erweiterung der Wohnräume und deren optische Verlängerung in die immergrüne Weite einer illusionären Landschaft. Durch sie erfuhr der mit Architektur, Möbeln und Bildern inszenierte Orient der maurischen Villa noch eine letzte Steigerung: »Eine südliche Vegetation entfaltet sich hier in üppigster Fülle und glühender Farbenpracht, und entzückt haftet das Auge auf den Tropengewächsen mit ihren Riesenblättern, auf den schlanken Palmen, die ihre stolzen Fächerkronen weit hinauf in die Höhe treiben.«[150]
Die seltenen Besucher, die der württembergische Herrscher in sein privates Reich einließ, betraten eine in sich geschlossene

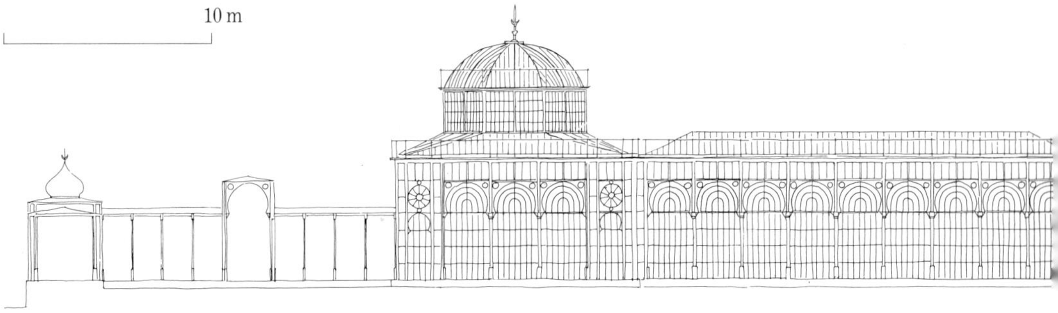

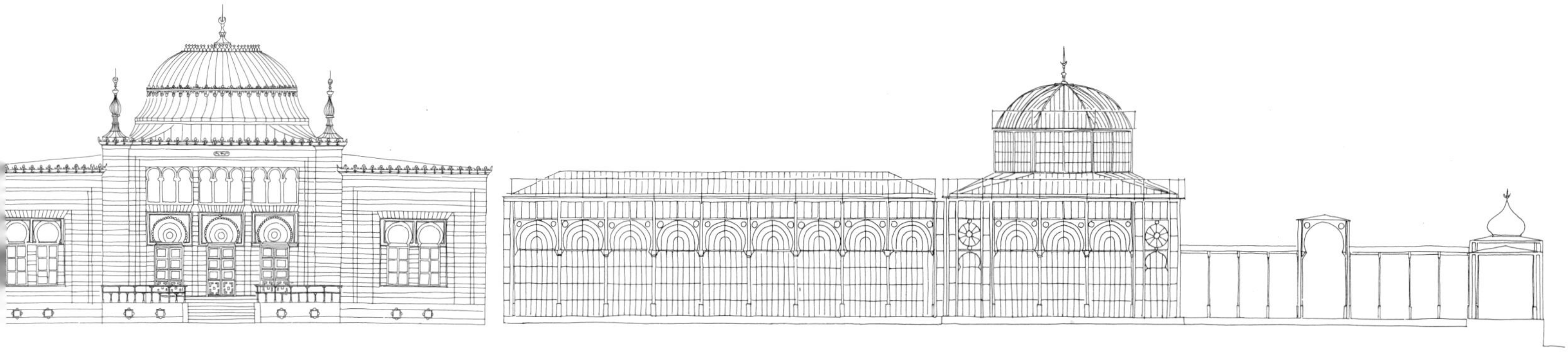

Aufriß des ursprünglichen Zustands

Ansicht von Südosten, Photographie von 1892

künstliche Welt, die in konzentrierter Form das Bild eines Orients vermittelte, der so nur in der abendländischen Phantasie existierte. Nach den Zerstörungen des Zweiten Weltkriegs vermittelt die Wilhelma, die Teil des zoologischen Gartens wurde, nur noch eine Ahnung von ihrer alten Pracht. Keiner der kostbaren Innenräume blieb erhalten, die vergoldete Kuppel über der maurischen Villa ersetzt heute ein modernes Glasdach. Die eisernen Gewächshäuser wurden jedoch vor einigen Jahren sorgfältig restauriert. Fehlende Bauteile konnten nach Originalmustern neu gegossen werden.[151]

Blick in die Dachkonstruktion des Farnhauses und gußeiserne Stütze mit Alhambrakapitell

## Treibhaus und Orangerie im Park von Schloß Glienicke, Berlin, 1839

Entwurf: Ludwig Persius

Der Glienicker Park, gegenüber von Potsdam an der Havel gelegen, war Teil eines nie vollendeten Projekts Friedrich Wilhelms IV., der das Haveltal bis hinauf nach Tegel in eine ideale Landschaft südländischer Prägung verwandeln wollte. Potsdam, Sanssouci, sein eigener Sommersitz Charlottenhof und die Landsitze seiner Brüder Carl und Wilhelm in Glienicke und Babelsberg sollten Teile einer Landschaftsgestaltung sein, die über die eigentlichen Parkgrenzen hinausgehend, einen ganzen Landstrich als Garten auffaßte. Schloß und Park Glienicke sind eine gemeinschaftliche Schöpfung Peter Joseph Lennés, Karl Friedrich Schinkels und seines Schülers Ludwig Persius.
Das mit einer Orangerie kombinierte Gewächshaus fügt sich in ein Ensemble dekorativer Bauten ein, die den Pleasure ground am Schloß säumen. Die Orangerie, die sich mit fünf großen Bogenfenstern nach Südosten öffnet, erinnert weniger an die typischen Erscheinungsformen dieses Bautyps als vielmehr an das Idealbild eines ländlichen Hauses in der römischen Campagna. Das quer vor die Schmalseite der Orangerie gelegte Gewächshaus spielt mit seinem gewölbten Glasdach auf englische Vorbilder an. Vielleicht war dieses in Deutschland nur selten angewendete Konstruktionsprinzip tatsächlich als Zitat gemeint:[152] eine Anspielung auf Englands Industrie, vergleichbar mit der Nachbildung der berühmten Iron Bridge, die sich Fürst Leopold Franz von Dessau in Wörlitz bauen ließ. Der im Zweiten Weltkrieg zerstörte Bau wurde 1981 rekonstruiert.

Ansicht des 1981 wiederhergestellten Treibhauses und Fassadenaufriß

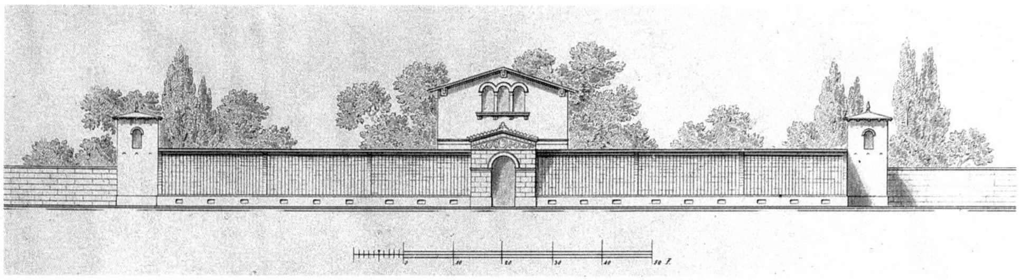

## Großes Pflanzenhaus, Chatsworth, Derbyshire, 1836–40

Entwurf: Joseph Paxton

Chatsworth, einer der großen englischen Herrensitze und seit elisabethanischen Zeiten im Besitz der Herzöge von Devonshire, liegt südlich von Sheffield in der Hügellandschaft der Grafschaft Derby. Der ausgedehnte Park entstand, so wie er sich uns heute darbietet, in der Zeit von William Cavendish, des 6. Herzogs von Devonshire. Um die Mitte des 18. Jahrhunderts hatten bereits seine Vorfahren, der 3. und der 4. Herzog von Devonshire, mit der Umwandlung der von George London und Henry Wise geschaffenen Anlage in einen »modernen« Landschaftspark begonnen. Die Neugestaltung wird Lancelot »Capability« Brown zugeschrieben.[153]

Das heutige Aussehen des Parks wurde von Joseph Paxton geprägt: Der Herzog von Devonshire hatte den jungen Gärtner in Chiswick kennengelernt. Paxton arbeitete dort für die Londoner Horticultural Society, an die der Herzog einen Teil der Gärten von Chiswick House verpachtet hatte. 1826 nahm der Herzog Paxton mit nach Chatsworth und machte ihn zum Obergärtner seines Sommersitzes. Paxton behielt diesen Posten bis zum Tod seines Arbeitgebers im Jahr 1858. Zu Paxtons frühen Aktivitäten in Chatsworth gehörte der Bau neuer Treibhäuser. 1832 baute er das erste Gewächshaus mit einem Ridge-and-furrow-Dach, ein Überdachungssystem, das er bereits zwei Jahre zuvor beim Umbau einer alten Orangerie erprobt hatte.[154] Das Ridge-and-furrow-Dach ging auf eine Idee zurück, die John Claudius Loudon 1817 erstmals publiziert hatte.[155] Paxton war der erste, der dieses Konstruktionsprinzip in die Praxis umsetzte und später – mit dem Bau des Kristallpalasts – berühmt machte. Die wichtigste statische Eigenschaft des zickzackförmig gefalteten Dachs bestand in seiner großen Widerstandsfähigkeit gegen Druck und Biegung. Für Paxton ergab sich aus den schräggestellten Glasflächen jedoch noch ein weiterer Vorteil: Morgens und abends, wenn die Sonnenstrahlen am schwächsten sind, fällt das Licht nahezu senkrecht, d.h. ohne Brechung ein. Das senkrechte Mittagslicht dagegen wird durch die schrägen Scheiben gebrochen und teilweise reflektiert.

Paxtons Experimente waren nur Vorübungen für ehrgeizigere Projekte. Nachdem er an kleineren Treibhäusern sein Konstruktionssystem perfektioniert hatte, begann er 1836 mit dem Bau eines gigantischen, rundum verglasten Gewächshauses, dessen Spannweite die vieler Bahnhofshallen noch übertraf: »Dieser großartige Bau zählt zu den größten Werken des modernen Gartenbaus. Ob man ihn von außen sieht, in seiner höchsten Erhebung, oder von innen in seiner Verbindung mit dem üppigen Wachstum exoti-

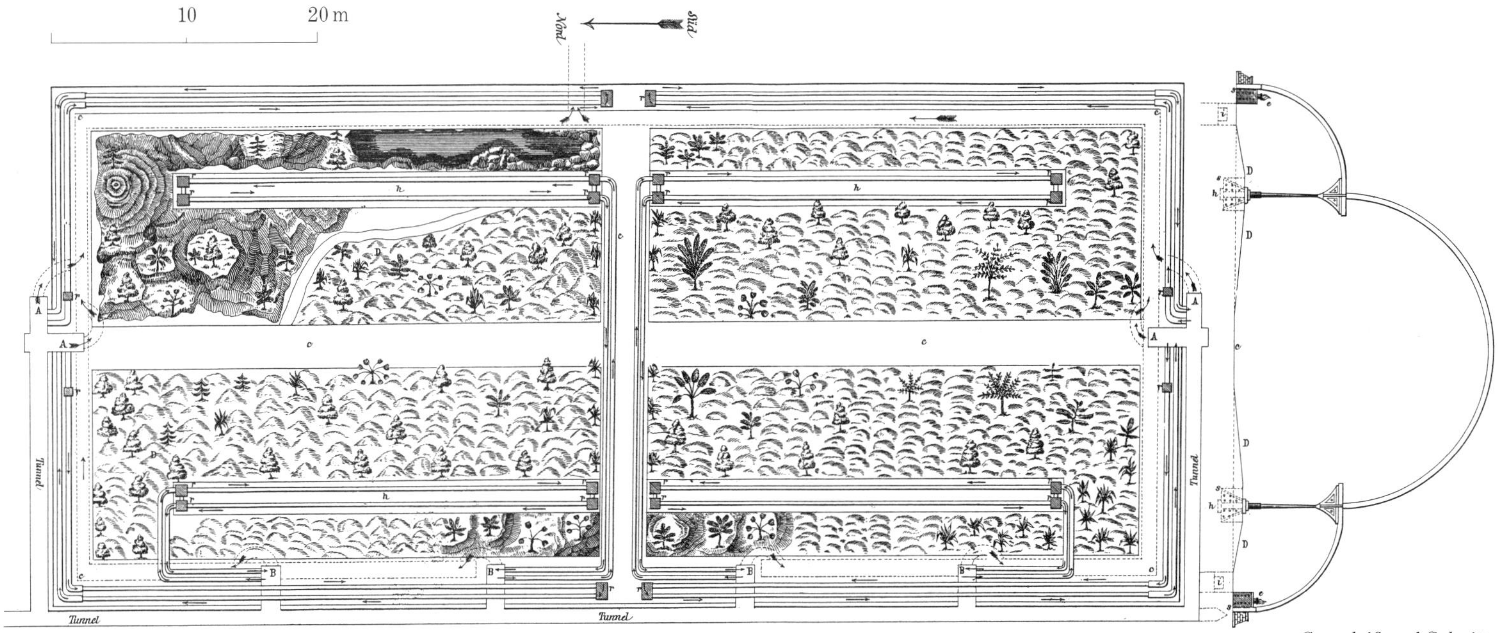


Grundriß und Schnitt

Das Große Pflanzenhaus unmittelbar vor dem Abriß

scher Pflanzen – das Auge ist befriedigt von der gleichförmigen und schlichten Großartigkeit seiner Proportionen, stellt er doch ein verblüffendes Beispiel für die Macht der Kunst über die Widrigkeiten des Klimas und der geographischen Lage dar. Die Konstruktion hat die Form einer gewölbten Kuppel, die sich in Stufen erhebt – die niedrigen Seitenschiffe erheben sich 25 Fuß über den Erdboden; auf ihnen setzt die obere Kuppel auf, die eine höchste Höhe von 60 Fuß erreicht; die Länge beträgt 270 Fuß, die größte Breite fast 100 Fuß und die Spannweite der oberen Kuppel 70 Fuß. Die langen Seiten zeigen nach Osten und Westen. Der Haupteingang liegt am nördlichen Ende und öffnet sich auf den zentralen Fahrweg, der durch das Pflanzenhaus bis zum südlichen Ende und von dort zum angrenzenden Pleasure ground führt.«[156] Die Konstruktion des Gewächshauses (tatsächliche Maße: 84,5 Meter lang, 37,5 Meter breit, 20,5 Meter hoch) bestand aus einem rechteckigen Rahmen auf hohlen, gußeisernen Stützen, die zugleich die innen umlaufende Galerie trugen. Bis zur Höhe dieser Galerie wölbte sich das Seitenschiff des Glasdachs. Auf der Galerie bzw. auf dem Rahmen setzte die tonnenförmige Wölbung des Mittelschiffs an. Die eigentliche Dachkonstruktion bestand aus gebogenen Holzrippen, die zugleich als Regenrinnen ausgebildet waren. Jede dieser Rippen trug zwei Felder des gefalteten Dachs. Paxton hatte besonders lange Glasscheiben (4 Fuß x 10 Inches) herstellen lassen, um jedem Grat eine möglichst große Spannweite zu geben. Die Profile für die dünnen Sprossen zwischen den einzelnen Scheiben wurden auf einer dampfbetriebenen Maschine gefräst, die Paxton eigens für diesen Zweck gebaut hatte. Trotz einer weitgehenden Rationalisierung des Arbeitsablaufs, die später auch wichtigste Voraussetzung für die überaus kurze Bauzeit des Crystal Palace war, sollen zeitweise bis zu 500 Arbeiter auf der Baustelle beschäftigt gewesen sein.[157] Beheizt wurde der Bau durch das mehr als 10 Kilometer lange Rohrsystem der Heißwasserheizung, die aus acht Heizkesseln gespeist wurde. Sowohl die Rauchableitung als auch die Brennstoffzufuhr geschahen unterirdisch. Die Kohlen wurden mit einer kleinen Schienenbahn in einem unterirdischen Tunnel von einem Magazin herantransportiert, das außer Sichtweite lag: »Die Heizapparate, die Begießungs- und Regenröhren, die Lüftungen, kurz alles, was auf Künstlichkeit und Absichtlichkeit hindeutet, ist in diesen ungeheuren Räumen dem Auge verborgen, so daß man sich für einige Augenblicke wirklich in einen jener Urwälder der tropischen Zonen hinübergezaubert wähnen kann.«[158]

Innenansicht des Großen Pflanzenhauses, um 1880

**»Gewächshauswand«, Chatsworth, Derbyshire, 1848**

Entwurf: Joseph Paxton

Von den zahlreichen Gewächshäusern, die Paxton in Chatsworth erbaute, besteht heute nur noch die »Conservative Wall«. Sie besteht aus zehn Pavillons von etwa 2 Meter Tiefe sowie einem erhöhten Mittelteil. Da auf der Gesamtlänge von über 100 Metern ein Höhenunterschied von fast 8 Metern überwunden werden mußte, unterteilte Paxton den Bau wie eine Treppe in einzelne Stufen. Im Inneren befindet sich ein ansteigender Spazierweg.
Die Konstruktion besteht ganz aus Holz und Glas. Das Dach war ursprünglich nach dem Ridge-and-furrow-Prinzip gefaltet und stieg zur Rückwand leicht an. Die vorderen Fensterrahmen ließen sich im Sommer entfernen.

Fassadenaufriß und Schrägansicht

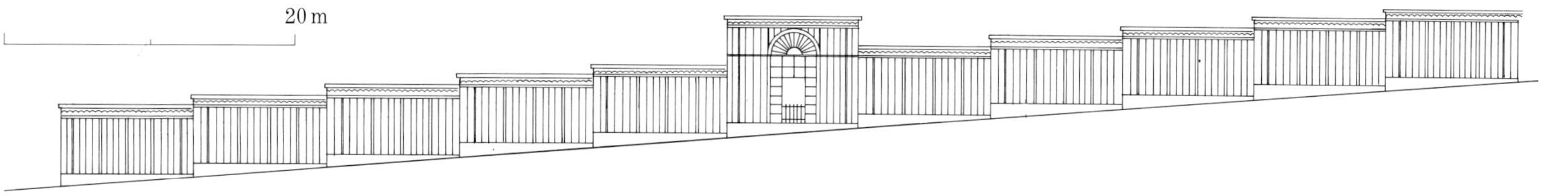

**Palmenhaus im Königlichen Botanischen Garten Edinburgh, 1834–60**
Entwurf: R. Matheson

Der Botanische Garten Edinburgh ist der zweitälteste in Großbritannien und geht wie die meisten botanischen Gärten auf einen Hortus medicus zurück. 1820 wurde der Garten an seinen heutigen Platz in Inverleith verlegt. 1834 wurde dort das erste Palmenhaus eröffnet. Der achteckige Bau, der damals als der größte seiner Art in Großbritannien galt, hat einen Durchmesser von 18 Metern und eine Höhe von etwa 14 Metern. Das pyramidenförmige Glasdach wurde von einer Holzkonstuktion getragen. Dieses Dach wurde 1859/60 durch eine nur wenig höhere Eisenkonstruktion ersetzt, deren Form eine Kombination aus Pyramidenstumpf und Kuppel darstellt.
20 Jahre nach der Eröffnung des alten Palmenhauses waren einige der Bäume so hoch geworden, daß ein zusätzliches Haus nötig wurde: Zwei malayische Palmen, eine Wein- und eine Sagopalme, hatten mit ihren Blättern bereits das Dach durchstoßen. Bailey Balfour, der Direktor des Gartens, beantragte beim Parlament die Mittel für den Neubau. Sein eindrucksvollstes Argument für dessen Notwendigkeit war eine Photographie des alten Hauses, das die durchs Dach wachsenden Palmen zeigte: Die Mittel wurden bewilligt, und wenig später wurde mit dem Bau begonnen. Er wurde 1856–58 an der Westseite des alten Baus errichtet, so daß beide eine Einheit bilden. »Die Längsachse des neuen Hauses hat annähernd die Richtung von Süden nach Norden. Abweichend von den meisten Palmenhäusern, zeigt dasjenige in Edinburgh hohe massive Umfassungswände, welche von großen, mit Rundbogen abgeschlossenen Fensteröffnungen durchbrochen sind. Das in Eisen hergestellte, zum Teil auf den steinernen Außenwänden, zum Teil auf 14 gußeisernen Säulen ruhende Dach ist ähnlich geformt, wie dasjenige des Palmenhauses in Kew.«[159]
Tatsächlich wirkt der Bau wie eine Kombination einander fremder Teile: Auf dem massiven Sandsteinbau, der mit seinen großen Fenstern an traditionelle Orangerien erinnert, sitzt wie auf einem Sockel ein modernes Palmenhaus aus Eisen und Glas. Der große Anteil an Mauerwerk wurde von den Bauherren mit gärtnerischen Argumenten begründet: »Es hat sich erwiesen, daß Mauerwerk einer Eisenkonstruktion vorzuziehen ist, da es eine gleichmäßigere Temperatur und auch mehr Schatten, der für Wachstum und Entwicklung vieler, in Gesellschaft lebender, Arten wichtig ist, garantiert.«[160]
Der *Falkirk Herald* berichtete am 19. August 1858 über das neue Palmenhaus: »Sie (die Palmen) scheinen hier völlig zu Hause zu sein; obwohl das Haus so hoch ist, werden sie doch in ein paar Jahren mehr Raum benötigen, wenn sie mit der jetzigen Geschwindigkeit

Ansicht des neuen Palmenhauses
An der Rückseite der Bau von 1834

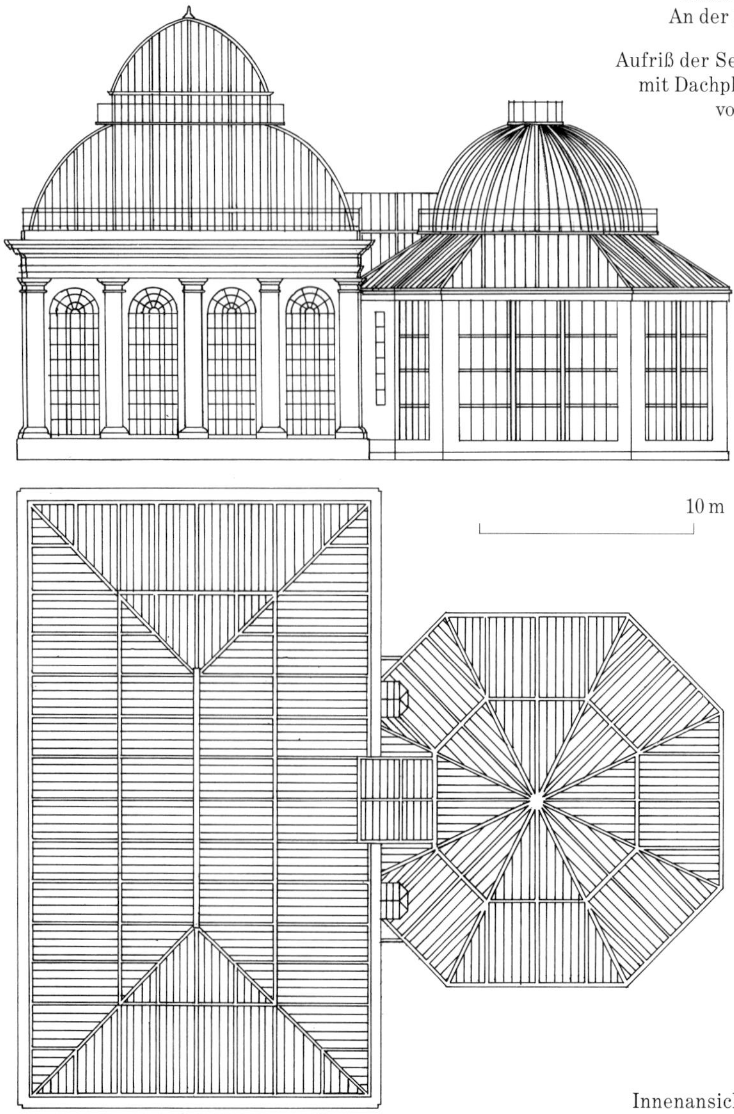


Aufriß der Seitenfassaden und Grundriß mit Dachplan. Rechts das Palmenhaus von 1834, links der 1858 fertiggestellte Neubau

Innenansicht des neuen Palmenhauses

weiterwachsen. Das tropische Aussehen des Hauses wird noch durch die Tatsache verstärkt, daß der Wärter ein echter Afrikaner ist. Die Anwesenheit eines solchen Mannes gibt der Szenerie ihre Vollständigkeit; und außerdem meint man, daß ein in den sonnigen Ländern Geborener die hohe Temperatur in einem solchen Haus besser erträgt als ein Angehöriger unserer bleichgesichtigen Rasse.«[161]

Die Glaskuppel des alten Palmenhauses

Innenansicht des neuen Palmenhauses

**Palmenhaus im Königlichen Botanischen Garten Berlin-Schöneberg, 1857/58**
Entwurf: Carl David Bouché

Das im Herbst 1858 nach nur einjähriger Bauzeit fertiggestellte Palmenhaus in Berlins altem botanischen Garten war das letzte größere Bauprojekt in der Regierungszeit Friedrich Wilhelms IV., der als Auftraggeber von Karl Friedrich Schinkel, Peter Joseph Lenné und Ludwig Persius einen ereignisreichen Abschnitt der Berliner Architekturgeschichte mitbestimmt hatte.
Der botanische Garten lag bis 1907 auf dem Gelände des heutigen Kleistparks. Er geht zurück auf einen 1679 vom Großen Kurfürsten angelegten Garten, in dem besondere Obstsorten kultiviert wurden. Friedrich Wilhelm I. verwandelte ihn in einen »Hof-Apothekergarten« und unterstellte ihn der Societät der Wissenschaften. Die kontinuierliche Entwicklung dieser Institution und ihr systematischer Ausbau begannen jedoch erst im frühen 19. Jahrhundert. Der Garten, der während des Siebenjährigen Krieges verfallen war, wurde zur Erforschung der für die Textilindustrie wichtigen Farbkräuter neu angelegt und der Universität angegliedert. Um Raum für ein Arboretum und neue Gewächshäuser zu gewinnen, wurde 1855 der botanische Garten um fast das Doppelte vergrößert. Nachdem 1891 hier auch die von der Reichsregierung finanzierte Botanische Zentralstelle für die Kolonien eingerichtet worden war, hielt man eine erneute Erweiterung für unumgänglich. Da die angrenzenden Straßenzüge inzwischen alle mit Mietskasernen bebaut waren, blieb nur noch der Umzug an den Stadtrand. 1897 wurde die Verlegung des botanischen Gartens an seinen heutigen Standort in Dahlem beschlossen. Zehn Jahre später wurde das alte Palmenhaus abgerissen.
Die Ausführung des Baus, dessen konstruktives Konzept auf Entwürfen des Garteninspektors Carl David Bouché beruhte, war nacheinander von den Architekten Gustav Herter, Adolph Lohse und Johann Nietz betreut worden.[162] »Es sollte dasselbe neben Einfachheit der äußeren Formen eine bescheidene Eleganz nicht vermissen lassen, ohne die Bedingungen der möglichsten Kosten-Ersparnis zu verletzen ...«[163] Diese Bedingung erfüllte Bouché durch die weitgehende Beschränkung seines Entwurfs auf wenige standardisierte Elemente[164]. Das Skelett des aus drei Quadern zusammengesetzten Glashauses bestand aus hohlen gußeisernen Stützen, die entlang der Außenwände in Doppelreihen aufgestellt und untereinander durch kurze gußeiserne Gitterträger verbunden wurden. Die innen umlaufenden Galerien waren zwischen den Stützen befestigt. Der Innenraum wurde von langen genieteten Trägern aus Walzstahl überspannt, auf denen nach dem Vorbild von Paxtons Ridge-and-furrow-Prinzip parallel langgezogene Satteldächer lagen. An die Rückseite des Glashauses

Längsschnitt und Grundriß des Erdgeschosses

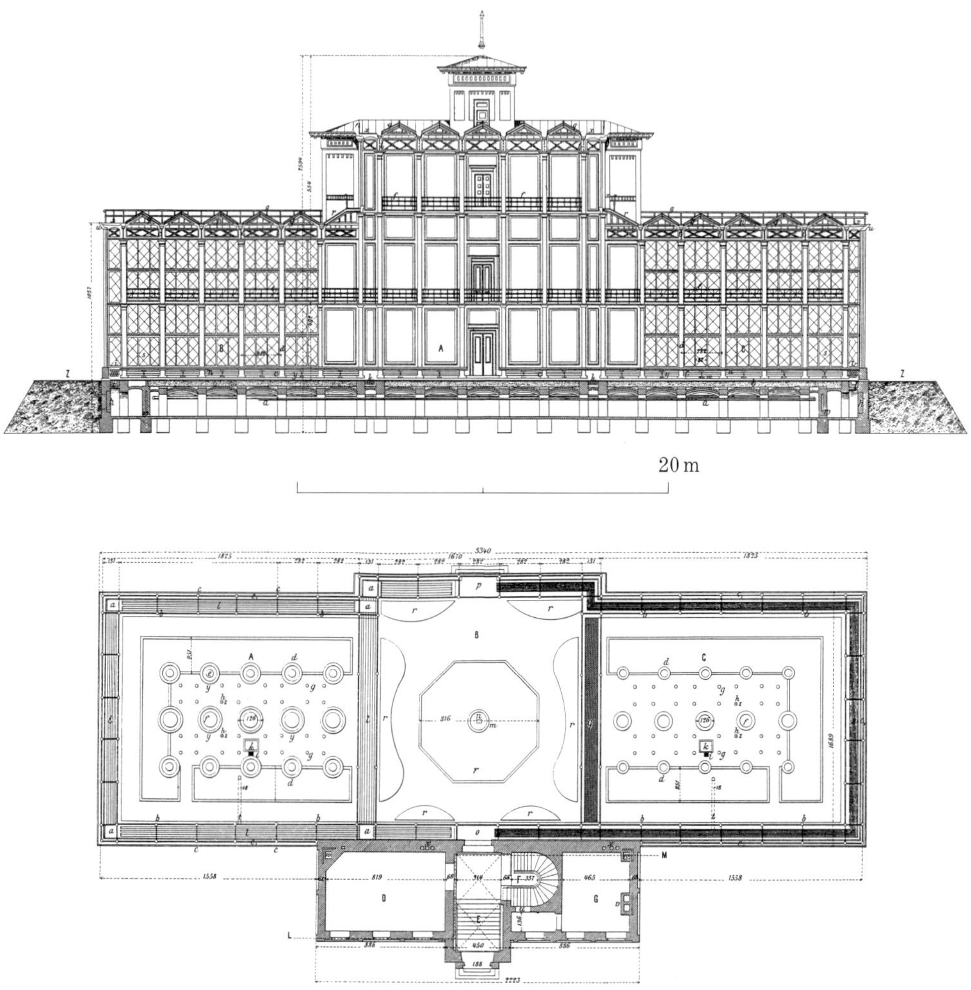

Konstruktionsdetail

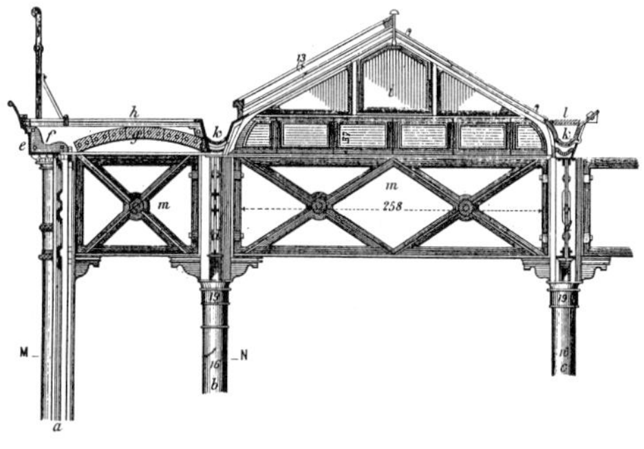

Vorderseite des Palmenhauses
Photographie von Hermann Rückwardt

schloß ein vierstöckiger gemauerter Bau an, der Wohnungen und Büroräume enthielt. Das neue Palmenhaus, »dazu bestimmt, sich den Kristall-Palästen von Kew Gardens und Herrenhausen ebenbürtig zur Seite zu stellen«, ahmte jedoch nicht »den kühnen Schwung der Wölbungen des Palmenpalastes von Kew-Gardens nach, sondern bietet ... den allgemeinen Umrissen nach wagrechte Flächen dar«.[165] Bouché hatte sich bei seinem Entwurf offensichtlich weniger an der Erscheinungsform englischer Gewächshäuser als vielmehr an Ausstellungsbauten wie dem Münchner Glaspalast orientiert, mit dem sein Palmenhaus nicht nur die geraden Umrißlinien, sondern auch das konstruktive Grundprinzip gemeinsam hatte. Die fast klassizistisch zu nennende Nüchternheit des Entwurfs erinnert andererseits aber auch an einen Bau, der Bouché von seiner Zeit als Obergärtner auf der Pfaueninsel vertraut war: das 1829–31 erbaute Palmenhaus von Albert Dietrich Schadow, bevor es in Form einer Zwiebelkuppel seinen malerischen Akzent erhielt.

Innenansicht vor dem Abriß
Photographie von Hermann Rückwardt

**Wintergarten von Ballyfin House, Portlaoise, um 1850**

Entwurf: Richard Turner

Der Wintergarten von Ballyfin House, einem klassizistischen Herrenhaus, das inmitten eines riesigen Landschaftsparks in der irischen Grafschaft Laois liegt, gehört zu der kleinen Zahl von Gewächshäusern, die sich auf verschiedenen irischen Landsitzen bis heute erhalten haben und Richard Turner zugeschrieben werden können.[166]

Der knapp 18 Meter lange und etwa 8 Meter hohe Bau, der durch einen Korridor mit der Bibliothek des Hauses verbunden ist, erinnert in Aufriß und Querschnitt an den Mittelpavillon des Gewächshauses im botanischen Garten von Dublin. Auch einzelne Stilmerkmale wie die offenen, ursprünglich verglasten Pilaster verweisen auf jenen Bau und seinen Urheber. Auch in einem Entwurf für einen runden Wintergarten (vgl. S. 36) hat Turner diesen Pilastertypus verwendet.

Der elegante Anbau an Ballyfin House ist heute nur noch eine Ruine.

Wintergarten von Ballyfin House

**Gewächshaus im Botanischen Garten Dublin, 1843–69**
Entwurf: Richard Turner, Duncan Ferguson, Frederick Darley

Ähnlich wie in Belfast sind auch bei dem Gewächshaus in Dublins botanischem Garten die Leistungen verschiedener Entwerfer und Hersteller nicht eindeutig voneinander zu trennen. Die im wesentlichen dem Genius Richard Turners zugeschriebene Baugruppe entstand in mehreren Zeitabschnitten.[167] Die Royal Dublin Society, Gründerin des 1795 in Glasnevin, am Rand von Dublin, angelegten Gartens, hatte ursprünglich den Architekten Duncan Ferguson beauftragt, Pläne für neue Glashäuser zu erarbeiten, da die alten baufällig geworden waren. Turner trat erst in Erscheinung, als Fergusons Entwurf zur Ausführung ausgeschrieben wurde. Turner reichte nun seinerseits einen Entwurf ein, der im Unterschied zu dem von Ferguson ganz aus Eisen hergestellt werden sollte. Der ursprüngliche Plan wurde daraufhin aufgegeben, und Ferguson fertigte auf Grundlage von Turners Vorschlag neue Pläne. Als schließlich der Auftrag für den ersten Bauabschnitt (Ostflügel, 1843/44) vergeben wurde, wurde Turners Angebot von William Clancy unterboten. Turner erhielt jedoch die Aufträge für die folgenden Bauabschnitte, für die ein neuer Architekt, Frederick Darley, die Entwürfe gezeichnet hatte. Nach der Fertigstellung des Westflügels und zweier Verbindungskorridore (1845/46) machten Darley und Turner unterschiedliche Vorschläge für den mittleren Pavillon, der als Palmenhaus dienen sollte. Statt eines Rundbaus mit Kuppel, wie ihn Turner gerne gebaut hätte, wurde schließlich ein Palmenhaus auf rechteckigem Grundriß errichtet (1847/48). 1869 wurde die Anlage nochmals erweitert: Da die Seitenflügel aufgrund ihrer geringen Breite dem Ansturm der Besucher oft nicht gewachsen waren, schlug Turner vor, die Flügel zu verbreitern. Seine Lösung war überraschend einfach: Die – wie in Belfast – an eine gemauerte Rückwand gelehnte Konstruktion wurde der Länge nach spiegelbildlich verdoppelt. Die nun überflüssige Mauer wurde nach der Fertigstellung der Eisenkonstruktion entfernt. Zwischen die verbreiterten Flügel und die alten Verbindungskorridore wurden kleine Türme mit leicht gewölbten Pyramidendächern gefügt. Richard Turner hatte für die Erweiterung noch eigenhändig die Entwürfe gezeichnet,[168] die Leitung der Hammersmith Ironworks hatte jedoch bereits sein Sohn William übernommen.
Dafür, daß Turner tatsächlich maßgeblich am Entwurf der gesamten Anlage beteiligt war, sprechen verschiedene Gründe: Er war nicht nur der einzige der Beteiligten, der durch alle Bauphasen hindurch das Projekt begleitete, sondern er hatte auch von allen die größten Erfahrungen in Entwurf und Konstruktion von Gewächshäusern. Wie sehr seine konstruk-

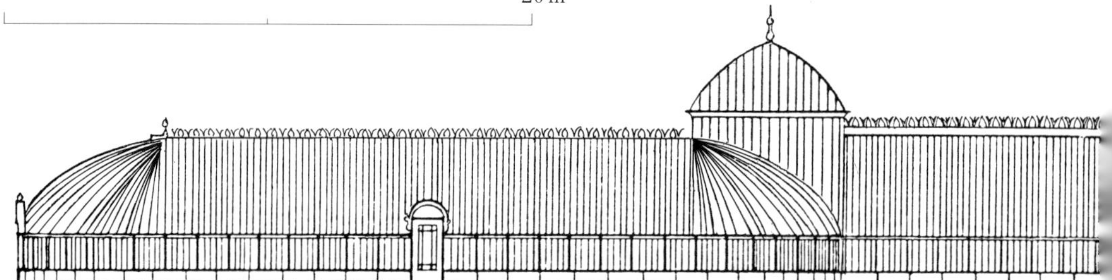

Schrägansicht von Südosten
Ostflügel und Mittelpavillon

Fassadenaufriß

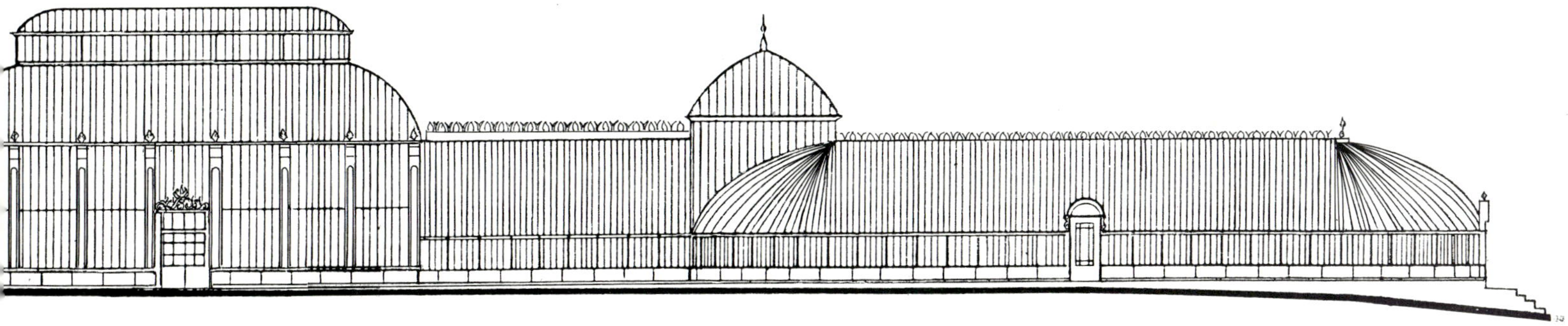

tiven Lösungen die Entwürfe der beiden Architekten verändernd beeinflußt haben, darüber lassen sich freilich nur Vermutungen anstellen, da die Baugeschichte nicht lückenlos dokumentiert ist. Die Gewächshäuser in Glasnevin haben mit anderen Bauten Turners verschiedene Konstruktions- und Stilmerkmale wie die Verwendung gebogener Eisenrippen und entsprechend gebogener Glasscheiben oder die verglasten Pilaster in der Fassade des Mittelpavillons gemeinsam. Die gleichen Pilaster begegnen uns in Turners Entwurf für ein rundes Gewächshaus (vgl. S. 36) und im Wintergarten von Ballyfin House, der vermutlich ebenfalls von Turner stammt.
Trotz der Bedeutung, die dem Gewächshaus in Glasnevin nicht nur lokal als Werk eines in Dublin geborenen Ingenieurs, sondern auch international als wichtigem Beispiel aus der frühen Geschichte des Bauens mit Eisen und Glas zukommt, befindet sich die gesamte Baugruppe seit vielen Jahren in einem beklagenswerten Zustand. Der Mittelpavillon mußte im Frühjahr 1988 wegen Baufälligkeit für das Publikum geschlossen werden. Sämtliche Eisenteile sind stark korrodiert, die korinthischen Kapitelle, die sich auf den Stützen im Inneren befinden, sind gerissen, das ganze Rahmenwerk ist so stark verzogen, daß es nicht mehr möglich ist, die vielen zerbrochenen Glasscheiben zu ersetzen. Auch die Flügelbauten sind in keinem besseren Zustand. Obwohl Turners Bauwerk sogar eine Briefmarke der Irischen Republik ziert, scheint zur Zeit bei den Verantwortlichen wenig Bereitschaft zu bestehen, die Mittel für die dringend gebotene Restaurierung bereitzustellen.

Innenansicht des Mittelpavillons

Mittelpavillon und Anschluß des Ostflügels an den später erbauten Verbindungskorridor zum Mittelpavillon

**Palmenhaus im Botanischen Garten Belfast, 1839–52**

Entwurf: Charles Lanyon, Richard Turner

Der 1827 durch eine Aktiengesellschaft gegründete Botanische Garten Belfast erfreute sich im 19. Jahrhundert großer Beliebtheit: An den eintrittsfreien Samstagen wurden oft bis zu 10 000 Besucher gezählt. Da sich aus den Eintrittsgeldern der laufende Unterhalt des Gartens nicht finanzieren ließ, versuchte die Belfast Botanic and Horticultural Society, ihrer Notlage durch populäre Veranstaltungen abzuhelfen: »Garden fêtes«, Blumenausstellungen, Konzerte, Feuerwerke, Tanzvergnügen und sogar ein Ballonaufstieg sollten Geld in die leere Kasse bringen. 1893 mußte die Gesellschaft dennoch Konkurs anmelden. Ein Jahr später wurde der Garten von der Stadt übernommen und ist seitdem ein öffentlicher Park.

Das 1976–83 restaurierte Palmenhaus ist der früheste bekannte Bau, mit dem sich der Name Richard Turner verbindet. Turner, Konstrukteur und Inhaber der Hammersmith Ironworks in Dublin, wurde vor allem durch den Bau des Palmenhauses in Kew bekannt. Von ihm stammen jedoch auch zahlreiche private Wintergärten auf irischen Landsitzen sowie die Glashäuser des Botanischen Gartens Dublin. Bestimmendes Kennzeichen seiner Entwürfe ist die Verwendung gebogener, schmiedeeiserner Rippen. Im Unterschied zu John Claudius Loudon, der dünne gebogene Sprossen und kleine schuppenförmige Glasscheiben zu einer selbsttragenden Haut verband, wechseln bei Turner stärker ausgebildete, tragende Rippen mit dünnen Sprossen ab. Auch verwendete er anstelle kleiner Glasschuppen größere gebogene Scheiben.

Der aus einem temperierten Westflügel, einem als Warmhaus genutzten Ostflügel und dem Palmenhaus als mittlerem Pavillon zusammengesetzte Bau im botanischen Garten von Belfast wirkt nach außen so einheitlich, daß man kaum vermuten würde, daß seine Teile nicht gleichzeitig entstanden sind. Nachdem 1839 der Grundstein für die gesamte Anlage gelegt worden war, baute Turner zunächst die beiden Flügel als Anlehngewächshäuser mit massiver Rückwand und leicht gewölbten Pultdächern. Zwischen den Flügeln blieb vorerst eine Lücke. Ein 1843 veröffentlichter Entwurf von Charles Lanyon sah einen niedrigen Mittelpavillon und Eckbauten auf rechteckigen Grundflächen vor.[169] Der schließlich ausgeführte Bau hat mit diesem Entwurf jedoch wenig Ähnlichkeit. Der erst 1852 errichtete Mittelpavillon fügte sich jedoch nahtlos an die vorhandenen Bauten an.

Über einer elliptischen Grundfläche erhebt sich wie eine gläserne Glocke das gut 20 Meter hohe Palmenhaus. Die Glocke setzt sich aus einer von 14 Stützen getragenen Kuppel und einem niedrigen Umgang zusammen, der den Querschnitt der Seitenflügel aufnimmt.

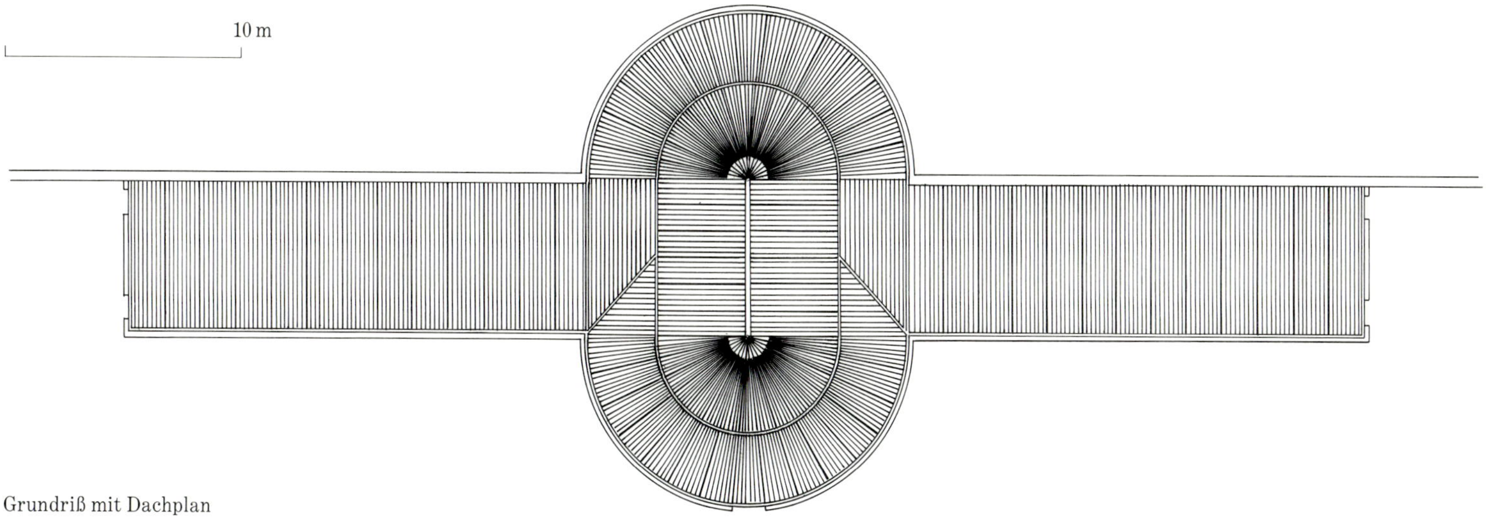


Grundriß mit Dachplan

Ansicht von Osten

Bei der von Thomas Young aus Edinburgh gelieferten Eisenkonstruktion fällt ebenso wie bei Turners Seitenflügeln der Verzicht auf klassische Dekorationsformen auf. Vor allem in den Flügelbauten springen die pflanzlichen Formen der Stützen und der Konsolen mit ihren aus Eisenbändern gerollten Ranken ins Auge. Die Formen wirken unakademisch, da sie direkt aus dem handwerklichen Prozeß abgeleitet sind.

Schmiedeeiserne Konsole in einem der Seitenflügel

Fassadendetail des Mittelpavillons

Blick in den Mittelpavillon vom Eingang

**Palmenhaus im Königlichen Botanischen Garten Kew, London, 1844–48**

Entwurf: Decimus Burton und Richard Turner

Kew, westlich von London an der Themse gelegen, besitzt seit mehr als 200 Jahren Weltruf wegen seiner Gärten. Die heutigen Kew Gardens bestanden ursprünglich aus zwei getrennten Landsitzen, die der königlichen Familie gehörten. Der eine war Richmond Lodge, der andere Kew. In Kew wurde 1759 von der verwitweten Prinzessin Augusta, Mutter des späteren Königs George III., ein mehr als 3 Hektar großer botanischer Garten angelegt. Gleichzeitig begann William Chambers mit der Umwandlung des Besitzes in einen landschaftlich gestalteten Park, der bald in ganz Europa als Prototyp des »anglo-chinesischen« Gartens galt: In der bukolischen Szenerie, in der Kühe und Schafe weideten, standen hier und da als wohlberechnete Überraschungseffekte nicht nur zahlreiche klassizistische Tempel und die noch heute weithin sichtbare Pagode, sondern auch längst verschwundene Bauten wie das »Haus des Konfuzius, eine »Alhambra« und eine »Moschee«.[170] George III. erbte Richmond und Kew und vereinte beide zu einem großen Park. Unter der Leitung des prominenten Naturwissenschaftlers Sir Joseph Banks gelangten die Gärten zu erster großer Bedeutung. Banks hatte unter anderem an Cooks erster Weltumseglung teilgenommen und Hunderte bislang unbekannter Pflanzenarten mit nach England gebracht. Von nun an gingen von Kew aus regelmäßig botanische Expeditionen in alle Erdteile. 1841 wurden die Gärten unter staatliche Verwaltung gestellt. Nach einer längeren Periode der Stagnation nahm der botanische Garten jetzt erneuten Aufschwung. Sein neuer Direktor, Sir William Hooker, begann mit dem systematischen Ausbau der wissenschaftlichen Institution: Es entstanden neue Pflanzenhäuser und Neubauten für Bibliothek und Museum. Der erste spektakuläre Neubau war das zum Jahresanfang 1848 eröffnete Palmenhaus.[171]

Während die meisten zeitgenössischen Quellen den Entwurf des Palmenhauses dem Architekten Decimus Burton zuschrieben und den Ingenieur Richard Turner nur als Hersteller nannten, hat sich inzwischen die Ansicht durchgesetzt, daß Turner den entscheidenderen Anteil am Entwurf hatte. Richard Turner besaß bereits seit einem guten Jahrzehnt Erfahrungen in der Planung und Vorfertigung eiserner Gewächshäuser. Bevor er die Seitenflügel des Gewächshauses im botanischen Garten von Belfast gebaut hatte (1839/40), waren bereits in verschiedenen privaten Gärten Nordirlands Gewächshäuser nach seinen Entwürfen entstanden. Burton hatte 1844 Sir William Hooker erste Entwürfe für das Palmenhaus vorgelegt, die dieser jedoch wegen der Verwendung zu vieler Säulen ablehnte. Im Januar 1844 hielt sich

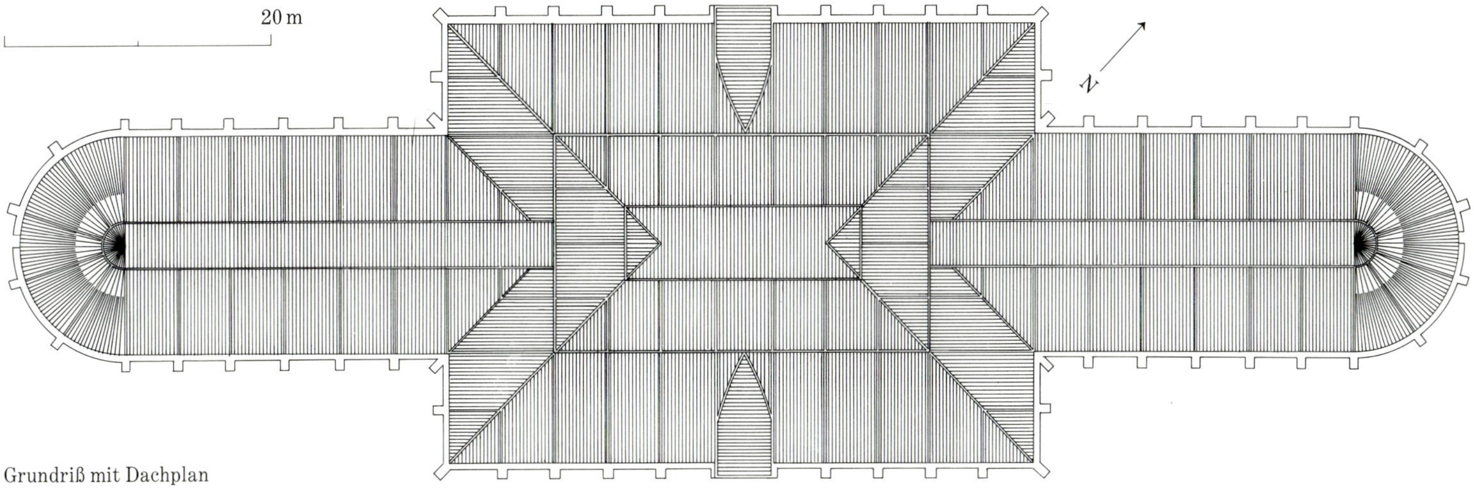


Grundriß mit Dachplan

Ansicht von Osten

Turner in London auf, um ein Modell für den Wintergarten der Royal Botanic Society im Regent's Park vorzustellen. Turner erfuhr von dem für Kew geplanten Palmenhaus und traf sich mit Hooker, den er sehr schnell von seinen Fähigkeiten überzeugte. Er lieferte einen Alternativentwurf und wurde dann Burton vorgestellt. Der endgültige Bauplan entstand aus der nun folgenden Zusammenarbeit der beiden. Bereits am 23. Mai konnte Turner den Vertrag über den Bau des Palmenhauses abschließen.[172]

Die knapp 110 Meter lange Konstruktion aus Guß- und Schmiedeeisen sitzt auf einem 1 Meter hohen Steinsockel, in dem sich die unteren Lüftungsklappen befinden. Zur oberen Entlüftung dienen Kippfenster in der Laterne. Die Wärmezufuhr erfolgte durch eine unterirdische Heizanlage. Diese Anlage bestand aus zwölf Kesseln, die die unter dem Fußboden verlegten Heizrohre mit heißem Wasser versorgten. Der Boden selbst besteht aus gußeisernen Rosten, die über den Rohren verlegt wurden. Selbst bei einer Außentemperatur unter dem Gefrierpunkt konnte im Inneren des Palmenhauses eine Temperatur von 27° Celsius aufrechterhalten werden. Da man die äußere Erscheinung des Baus nicht durch Schornsteine beeinträchtigen wollte, wurde ein 130 Meter langer unterirdischer Tunnel angelegt, der zu einem Schornstein in der Form eines italienischen Campanile führt. Nach dem Vorbild von Paxtons großem Pflanzenhaus in Chatsworth enthielt der Tunnel nicht nur den Rauchabzug, sondern auch eine Schienenbahn für den Transport des Brennstoffs. Der Campanile diente gleichzeitig als Wasserturm für die Beregnungsanlage des Gewächshauses.

Der für die großen Palmen vorgesehene 20 Meter hohe Mittelbau enthält auf halber Höhe eine umlaufende Galerie, die über zwei Wendeltreppen zu erreichen ist. Die Dachträger bestehen aus gebogenen Profilen, die einen Abstand von 3,75 Meter zueinander haben. Sie werden horizontal durch von Turner entwickelten Spannstangen versteift. Diese liegen in Rohren, die als Distanzstücke zwischen den Rippen dienen.

Die gesamte Dachfläche war ursprünglich grün verglast. Die Verglasung einer so riesigen Oberfläche war vergleichsweise preiswert geworden, da 1845 die Besteuerung von Fensterglas aufgehoben worden war. Die Gesamtkosten ohne Aushebungen und Tunnel betrugen 30 000 Pfund. Sämtliche Eisenteile der Konstruktion wurden von Turners eigener Firma, den Hammersmith Iron Works in Dublin, hergestellt.

Das in den fünfziger Jahren erstmals restaurierte Bauwerk wurde 1985 völlig leergeräumt, da eine erneute Restaurierung notwendig geworden war.

Der Wunsch nach einer endgültigen Lösung des Erhaltungsproblems hat jedoch dazu verführt, den Bau weitgehend als originalgetreue Replik aus Edelstahl wiederzuerrichten.

Innenansicht des Südflügels

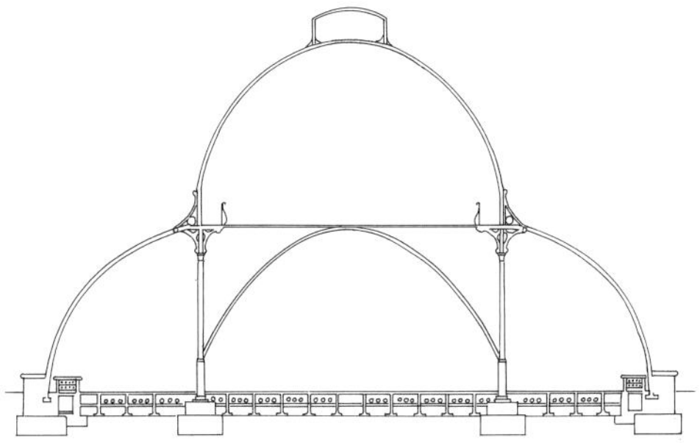

Querschnitt

Schräganansicht von Südwesten

Gußeiserne Stütze mit Konsolen unter der Galerie des Mittelbaus

Über eine Wendeltreppe gelangt man zur Galerie

Innenansicht des Mittelbaus
Im Vordergrund das palmettenverzierte Geländer
der Galerie

Innenansicht
Blick in die südliche Längsrichtung. Die Aufnahme entstand 1985, bevor das Palmenhaus zur Restaurierung leergeräumt wurde

**Temperiertes Gewächshaus im Königlichen Botanischen Garten Kew, London, 1860–97**
Entwurf: Decimus Burton

Das Temperate House liegt südlich des Palmenhauses auf einer etwa 1 Meter hohen Terrasse. Mit dem Bau dieses zweiten großen Hauses wurde 1860 auf Drängen Sir William Hookers begonnen, nachdem die Sammlung chilenischer, mexikanischer, australischer und anderer Pflanzen aus gemäßigten Zonen durch ihre jahrelange behelfsmäßige Unterbringung bereits Schaden genommen hatte. Decimus Burton lieferte, dieses Mal ohne Turners Mitarbeit, die Entwürfe. Die Baufirma W. Cubitt & Co. machte das niedrigste Angebot und erhielt den Auftrag zur Ausführung.[173]
1862 waren der etwa 65 Meter lange Mittelbau und die zwei angrenzenden achteckigen Pavillons, unter denen sich die Kessel der Warmwasserheizung befanden, fertiggestellt. Die Kosten betrugen 29 000 Pfund. Der Weiterbau wurde um mehr als 30 Jahre hinausgezögert, bis endlich, auf Betreiben von Joseph Chambers, des Staatsekretärs für die Kolonien, 1894 der Bau der äußeren Flügel begonnen wurde. Den Auftrag erhielten die Gewächshaushersteller Mackenzie & Moncur aus Edinburgh.
Die Dimensionen der neuen Bauten übertrafen die aller bis zu diesem Zeitpunkt errichteten Gewächshäuser. Mit einer Gesamtfläche von 4400 Quadratmeter war das Temperate House doppelt so groß wie das Palmenhaus und mehr als dreimal so groß wie Paxtons

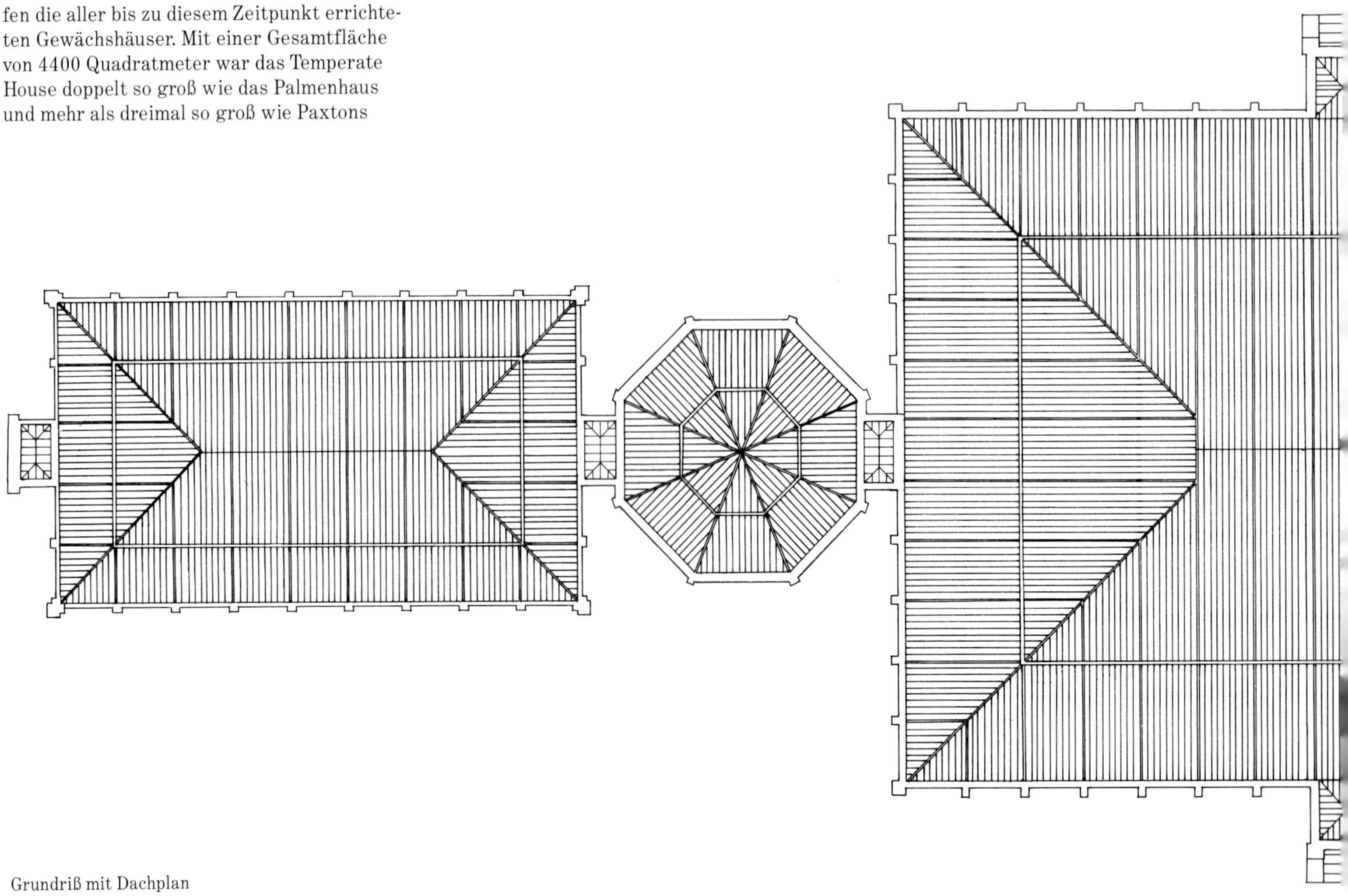

Grundriß mit Dachplan

Luftaufnahme von Süden

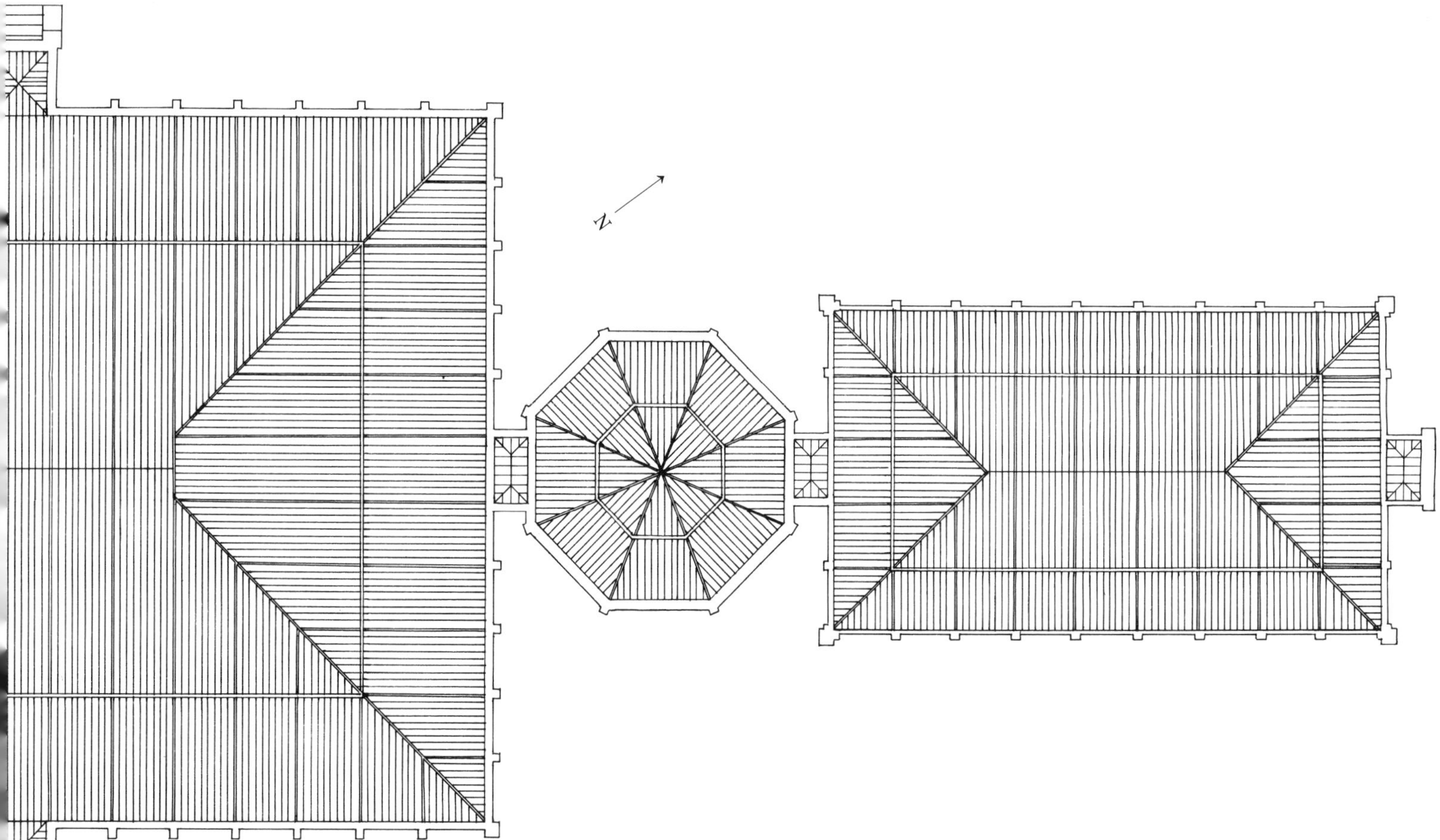

Pflanzenhaus in Chatsworth. Der Vergleich des Temperate House mit dem mehr als zehn Jahre früher fertiggestellten Palmenhaus verdeutlicht die unterschiedlichen Auffassungen von Architekt und Ingenieur. Im Unterschied zum Palmenhaus, dessen Entwurf allein aus den Möglichkeiten der Eisenkonstruktion abgeleitet war und damit völlig auf Elemente herkömmlicher Repräsentationsarchitektur verzichtete, ist das Temperate House ein Gewächshaus von deutlich »architektonischem« Charakter. Dach und Wand sind nicht eins wie beim Palmenhaus, sondern sichtbar voneinander getrennt. Die gemauerte Fassade wird durch reich mit Stuck verzierte Pilaster gegliedert, zwischen denen große Fenster sitzen. Der Haupteingang wird durch einen mit Vasen und Figuren gekrönten Portikus betont. Über dem gemauerten Untergeschoß erhebt sich in zwei Stufen ein riesiges Zeltdach mit ebenen Flächen. Da das Temperate House »vorzugsweise zur Aufnahme von solchen Gewächsen dient, welche im Sommer bei uns im Freien gedeihen, im Winter aber zu ihrer Erhaltung einer größeren Wärme bedürfen, so ist eine Anordnung gewählt worden, welche im Sommer so vollständige Lüftung des Raumes zuläßt, daß ein Hinausschaffen der Pflanzen ins Freie gar nicht notwendig wird. Es ist daher statt der gekrümmten eine gerade Dachfläche angeordnet, und darauf Bedacht genommen, daß etwa ein Drittel der gesamten Dachfläche, sowie die senkrechten Glaswände mittels leicht zu handhabender Zug- bzw. Roll-Vorrichtungen je nach Bedarf geöffnet werden können.«[174] Der Ingenieur der Firma Cubitt hatte eine Vorrichtung entwickelt, mit deren Hilfe die Fenster der drei oberen Längsfelder des Dachs auf das unterste Feld geschoben werden konnten. Dieser Mechanismus wurde über Kurbeln und Zahnstangen von der innen umlaufenden Galerie bedient.
Der ältere Teil des Gebäudes war ursprünglich grün verglast. Später mußte man das grüne Glas durch weißes austauschen, da die Pflanzen nicht genügend Licht erhielten. Burtons Temperate House wurde nach einer umfangreichen Restaurierung 1982 wieder für die Besucher von Kew Gardens geöffnet.

Ansicht von Osten

Schmalseite eines der äußeren Pavillons

Innenansicht des mittleren Pavillons mit
Wendeltreppe zur Galerie

**Palmenhaus im Botanischen Garten**
**Kopenhagen, 1872–74**
Entwurf: Tyge Rothe

Die Universität von Kopenhagen besaß zwar bereits seit 1600 einen botanischen Garten, die heutige Anlage wurde jedoch erst 1871–1874 auf einem zur ehemaligen Stadtbefestigung gehörenden Grundstück angelegt. Die dort vorhandenen Wälle, Gräben und Glacis wurden für die abwechslungsreiche Gestaltung der Topographie genutzt. Das Palmenhaus liegt auf einer leichten Anhöhe und ist nach Südosten orientiert. Unterhalb lehnen sich einfache Treibhäuser an die Mauer der Terrasse an. Bis auf die aus massivem Mauerwerk errichtete Rückseite, in der sich Arbeits- und Abstellräume befinden, besteht das gesamte Gebäude nur aus Glas und Eisen. Der Bau untergliedert sich in einen erhöhten Mittelpavillon, Seitenflügel und Eckpavillons, die zugleich voneinander getrennte Klimazonen bilden. Den Mittelpavillon, das eigentliche Palmenhaus, sowie den rechts anschließenden Flügel hatte man als Warmhäuser eingerichtet. Der links anschließende Flügel beherbergte Pflanzen aus gemäßigten Zonen, während die äußeren Pavillons als Kalthäuser dienten. Der aus den Formen von Zylinder und Kegel zusammengesetzte Mittelbau erhebt sich in zwei Stufen über einer Grundfläche von 30 Meter Durchmesser. Ein innerer Ring von 18 gußeisernen Säulen, die untereinander durch Bögen verbunden sind, trägt eine durch zwei Wendeltreppen erreichbare Galerie, über der sich das Kegeldach mit der kleinen Laterne erhebt. Die aus Basis, Schaft und korinthischem Kapitell zusammengesetzten Säulen stehen auf achteckigen, gußeisernen Postamenten, mit denen sie sichtbar verschraubt sind: Klassische Form und technisches Detail wirken wie gleichwertige Schmuckformen. Ursprünglich war die Eisenkonstruktion des gesamten Hauses beidseitig durch die hölzernen Rahmen der doppelten Verglasung verkleidet. Diese Form der Verglasung verhinderte die von Gärtnern gefürchtete Bildung von Schwitzwasser auf den Eisenteilen, gleichzeitig aber auch deren Korrosion. Die hölzernen Rahmen wurden inzwischen durch Aluminiumprofile ersetzt. Den Bau des Palmenhauses hatte der reiche Bierbrauer Johann Carl Jacobsen finanziell unterstützt. Jacobsen hatte offenbar eine Vorliebe für Pflanzenhäuser und Wintergärten. Er ließ nicht nur einen Wintergarten an seine Villa anfügen, sondern ließ auch in der von ihm gestifteten und von Vilhelm Dahlerup entworfenen Ny Carlsberg Glyptotek (1904–06), die seine Kunstsammlungen enthielt, einen großen Wintergarten einrichten. Möglicherweise war Carlsberg auch am Entwurf des Kopenhagener Palmenhauses beteiligt.[175]

Grundriß des Obergeschosses

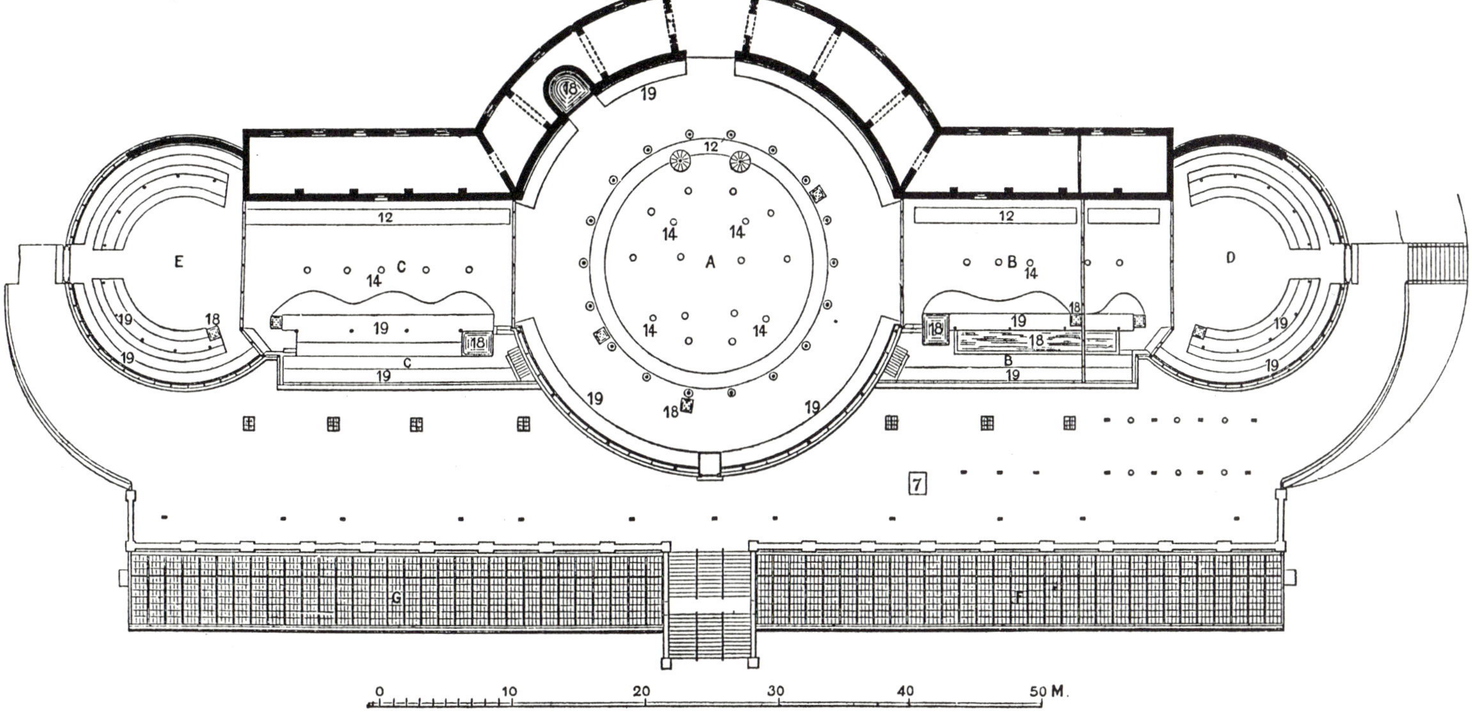


Ansicht der Südseite

**Kibble Palace, Botanischer Garten Glasgow, 1872**

Entwurf: John Kibble

Glasgows botanischer Garten wurde 1817 gegründet. Einer seiner ersten Direktoren war Sir William Hooker, der später die Leitung des botanischen Gartens in Kew übernahm. Nachdem Hooker 1841 Glasgow verlassen hatte, wurde der Garten an seine heutige Stelle in Kelvinside verlegt. Der Garten war zu Anfang lediglich für die zahlenden Mitglieder der Königlichen Botanischen Gesellschaft geöffnet. Das allgemeine Publikum erhielt nur samstags für ein Eintrittsgeld von einem Shilling Zutritt. An bestimmten Tagen war der Garten auch den »arbeitenden Klassen« geöffnet; für sie betrug der Eintritt einen Penny.
Das große Gewächshaus gehörte ursprünglich John Kibble, dem Sohn eines reichen Glasgower Händlers. Kibble, ein vielseitig begabter Exzentriker, konnte es sich dank seines Vermögens erlauben, den unterschiedlichsten Interessen nachzugehen. Er betätigte sich als Botaniker, Ingenieur und Photograph.
Er ließ sich die vermutlich größte Kamera des 19. Jahrhunderts bauen. Sie hatte ein Aufnahmeformat von 44 x 36 Inches und war auf einem von Pferden gezogenen Wagen montiert. Kibble machte mit ihr Landschaftsaufnahmen, die großes Aufsehen erregten und ihm 1851 auf der Weltausstellung eine Goldmedaille einbrachten.
Der spätere Kibble Palace stand ursprünglich auf dem Grundstück von Kibbles Haus in Coulport, am Ufer des Loch Long. Kibble hatte ihn um 1865 nach eigenen Entwürfen als Wintergarten bauen lassen. Ein zeitgenössischer Bericht beschrieb ihn folgendermaßen: »Den kleinen Kuppelraum verlassend, gelangen wir in einen großen runden Raum, der das Bild aufs angemessenste vervollständigt. Die gewölbte Glaskuppel wird von 12 Säulen gestützt und ruht auf einer kreisförmigen, im maurischen Stil durchbrochenen Basis. Das Innere ist ganz in Gold und Weiß gehalten. Wir finden hier ein drittes kreisförmiges Bassin, in dessen Mitte sich eine romantische Felseninsel befindet, auf der Modelle der berühmtesten griechischen und römischen Ruinen stehen. Zwei oder drei Modellschiffe liegen in den Häfen der Insel ruhig vor Anker, und man kann auch einen Dampfschlepper ... sehen, der ein anderes Schiff in den Hafen oder im Kreis herum zieht. Entlang den Wänden stehen 50 lebensgroße Statuen nach großen Meistern: die Laokoon-Gruppe, der Apollo Belvedere, Diana, Perseus mit dem Kopf der Medusa, die Venus von Medici, der griechische Sklave, Gibsons bemalte Venus, Thorwaldsens Eva, Canovas Drei Grazien, Andromeda, usw., usw., die alle lebens- oder überlebensgroß zwischen Büschen und Blumen aus allen Teilen der Erde stehen.«[176]

Vorderansicht
Unter dem Ansatz des Glasdachs befinden sich die Belüftungsklappen. Die Entlüftung erfolgt über den laternenartigen Aufsatz auf dem First

Dachplan und Aufriß

Folgende Doppelseite:
Innenansicht der großen Kuppel

Innenansicht der großen Kuppel

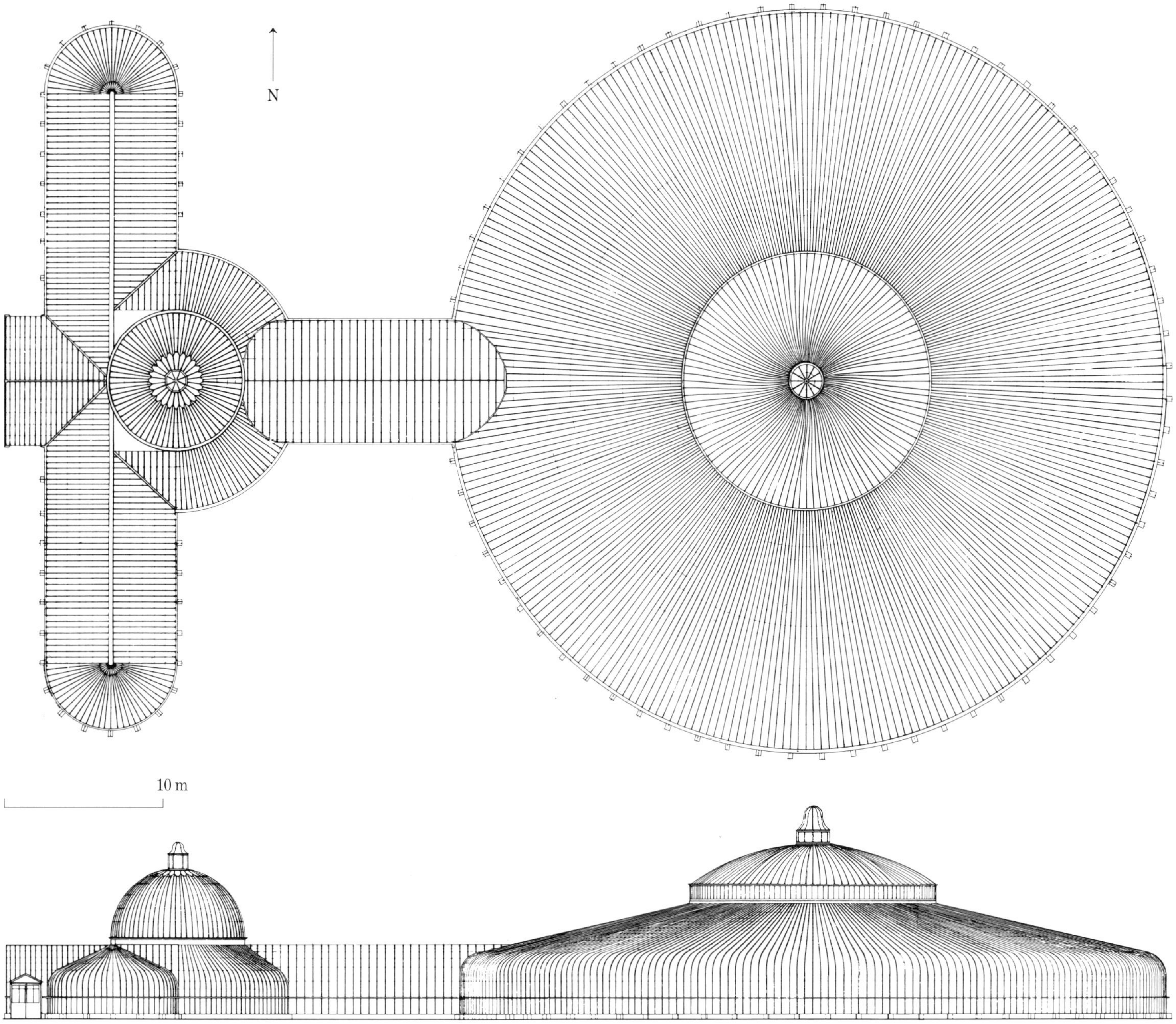
N
10 m

1871 bot Kibble der Stadtverwaltung von Glasgow seinen Wintergarten zur öffentlichen Nutzung an. Im Mai des folgenden Jahres wurde der Bau aus Eisen und Glas demontiert und auf dem Wasserweg nach Glasgow geschafft. Der Vertrag mit der Botanischen Gesellschaft räumte Kibble für 21 Jahre alle Nutzungsrechte ein. Danach sollte der Bau in den Besitz des botanischen Gartens übergehen.
Kibble, der sich seinerseits dazu verpflichtet hatte, seinen Wintergarten zu vergrößern, beabsichtigte, in ihm Konzerte und Kunstausstellungen zu veranstalten. Der 1873 als Crystal Art Palace neu eröffnete Bau hatte zusätzlich zwei Flügel erhalten, die sich rechts und links des Eingangs an den kleineren Kuppelraum anschließen. Auch der Durchmesser der Hauptkuppel war auf etwa 44 Meter vergrößert worden, so daß Benjamin Disraeli seine Antrittsrede als Rektor der Universität hier vor 4000 Zuhörern abhalten konnte.
In den folgenden Jahren entwickelte sich der Crystal Art Palace mit seinem abwechslungsreichen Veranstaltungsprogramm zu einem beliebten Treffpunkt der Mittelklassen. Bereits 1881, noch vor Ablauf des Vertrages, war der botanische Garten jedoch in der Lage, den Bau von Kibble zu kaufen und in einen Wintergarten zurückzuverwandeln.
Ein in der *Zeitschrift für Bauwesen* erschienener Bericht beschrieb den Raum unter der großen Glaskuppel: »Ein zweites, größeres aber weniger tiefes Becken befindet sich in der Mitte des Zentralbaus und dient zur Aufnahme der großen Farne, welche aus einem künstlich aufgebauten Felsen hervorzuwachsen scheinen, während die beiden ringförmigen Beete kleinere Farne und auch andere Pflanzen aufzunehmen bestimmt sind. Ein innerer Kranz von zwölf hohen, anscheinend nur sehr dünnen Säulen trägt den höher geführten Mittelteil des Zentralbaus, während ein äußerer Kranz von der doppelten Anzahl Säulen den niedrigeren ringförmigen Teil des großen Daches unterstützt. Das Gebäude ruht auf einem 40 cm hohen Sandsteinsockel, auf welchen sich die gebogenen, aus Flacheisen bestehenden Binderrippen aufsetzen ... Sämtliche Felder in den senkrechten Wänden sind um eine Mittelachse drehbar, um eine tunlichst reichliche Luftzuführung zu ermöglichen. Die Ausführung der Luft erfolgt durch in den Firsten angeordnete Klappen.«[177]
Bemerkenswert an Kibbles Entwurf ist die extreme Reduzierung der tragenden Konstruktion. Das gläserne Dach liegt nur auf den von Säulen gestützten ringförmigen Balken und wird nicht von zusätzlichen Bindern getragen. Die dünnen schmiedeeisernen Sprossen liegen mit den Glasscheiben in einer Ebene und bilden eine selbstragende, in sich steife Dachhaut. Wie sich an den schraubenförmigen Verdrehungen der strahlenförmig vom Mittelpunkt ausgehenden Sprossen erkennen läßt, genügten die Glasscheiben jedoch nicht zur völligen seitlichen Aussteifung.

An der Baugeschichte des Kibble Palace erweisen sich die Vorteile eines auf normierten, vorgefertigten Elementen beruhenden Entwurfs: Ein solcher Bau konnte beliebig oft auf- und abgebaut, versetzt oder erweitert werden. Ob Kibble die Elemente seines Konstruktionssystems nach eigenen Entwürfen hatte anfertigen lassen, ist nicht bekannt. Auf dem britischen Markt boten bereits zahlreiche Eisengießereien vorgefertigte Bauteile in den verschiedensten Abmessungen und Dekors an. Die spiralförmig kannelierten Säulen mit ihren reich durchbrochenen Konsolen hätte Kibble vermutlich im großen Sortiment der Glasgower Eisengießerei Walter MacFarlane finden können (vgl. S. 32).

Seitenansicht der großen Kuppel

Gußeiserne Stütze mit Konsolen in der
großen Kuppel

Innenansicht der großen Kuppel
Gußeiserne Stützen waren in den unterschiedlichsten Formen und Abmessungen als vorgefertigte Bauteile im Handel

## Gewächshäuser im Park von Schloß Laeken, Brüssel, 1874–94

Entwurf: Alphonse Balat, Henri Maquet

Innenansicht
In Blickrichtung schließt der Verbindungskorridor zum Kongohaus an

»Die etwa 4 km nördlich von Brüssel gelegene Vorstadt Laeken, zugleich die Sommerresidenz des Königs, enthält in dem ausgedehnten Schloßpark neben manchen älteren und neueren Gewächshäusern einen erst vor wenigen Jahren vollendeten großartigen Wintergarten, wie er kaum seines Gleichen finden dürfte. Auf einem Kranz von 36 dorischen Säulen erhebt sich eine in Eisen hergestellte und mit Glas eingedeckte Kuppel von 36 m Durchmesser. Der Mittelbau, in welchem die besten hochstämmigen Palmen Platz gefunden haben, wird von einem ringförmigen, in Eisen und Glas gebauten, mit gekrümmtem Pultdach versehenen Gewächshaus von 10 m Spannweite umschlossen, welches wiederum mit zwei rechteckigen, in einer Achse liegenden Flügelbauten verbunden ist. Der eine dieser Flügel schließt sich an das alte Orangeriegebäude an.«[178]

In den Gewächshäusern, die sich Leopold II. im Park seines Sommersitzes bauen ließ, scheinen die Utopien von John Claudius Loudon wahr geworden zu sein. Loudon hatte bereits im frühen 19. Jahrhundert die Möglichkeit vorausgesehen, einen ganzen Landsitz mit einer Klimahülle aus Eisen und Glas zu versehen. Der oben beschriebene Wintergarten ist Teil eines Labyrinths gläserner Bauten, die zusammengenommen eine Grundfläche von gut 15 000 Quadratmetern haben. Die durch Korridore miteinander verbundenen Gewächshäuser und Wintergärten, die einen durchgehenden Innenraum von 1,6 Kilometer Länge bilden, ermöglichen stundenlange Spaziergänge durch eine immergrüne tropische Pflanzenwelt, ohne daß man nur ein einziges Mal ins Freie müßte.

Leopold II. hatte einige Jahre mit Reisen durch Indien, China, Ägypten und Nordafrika verbracht, bevor er 1865 seinem Vater auf den Thron folgte. Der junge König, dem zunächst daran lag, durch Ankauf angrenzender Grundstücke seinen Park zu vergrößern, entwickelte bald territoriale Ansprüche ganz anderer Art. Stanleys Forschungsreisen ins Kongogebiet brachten ihn auf die Idee, das an Naturprodukten und Bodenschätzen reiche Land zu kolonisieren. Das von ihm 1878 gegründete Comité d'Etudes du Haut Congo hatte trotz allen wissenschaftlichen Anscheins vor allem die Aufgabe, die Infrastruktur für die wirtschaftliche Ausbeutung des Kongos zu schaffen. Bei all diesen Aktivitäten handelte Leopold jedoch nicht im Auftrag des belgischen Staats, sondern nur im eigenen Interesse. Auf der Berliner Kongokonferenz 1884/85 wurden Leopolds Gebietsansprüche von den konkurrierenden Kolonialmächten anerkannt. Als »Freistaat Kongo« ging das afrikanische Land damit offiziell in Leopolds privaten Besitz über. Die wachsende öffentliche Kritik an den Geschäften des Königs

Blick in die Dachkonstruktion

Der Wintergarten während der Erbauung, 1875

und an der Rücksichtslosigkeit der Kolonialverwaltung führten 1908 – gegen Leopolds Willen – zur Verstaatlichung der Kolonie, die von nun an »Belgisch-Kongo« hieß. Leopold starb ein Jahr später im »Palmen-Pavillon«, einem Annex des 1885 erbauten Palmenhauses. Die Profite aus seinen kolonialen Geschäften hatten ihm zu dem Reichtum verholfen, der Voraussetzung seiner exzentrischen Bauprojekte war.

Beginnt man einen Rundgang in der Orangerie, gelangt man zuerst in den Wintergarten. Nimmt man von hier nicht den Weg nach links durch das Kamelienhaus, sondern geht weiter geradeaus, so kommt man zum Kongohaus, das zum Gedenken an die Gründung des »Freistaats Kongo« errichtet wurde. Von hier führt eine weiße Steintreppe hinunter zu einem Embarcadère genannten Bau, der mit Statuen und großen Vasen dekoriert ist. Hier fuhren die Kutschen der Gäste vor, wenn der König empfing. Das nächste Gewächshaus ist das auf einer Anhöhe gelegene Dianahaus. Der Weg dorthin führt zunächst durch einen glasgedeckten unterirdischen Gang, der in einem Tunnel endet. Die Rückwand dieses Tunnels ist verspiegelt und täuscht eine Verdoppelung des Wegs vor. Zur rechten Seite des Spiegels gelangt man über eine Treppe wieder an die Oberfläche, in den Pavillon Narcisse, von dort schließlich durch einen etwa 80 Meter langen Glaskorridor den Hang hinauf zum Dianahaus. Es folgen ein Rhododendronhaus, eine Gruppe kleinerer Treibhäuser und einige dem Publikum nicht zugängliche Bauten, die alle auf der Anhöhe (Plateau des Palmiers) über dem Wintergarten liegen. Zu den letztgenannten Bauten gehört ein großes Palmenhaus und die Eglise de fer, ebenfalls ein Bau aus Eisen und Glas, vor dessen tropischer Vegetation einst Gottesdienste abgehalten wurden.

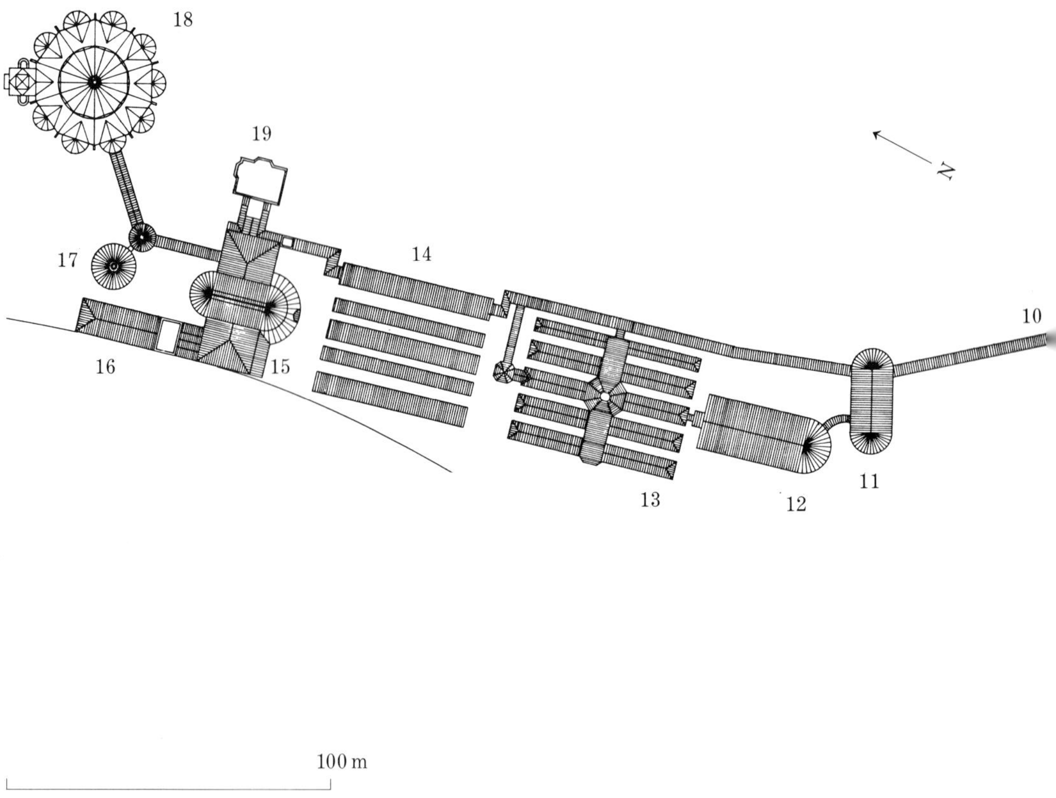

Lageplan

1 Orangerie (ca.1817–19) mit Speisesaal (a), Theater (b), Gewächshaus (c)
2 Minarette
3 Wintergarten mit Verbindungskorridoren (1874–76)
4 Kongohaus (1886)
5 Embarcadère
6 Glasgedeckter unterirdischer Gang
7 Kamelienhaus (Henri Maquet, 1902)
8 Verbindungskorridor
9 Pavillon Narcisse (Spiegel-Gewächshaus)
10 Überdachte Treppe
11 Dianahaus (1886)
12 Rhododendronhaus
13 Treibhäuser auf dem Plateau des Palmiers
14 Azaleenhaus
15 Palmenhaus (1892–94)
16 Débarcadère (Ausgang)
17 Sakristei
18 Eglise de fer (1892–94)
19 Palmen-Pavillon

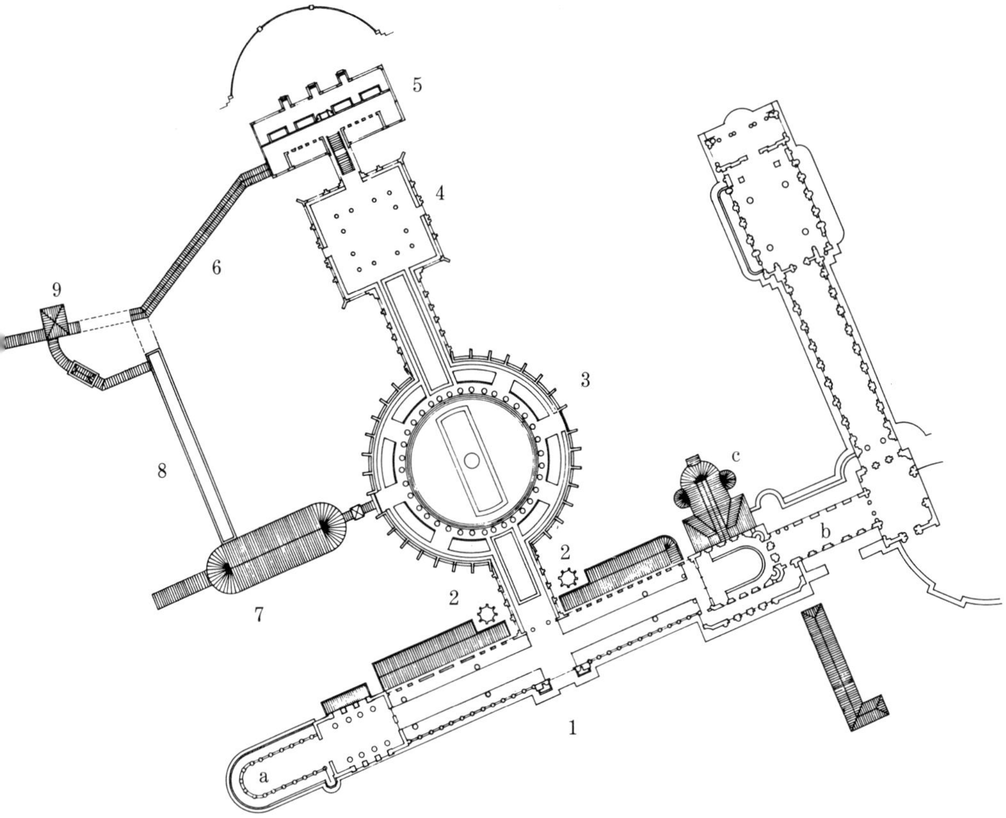


Panorama der Glashäuser
Von links nach rechts: Embarcadère, Kongohaus, Verbindungskorridor, Wintergarten, Kamelienhaus

Architektonischer Höhepunkt des gesamten Komplexes ist der 1874–76 nach Entwürfen von Alphonse Balat erbaute Wintergarten. Balat, Lehrer von Victor Horta, war der meistbeschäftigte Architekt des belgischen Staats. Von ihm stammt das Palais des Beaux-Arts sowie ein großer Teil der klassizistischen Verwaltungsbauten in der belgischen Hauptstadt. Ein von ihm entworfenes kleines Wasserpflanzenhaus steht heute im Botanischen Garten in Meise. Der Wintergarten ist ein riesiger Rundbau mit einem Durchmesser von 60 Metern und einer Höhe von 30 Metern. Die Eisenkonstruktion der Kuppel ruht auf einem von Säulen getragenen Ring aus Sandstein. Von einem niedrigen Sockel aus spannt sich außerhalb des Rings ein gekrümmtes Glasdach bis zum Ansatz der Kuppel. Dieses Dach ist an außenliegende, verzierte Fachwerkbinder gehängt, deren oberes Profil in einer durchgehenden Linie bis unter das Oberlicht läuft. Oberhalb der senkrechten Fensterreihe des Tambours laufen diese Träger unter der Glashaut. Unterhalb der Laterne werden sie von einem zwölfeckigen Kranz zusammengefaßt. Die vor der Rotunde stehenden eisernen Minarette sind die Schornsteine der Heizanlage. Wie schon bei dem zum Palmenhaus in Kew gehörigen Campanile verschleierte man auch hier die Funktion des Schornsteins. So störte nichts die Illusion, die für Leopold, der sich vor der kritischen Öffentlichkeit in die exotische Kunstwelt seiner Glashäuser zurückgezogen hatte, die letzte »Entschädigung für die Anforderungen der Realität« war.[179]

Vom Embarcadère führt ein unter Bodenniveau liegender glasgedeckter Gang zum Pavillon Narcisse. Von dort gelangt man durch einen gläsernen Korridor den Hang hinauf zum Dianahaus

Einer der gebogenen Fachwerkträger des Wintergartens auf einem Auflager aus Sandstein. Der Träger liegt außerhalb der ringförmigen Kolonnade, dort wo sich der Wintergarten mit dem Verbindungskorridor zum Kongohaus überschneidet

Innenansicht des Embarcadère

Innenansicht des Dianahauses

Verbindungskorridor zwischen Kongohaus und Embarcadère. Vor dem Ausgang des Embarcadère steht eine Nachbildung von Donatellos David

Innenansicht des Kamelienhauses

## Palmenhaus im Sefton Park, Liverpool, 1896

Entwurf und Ausführung:
Mackenzie & Moncur

Sefton Park, der größte öffentliche Park Liverpools, wurde 1872 eröffnet. Das Palmenhaus war ein Geschenk von Henry Yates Thompson, Sohn eines reichen Bankiers, an seine Heimatstadt. Nach dem Wunsch des Stifters sollte der Bau nicht nur öffentlicher Wintergarten, sondern auch »eine Art Walhalla« sein. Thompson ließ deshalb von verschiedenen Künstlern Statuen anfertigen.
An den acht Ecken des Baus stehen die Figuren berühmter Gartenkünstler, Botaniker und Entdecker, wie Le Nôtre, Linné, Cook und Columbus.
Der Bau aus Gußeisen, Stahl und Glas steht auf einem Sockel aus rotem Granit und ist über 20 Meter hoch. Hergestellt wurde er von der Firma Mackenzie & Moncur in Edinburgh. Die 1869 gegründete Firma war auf den Bau von Gewächshäusern und die Installation von Zentralheizungen spezialisiert. Alte Firmenkataloge enthalten Abbildungen von Gewächshäusern und Wintergärten für botanische Gärten und meist adlige Kunden, die in einer »List of Patrons« aufgeführt sind. Auch die beiden äußeren Flügel von Decimus Burtons Temperate House in Kew wurden von Mackenzie & Moncur hergestellt.
Das Innere des Palmenhauses mit seinen exotischen Pflanzen und weißen Marmorskulpturen ist unverändert erhalten und gibt ein gutes Beispiel für den Geschmack und die Sehnsüchte des ausgehenden Jahrhunderts. Die Statuen der großen Entdeckungsreisenden standen gleichsam für das Fernweh der Bewohner der Hafenstadt. Der Zentralbau mit seiner auf gußeisernen Stützen ruhenden Kuppel besteht aus einer begrenzten Anzahl vorgefertigter Elemente. Formale Motive wie die aus je drei Bögen bestehenden Wandelemente oder die Rosette über dem Eingang finden sich auch bei anderen von Mackenzie & Moncur hergestellten Wintergärten und kamen wie die Stützen und genieteten Fachwerkbinder der Tragkonstruktion vermutlich aus dem gleichen Baukastensystem.

Ansicht mit Statuen von Darwin und Linné

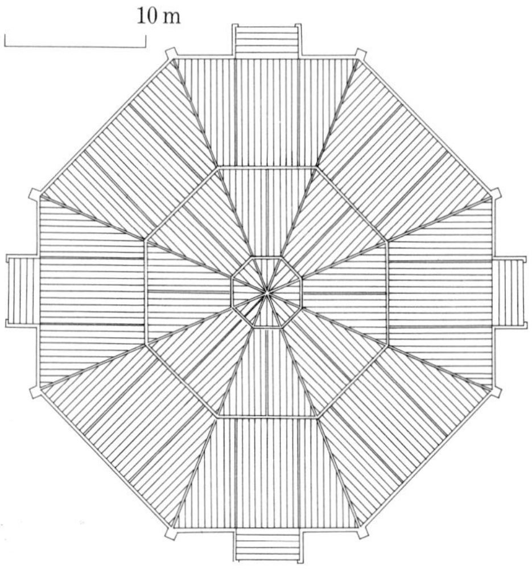


Dachplan

Blick in die Dachkonstruktion

Innenansicht des Palmenhauses im Sefton Park

## Palmenhaus im Park von Schloß Schönbrunn, Wien, 1880–82

Entwurf: Franz von Segenschmid

Das Palmenhaus im Park von Schloß Schönbrunn gehörte ursprünglich zu dem einstmals berühmten botanischen Garten, den Franz I. und Maria Theresia 1753 im Park ihres Sommersitzes gegründet hatten. Mit Hilfe holländischer Botaniker gelang es ihnen, innerhalb weniger Jahre eine bedeutende Pflanzensammlung aufzubauen. Franz sendete mehrmals Expeditionen in die Karibik, die nicht nur Pflanzen, sondern auch lebende Tiere für die kaiserliche Menagerie mitbrachten. Für die immer größer werdende Sammlung baute Adrian Steckhoven aus Leiden zahlreiche Gewächshäuser und Orangerien. Unter Joseph II., der Pflanzensammler auch nach Nordamerika schickte, wurde der botanische Garten weiter ausgebaut. Gegen Ende des 18. Jahrhunderts zählten die Gewächshäuser von Schönbrunn zu den größten Europas: »... sie sind die geräumigsten, die in Europa bisher erbaut worden sind; die Bäume der Tropen entwickeln ihre Zweige in voller Freiheit und tragen Blüten und Früchte. Die seltensten Palmen wie Cocos nucifera, Caryota urens, Elais guineensis gedeihen hier prächtig. Die Corypha umbraculifera erreicht mit ihren großen Blättern einen Durchmesser von 12 Fuß, und Vögel aus Afrika und Amerika fliegen zwischen den Bäumen ihrer Heimatländer von Ast zu Ast.«[180]
In seinen *Icones plantarum rariorum* (1781–93) und zwei weiteren Werken dokumentierte der ebenfalls aus Leiden stammende Nicolas Joseph Jacquin Schönbrunns Reichtum an seltenen Pflanzen.
Von den alten Glashäusern hat sich keines erhalten. Sie wurden in den 1880er Jahren des 19. Jahrhunderts durch das Palmenhaus und das kleinere Sonnenuhrhaus ersetzt.[181] Das 110 Meter lange Palmenhaus wurde 1880–82 nach einem Entwurf des Architekten Franz von Segenschmid von der Firma Ignaz Gridl, »k. k. Hof-Eisenconstructions-Werkstätte, Schlosserei und Brückenbauanstalt« erbaut. Die statische Berechnung der Konstruktion erstellte Sigmund Wagner, der Ingenieur der Firma Gridl.[182] Das aus erhöhtem Mittelbau und Seitenflügeln zusammengesetzte Palmenhaus erinnert in Grundriß und Umrißlinien an Richard Turners Palmenhaus in Kew. In Schönbrunn wurde jedoch größerer konstruktiver Aufwand getrieben: Das doppelte Glasdach hängt an außenliegenden, gebogenen Gitterträgern, die durch gerade Träger horizontal versteift werden. Während sich bei Turners Palmenhaus die Konstruktion in der immateriellen gläsernen Hülle nahezu auflöst, dominiert hier das Raster der Tragkonstruktion über die Transparenz. Segenschmid machte die Konstruktion zum eigentlichen Thema seines Entwurfs, indem er sie nach außen legte und zugleich ihren dekorativen Eigenwert betonte. Durch die in

Schrägansicht
Die Längsachse des Baus verläuft in nordsüdlicher Richtung

einer ununterbrochenen Kurve vom Sockel bis zur Kuppel verlaufenden Gitterträger erhält die schwere Konstruktion ihren seltsam fließenden Charakter.
1976 mußte das Palmenhaus aus Sicherheitsgründen für das Publikum geschlossen werden. Erst 10 Jahre später wurde eine umfassende Sanierung begonnen. Ein noch größeres Problem als die Korrosion tragender Teile stellte die Zweischaligkeit der alten Dachhaut dar: Die Verschmutzung und Schwitzwasserbildung zwischen den Gläsern hatte immer wieder zur Trübung des Dachs und zu Rostschäden an den Sprossen geführt. Lange Zeit war zu befürchten, daß man – wie in Berlin geschehen – das Palmenhaus mit großformatigen Acryltafeln eindecken würde.[183] Inzwischen hat man sich dazu entschieden, die alten Glasziegel durch zweischalige Elemente in gleicher Form und Größe zu ersetzen, um so nicht nur den filigranen Charakter des Bauwerks zu bewahren, sondern auch dem ursprünglichen Konzept möglichst nahezukommen.

Schrägansicht des Mittelbaus

## »Curhaus, Palmengarten und Sommertheater«, Augsburg, 1885/86

Entwurf: Jean Keller

Blick durch die Bühnenöffnung in den Zuschauerraum

»In reizender Gegend, drei Kilometer von der alten Kunststadt Augsburg liegt das liebliche Dorf Göggingen mit der renommierten Heilanstalt des Orthopäden Hessing. Dort prangt der reizende Garten, umgeben von stylvollen Gewächs- und Molkereigebäuden, von Restaurations-, Conversations- und Spielsälen, und in Mitten dieses trefflich arrangierten Etablissements das wintergartenartige, reich mit Palmen ausgestattete Curtheater.«[184]
Das Ungewöhnliche an dem in der *Wiener Bauindustrie-Zeitung* beschriebenen Bau war, daß sein »Zuschauerraum nicht nur als solcher, sondern auch als Wintergarten (Palmenhaus) angelegt ist. Dieser Palmengarten, ganz aus Stein, Eisen und Glas erbaut, hat eine Breite von 22 Metern bei einer Länge von 26 Metern und Höhe von 18 Metern und enthält in seinem Erdgeschosse einen vertieften Raum als Parquet für die Zuschauer, welcher von drei Seiten mit breiten Blumenbeeten geschmückt und mit exotischen Pflanzen umgeben ist. Erhöht über diesen Blumenbeeten befinden sich die Parterrelogen, welche ebenfalls in den Fonds mit Palmen etc. auf das reizendste bestellt sind. Von diesem Parterre aus mittels zweier zierlich durchbrochener, in Eisen hergestellter Treppen gelangt man zum I. Rang, welcher nur durch Blumenstände in einzelne Logen abgeteilt ist. Die an den Brüstungen (welche balkonartig in filigranem Eisenguß hergestellt sind) durchgehenden Eisensäulen tragen die in Stein gewölbte Decke, welche sich in Stichkappen gegen die das Ganze abschließende und krönende Kuppel anlehnen, die mit einem Oberlicht in farbigem Glase eingedeckt ist.«[185] Nicht nur das Oberlicht, auch die großen Rundbogenfenster über den Rängen sowie die Fenster in den Rängen und im Parkett gaben durch ihre farbige Verglasung »dem Ganzen einen brillanten und namentlich abends bei Beleuchtung einen feenhaften Anblick ... Der Gesamteindruck dieser Zuschauerräume mit seinen Palmen und farbigen Glasung ist faszinierend.«[186]
Ursprünglich Bestandteil eines nicht mehr vollständig erhaltenen Ensembles aus Klinik, »Logierhaus«, Kirche, Speisesälen und zahlreichen Nebengebäuden, das der erfolgreiche Orthopäde und Unternehmer Friedrich von Hessing mit dem Augsburger Architekten Jean Keller geschaffen hatte, erinnert das Kurhaustheater in seiner Konzeption an die in den Gründerjahren des Deutschen Reichs so beliebten Mehrzweckbauten, zu denen das Gesellschaftshaus im Frankfurter Palmengarten oder die Flora in Berlin-Charlottenburg zählen. War dort das Palmenhaus als transparenter Baukörper an die Rückseite eines massiven Kopfbaus angeschlossen, so tritt in Augsburg der Wintergarten nach außen nicht als Ingenieurbau in Erscheinung.

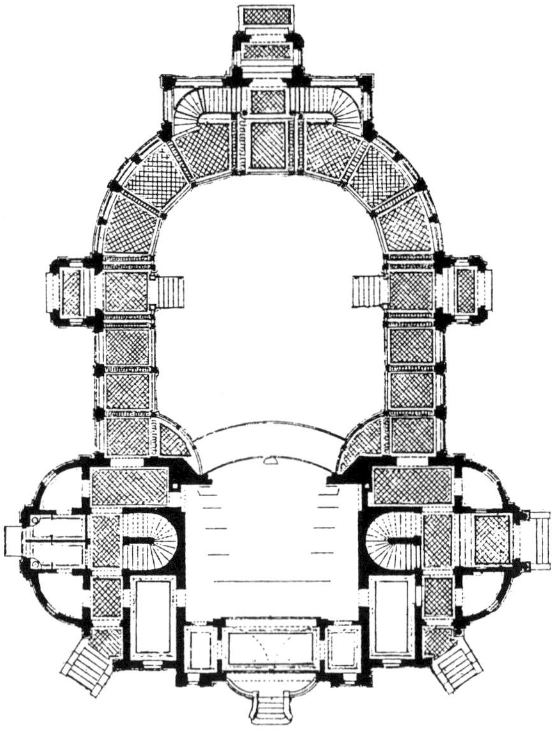

Grundriß

Blick in den mit Palmen geschmückten Zuschauerraum, Illustration aus einem Zeitungsbericht von 1886

Die ungewöhnliche Vermischung zweier Funktionen, die in allen anderen uns bekannten »Floren« und »Winterpalästen« voneinander getrennt sind, führte zu einem Bau, der im Sommer als Theater- und Konzertsaal diente, im Winter dagegen eher den Charakter eines mit Palmen und Bananenstauden dekorierten Kasinos annahm: Die in Reihen angeordneten Theatersitze wurden gegen eine lockere Kaffeehausmöblierung ausgetauscht.
Die Verbindung zweier im Grunde unvereinbarer Nutzungen führte zu einem Bauwerk, das weder eindeutig Theater noch eindeutig Wintergarten war. Die Gliederung des Gebäudes in Bühnenhaus und Zuschauerraum mit Parkett und umlaufenden Rängen entsprach zwar herkömmlichen Theatermodellen, die weitgehende Verglasung der Außenwände und die sichtbare Eisenarchitektur der Ränge mit ihren reichverzierten Säulen, Balustraden und Balkongittern jedoch suggerierten ein Palmenhaus. Als reines Pflanzenhaus hätte man das Gebäude jedoch kaum verwenden können: Bis auf ein Oberlicht war die gesamte Decke mit farbig bemaltem Stuck verschalt. Im Deckenbereich war auch die Eisenkonstruktion nicht zu sehen. Die jetzt sichtbaren, aus Stahlprofilen genieteten Fachwerkbinder waren ursprünglich unter den Gewölbeschalen verborgen. Das Bühnenhaus, das an seiner Rückseite »durch ein großes in Glasmosaik ausgeführtes Tor abgeschlossen« war, ließ sich ganz öffnen und bot dann einen »faszinierenden Ausblick über den Garten«.[187]
Das Kurhaustheater hatte wesentlich dazu beigetragen, der Hessingschen Anstalt jene Exklusivität zu verleihen, die von den großbürgerlichen und adligen Patienten, die aus aller Welt nach Göggingen kamen, erwartet wurde. Als dieses Publikum nach dem Ersten Weltkrieg ausblieb, wurde der Bau an wechselnde Nutzer verpachtet. Nach dem Zweiten Weltkrieg erlebte der Bau eine kurze Renaissance als Festsaal. Danach wurde er in ein Kino verwandelt. Unter den Einbauten der fünfziger Jahre geriet die historische Eisenkonstruktion in Vergessenheit. Der Abriß des Gebäudes war bereits beantragt, als ein Brand die Kinoeinbauten zerstörte und der alte Raum wieder zum Vorschein kam. Diesem glücklichen Zufall ist es zu verdanken, daß einer der wenigen in Deutschland noch existierenden Eisen-und-Glas-Bauten des 19. Jahrhunderts erhalten blieb. 1988 beschloß die Stadt Augsburg die Restaurierung des Kurhaustheaters.[188]

Innenansicht
Im Vordergrund die gußeisernen Stützen der Galerie

Blick von der Galerie zur Bühne

Die Eisenkonstruktion der Ränge

## Gewächshäuser im Parc de la Tête d'Or, Lyon, 1877–82

1857 wurde Lyons alter botanischer Garten in den neuangelegten Parc de la Tête d'Or am Rhôneufer verlegt. Im selben Jahr entstanden die ersten Gewächshäuser nach Entwürfen der Schweizer Architekten Denis und Eugène Buhler, die auch den Park im landschaftlichen englischen Stil geplant hatten. Ihre Bauten mußten jedoch schon 20 Jahre später ersetzt werden. In zwei Abschnitten entstand ein Ensemble aus fünf Gewächshäusern, die für unterschiedliche Temperaturen bestimmt waren. Das 21 Meter hohe Palmenhaus in der Mitte bildet mit den beiden angrenzenden Häusern einen durchgehenden Innenraum (1881/82). Jedes der drei Häuser setzt sich aus einem Hauptschiff mit spitzbogig gewölbtem Dach und zwei Nebenschiffen zusammen. Nur aus einer einfachen Kuppel bestehen die früher entstandenen Bauten, die das Ensemble links und rechts flankieren: das kleine Palmenhaus (1877) und das Kamelienhaus (1879). Leider wurde 1972 das große Palmenhaus in der Mitte durch einen Neubau ersetzt, der das fragile Vorbild mit überdimensionierten Profilen nachbildet. Das ehemals gewölbte Dach besteht nun aus geraden, zueinander abgewinkelten Flächen. Die Kleinteiligkeit der alten Glashaut mit ihren dünnen eisernen Sprossen wurde durch das grobe Raster großer Glastafeln ersetzt.[189]

Schrägansicht

Fassadenaufriß

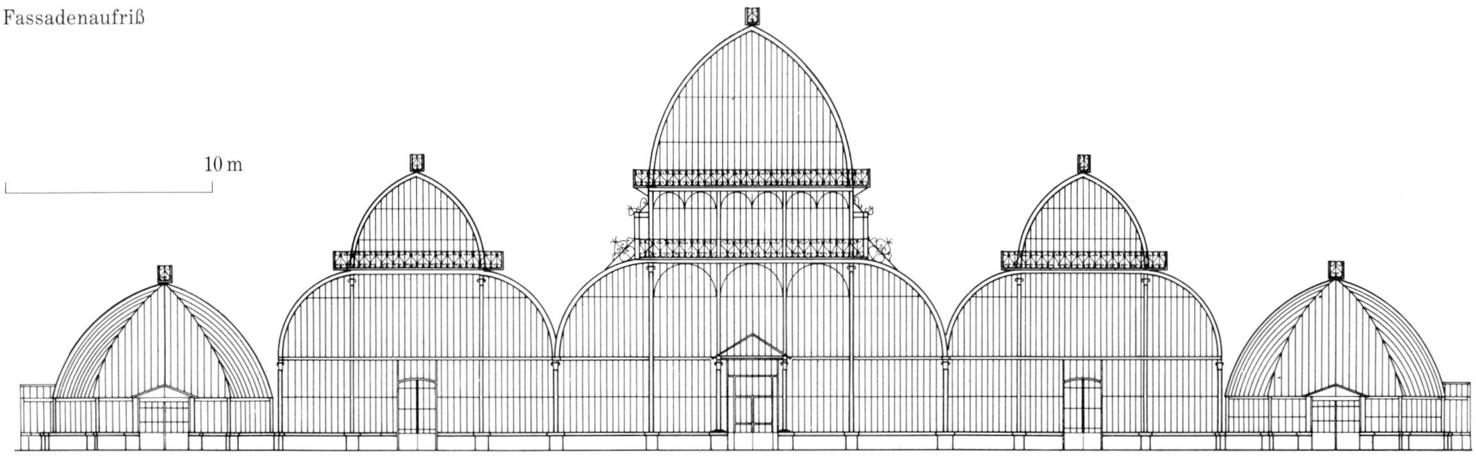

**Großes Tropenhaus im Botanischen Garten Berlin-Dahlem, 1905–07**

Entwurf: Alfred Koerner, Heinrich Müller-Breslau

Da sich der botanische Garten an seinem alten Platz in Schöneberg wegen der zunehmenden Bebauung der angrenzenden Grundstücke nicht weiter ausdehnen konnte und sich an den Bäumen bereits die ersten Folgen der »rauchgeschwängerten« Großstadtluft und des abgesunkenen Grundwasserspiegels zeigten, mußte ein neuer Standort gesucht werden. Den fand man schließlich am Südwesthang des Fichtenbergs auf dem Gelände der Königlichen Domäne Dahlem. 1897 wurde das 41 Hektar große Grundstück übernommen, zwei Jahre später begannen die Bauarbeiten. Für die Gesamtplanung einschließlich der Hochbauten war der Königliche Baurat Alfred Koerner verantwortlich. Die konstruktive Lösung seines ersten Entwurfs [190] für die neuen Schauhäuser erarbeitete Koerner gemeinsam mit dem Ingenieur und Statiker Heinrich Müller-Breslau. Koerners Konzept beruhte auf der Zusammenfassung der unterschiedlich temperierten Gewächshäuser zu einer Baugruppe, die sich rationell beheizen läßt und den Besuchern einen vor der Witterung geschützten Rundgang ermöglicht. Im Zentrum der Gruppe liegt das große Tropenhaus. In den auf beiden Seiten anschließenden U-förmigen Seitenflügeln sind zwölf Gewächshäuser zusammengefaßt. Dem Tropenhaus vorgelagert ist das niedrige Wasserpflanzenhaus. Nur das 16 Meter hohe Kalthaus wurde in einiger Entfernung aufgestellt, um die Verschattung der niedrigen Bauten zu vermeiden.

Der interessanteste Bau des Ensembles ist das 23 Meter hohe Tropenhaus: »Bis zur Glasdecke hoch aufragende Palmen mit glattem Schaft und kleiner Blätterkrone, am Felsen hängende Araceen, am Boden kriechende Selaginellen, aus der Tiefe zum Licht emporrankende Schlinggewächse aller Art mit herabhängenden Luftwurzeln unten Nahrung suchend, im Wasser schwimmende Nymphäen, an der Baumrinde haftende Schmarotzer, sie alle haben wesentlich andere Lebensbedingungen als die bei uns heimischen Pflanzen. Für dieses Landschaftsbild aus heißen Zonen in unseren nordischen Breiten den geeigneten Raum zu schaffen, mit Tropenwärme und Sonnenlicht, soviel nur irgend einzufangen ist, war die wichtigste Aufgabe bei der Neuanlage des Botanischen Gartens ... Nach der Programmbedingung, welche fordert, daß alle Gewächse in den Grund ausgepflanzt werden sollen, mußte der Boden durch Auflockerung in beträchtlicher Tiefe durchlüftet, unterirdisch entwässert und frei von allen Fundamenten gehalten werden. Auch der Luftraum darüber sollte möglichst nicht durch Bauteile, wie Pfeiler, Galerien, Zuganker und dergleichen beengt werden, damit das Landschaftsbild nicht

Querschnitt durch das Wasserpflanzenhaus und das Große Tropenhaus

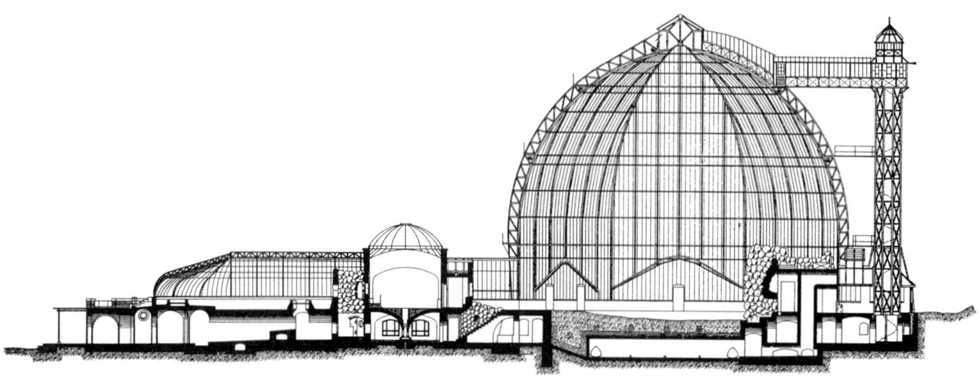

Grundriß der Pflanzenhäuser

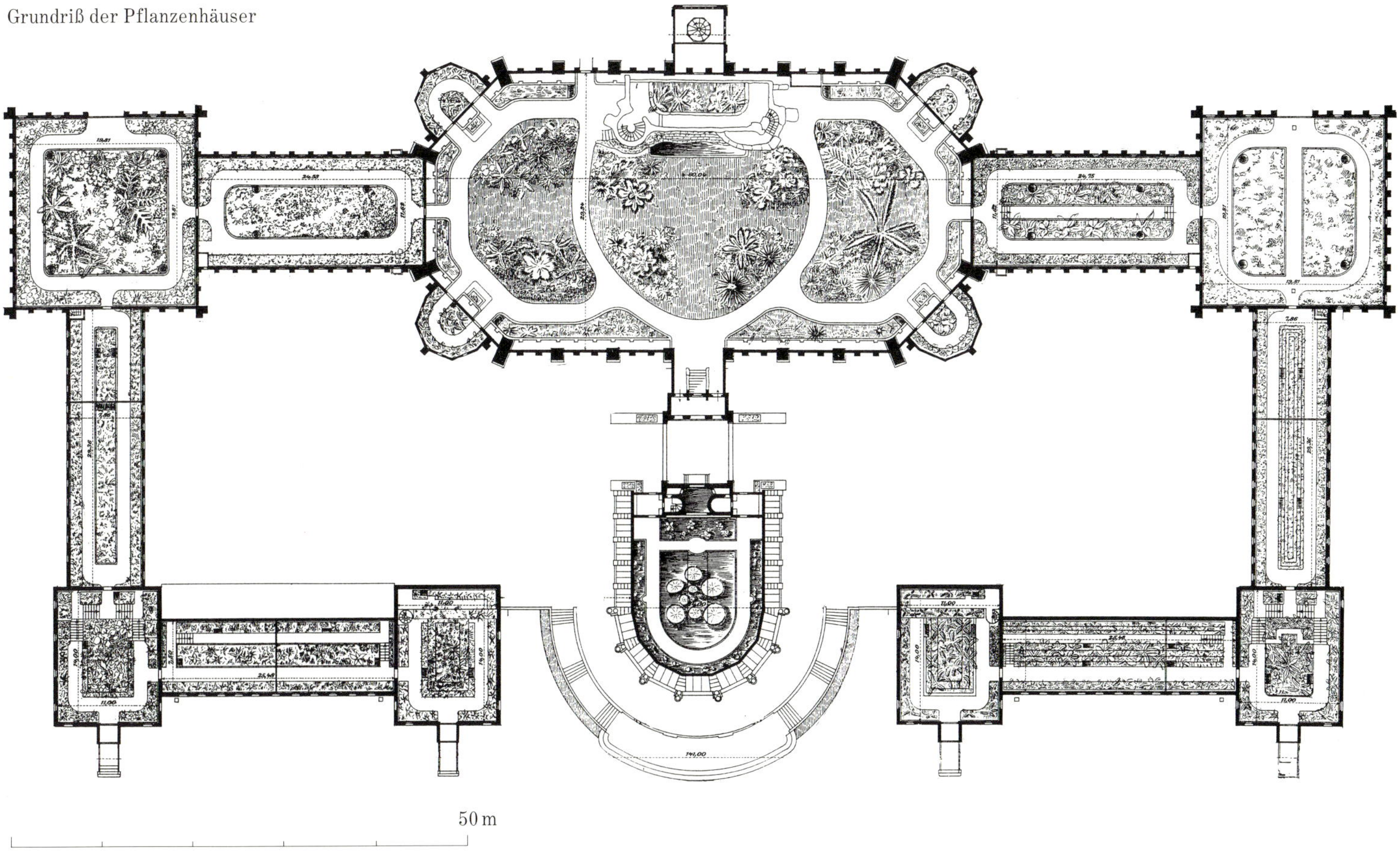


Ansicht des Großen Tropenhauses von Südwesten

gestört werde. Es kam also darauf an, einen Glasbau über das Tropenbild zu stellen, dessen Gerüst möglichst wenig in Erscheinung tritt. Alle diese Umstände und nicht zum mindesten die Erfahrung, daß die bauliche Unterhaltung eines beständig mit feucht-warmer Luft erfüllten Pflanzenhauses, dessen Betrieb nie unterbrochen werden darf, außerordentlich erschwert und daß z. B. die Erneuerung des Anstrichs an umfangreichen Eisenteilen im Inneren kaum erfolgreich durchführbar ist, führten dazu, das ganze tragende Eisengerüst außerhalb der Glasdecke und des feuchten Raumes anzuordnen und die aus Holzsprossen mit Glastafeln gebildete einfache Decke freischwebend darunter zu hängen.« [191]

Das Tropenhaus setzt sich aus einem Mittelteil von spitzbogenförmigem Querschnitt und zwei halben Achteckkuppeln an beiden Enden zusammen. Im Unterschied zu Koerners erstem Entwurf ist die Konstruktion deutlich als kontinuierliche Raumhülle ausgebildet, die sich ohne Unterscheidung von Dach und Wand vom Boden bis zum Scheitel wölbt. Der 29 Meter breite Raum wird von gebogenen Gitterträgern überspannt, von denen je zwei einen Dreigelenkbogen mit beweglichen Fuß- und Scheitelpunkten bilden. Ein wichtiger Vorteil der außenliegenden Eisenkonstruktion, die bereits von den Gewächshäusern in Laeken und Schönbrunn bekannt war, bestand darin, daß sich kein Kondenswasser an kalten Eisenteilen bilden und auf die Pflanzen herabtropfen konnte.

Der Vergleich des großen Tropenhauses mit dem Palmenhaus im alten botanischen Garten macht deutlich, wie sehr sich der Eisenbau inzwischen weiterentwickelt hatte. Das alte Palmenhaus ging in Form und Bauweise auf den Crystal Palace zurück, dessen Skelett zu einem großen Teil aus gußeisernen Trägern bestanden hatte. Für stark auf Biegung beanspruchte Teile war dort Holz und Schmiedeeisen verwendet worden. Die Tragfähigkeit der einzelnen Elemente hatte Paxton durch Belastungsversuche ermittelt. Die Fortschritte in der Eisenverhüttung und die Weiterentwicklung des Ingenieurwesens machten bald immer größere Spannweiten möglich. Neue Stahlqualitäten machten die alten Mischkonstruktionen überflüssig. Die exakte statische Vorausberechnung der Tragfähigkeit aller Konstruktionsglieder ersetzte das empirische Vorgehen der Pionierzeit. Die neuen Möglichkeiten wurden 1889 auf der Pariser Weltausstellung mit dem Bau des Palais des Machines auf spektakuläre Weise demonstriert. Hier wurde auch erstmals im großen Maßstab das auch von Koerner und Müller-Breslau verwendete Prinzip des Dreigelenkbogens erprobt.

Mit dem 1968 erfolgten Umbau des Tropenhauses hat der Bau einen Teil seines ursprünglichen Charakters eingebüßt. Das filigrane Raster des alten Sprossenwerks ging verloren, als man das Dach mit großformatigen nach außen gewölbten Acrylglastafeln neu eindeckte.

Detail der Tragkonstruktion des Großen Tropenhauses. Die Dreigelenkbögen sind an den Fuß- und Scheitelpunkten beweglich

Innenansicht des Großen Tropenhauses
nach der Fertigstellung
Photographie von Hermann Rückwardt

**Subtropenhaus im Botanischen Garten Berlin-Dahlem, 1909**
Entwurf: Alfred Koerner

Das südlich des Tropenhauses stehende Kalthaus für Pflanzen aus dem Mittelmeergebiet, von den Kanarischen Inseln und aus Kalifornien, das außerdem eine gesonderte Abteilung für Baumfarne enthält, hat in erster Linie die Aufgabe, die Pflanzen vor Frost zu schützen. Die Mindesttemperatur muß hier nicht höher als 5 bis 7 Grad sein. Besonders wichtig ist die gute Durchlüftung des Hauses während der Sommermonate.
»Der Querschnitt des Hauses ergab sich aus der gärtnerischen Forderung, besondere Standorte für niedrige und höhere Pflanzen so einzurichten, daß alle möglichst nahe an den Lichtflächen und die niedrigen nicht im Schatten der höheren stehen.«[192] Aus dieser Forderung leitete Koerner die Höhenstaffelung der Dächer ab. Die Form des Subtropenhauses entspricht dem einer Basilika mit Hauptschiff und niedrigeren Seitenschiffen, die durch eine Apsis abgeschlossen wird und in ihrer Fassade sogar zwei Türme hat. Bis auf das Satteldach des Hauptschiffs lassen sich fast alle verglasten Dach- und Wandflächen im Sommer öffnen oder entfernen:
»Für dieses teilweise Abbauen des großen Hauses, für die Bewegung der Lüftungsfenster während der Übergangszeit und für die Bedienung der Schattendecken waren äußere und innere Galerien mit Treppenzugängen erforderlich.«[193]
Mit der nur aus der Funktion abgeleiteten Begründung seines Entwurfs erklärt Koerner jedoch nicht die betont »architektonische« Erscheinung des Suptropenhauses. Die merkwürdige Umsetzung eines im Steinbau entwickelten Bautyps in ein Stahlskelett bezieht ihren Reiz jedoch gerade aus dem Gegensatz zur technischen Form des Tropenhauses und ergänzt die horizontal gelagerte Gruppe der Warmhäuser um einen expressiven vertikalen Akzent.

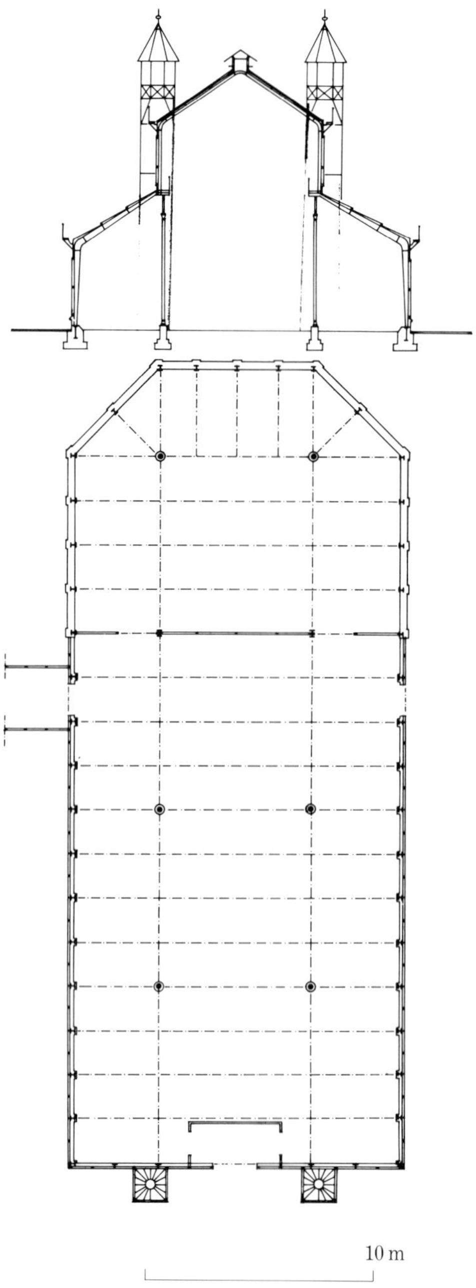


Schnitt und Grundriß

Ansicht des Kalthauses von Süden

**Wasserpflanzenhaus im Botanischen Garten Meise 1854**
Entwurf: Alphonse Balat

Balats kleines Gewächshaus war bereits einmal umgezogen, bevor es seinen heutigen Platz fand. Ursprünglich im zoologischen Garten im Parc Léopold in Brüssel errichtet, wurde es später in den botanischen Garten versetzt, um dort eine Victoria Regia zu beherbergen. Als 1940/41 der botanische Garten nach Meise am Brüsseler Stadtrand verlegt wurde, zog auch das Victoria-Regia-Haus um. Die Tragkonstruktion mit der oben aufgesetzten Königskrone steht auf einem achteckigen, gemauerten Unterbau. Die Binder legte Balat nach außen, um das Abtropfen von Kondenswasser von den kalten Eisenteilen zu vermeiden.
1978 wurde der Bau restauriert.

Außenansicht

Grundriß mit Dachplan

Blick in die Dachkonstruktion

**Gewächshäuser im Botanischen Garten New York, 1899–1902**

Entwurf: William R. Cobb?

Der im Bronx Park gelegene New York Botanical Garden wurde 1891 als »amerikanisches Kew« gegründet. Die Gewächshäuser stammen von der noch heute bestehenden Firma Lord & Burnham. In einem zeitgenössischen Katalog der Firma, die überall in den Vereinigten Staaten vorgefertigte Gewächshäuser errichtete, ist die New Yorker Anlage ein besonders eindrucksvolles Beispiel. Der Bau, dessen Entwurf dem Architekten William R.Cobb zugeschrieben wird, folgt in der Konstruktion der gewölbten Glasdächer englischen Vorbildern. Auf den senkrechten Außenwänden jedoch zeigt er eine reichverzierte Architektur im Stil des sich seit den 1890er Jahren in den USA ausbreitenden Beaux-Arts-Klassizismus. Die Vorderseite präsentiert sich entsprechend den großen Vorbildern als lineare Abfolge von Mittelbau, Seitenflügeln und Eckpavillons. An der Rückseite schließen sich weitere Flügel und Pavillons an, so daß der Grundriß sich zu einer C-Form schließt.

Während zweier Modernisierungen in den Jahren 1938 und 1953 hatte man den Bau stark verändert: Zuerst wurden viele Verzierungen entfernt, dann riß man die klassizistischen Eingangsbauten des Palmenhauses ab. Ende der siebziger Jahre erfolgte dann eine sorfältige Restaurierung. Heute entsprechen die Gewächshäuser wieder annähernd ihrem Originalzustand. Das Aussehen der gußeisernen Vestilbüle wurde nach alten Photographien und Plänen rekonstruiert. Die Nachbauten bestehen aus gegossenem Aluminium. Auch die gesamte Eisenkonstruktion mit ihren Dachrippen aus Holz und Eisen wurde restauriert. Glücklicherweise verzichtete man auf die einfache Lösung, die alten Rippen durch stärkere Aluminiumprofile zu ersetzen. Die filigrane Transparenz des Baus blieb so erhalten.

Innenansicht des Ostpavillons

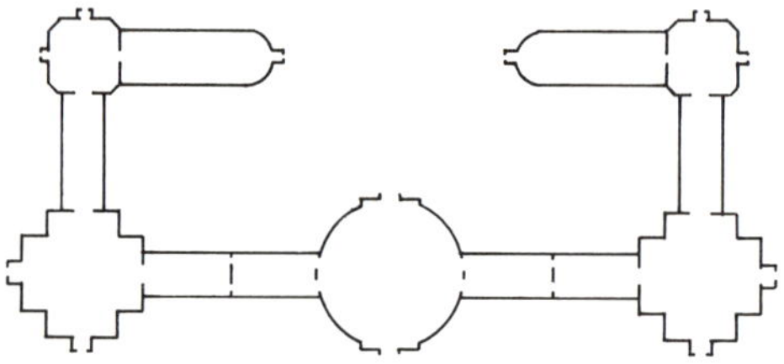

Grundriß

Ansicht des Palmenhauses und eines Seitenflügels

Vestibül im Palmenhaus

## Wintergarten Ludwigs II. auf der Residenz, München, 1869–71

Entwurf: Eduard Riedel, August von Voit

»Lächelnd hob der König den Vorhang zur Seite. Ich war verblüfft; denn ich sah einen riesigen, auf venezianische Art beleuchteten Garten mit Palmen, einem See, Brücken, Hütten und schloßartigen Bauwerken. »Geh«, sagte der König und ich folgte ihm fasziniert, wie Dante Vergil ins Paradies. Ein Papagei schaukelte sich in einem goldenen Reif und schrie mir »Guten Abend« entgegen, während ein Pfau gravitätisch vorüberstolzierte. Wir gingen auf einer primitiven Holzbrücke über einen beleuchteten See und sahen zwischen Kastanienbäumen vor uns eine indische Stadt ... Wir kamen zu einem blauseidenen Zelt. Darin war ein Stuhl, von zwei geschnitzten Elefanten getragen, und davor lag ein Löwenfell. Der König führte uns weiter auf einem schmalen Pfade zum See, worin sich ein künstlicher Mond spiegelte, Blumen und Wasserpflanzen magisch beleuchtend ... Wir kamen dann zu einer indischen Hütte. Fächer und Waffen dieses Landes hingen von der Decke herab. Mechanisch blieb ich stehen, bis der König zum Weitergehen mahnte. Plötzlich glaubte ich mich in die Alhambra verzaubert. Ein kleines maurisches Zimmer mit einem Brunnen in der Mitte, von Blumen umgeben, versetzte mich in meine Heimat. In einem anschließenden runden Pavillon hinter einem maurischen Bogen war das Abendessen gerichtet. Der König wies mir den Mittelplatz an und klingelte leise mit einer Tischglocke ... Plötzlich war ein Regenbogen zu sehen. »Mein Gott«, rief ich unwillkürlich aus, »das ist doch ein Traum!«[194]
Diese Schilderung stammte von der spanischen Infantin Maria de la Paz, die der König 1883 mit ihrem Ehemann, dem Prinzen Ludwig Ferdinand von Bayern, zum Abendessen in seinen Wintergarten geladen hatte. 1867, drei Jahre nach seiner Thronbesteigung, hatte Ludwig seine Wohnung im Festsaalbau der Münchner Residenz von dem Architekten Eduard Riedel neu gestalten lassen. Auch ein kleiner, vom Arbeitszimmer des Königs zugänglicher Wintergarten war Bestandteil von Riedels Planung[195]. Bereits Ludwigs Vorgänger Maximilian II. hatte sich am anderen Ende der Residenz einen ausgedehnten Dachgarten anlegen lassen, der von einer dreischiffigen Halle aus Eisen und Glas überdacht wurde (1854)[196].
Ludwigs erster Wintergarten war dagegen mehr als bescheiden. Jedoch noch 1867, nach Besuch der Pariser Weltausstellung, beschloß der König, seinen Wintergarten zu vergrößern. Nach verschiedenen Vorschlägen, die Riedel gemeinsam mit August von Voit, dem Erbauer des Münchner Glaspalasts (1853/54) und des Palmenhauses im Alten Botanischen Garten (1860–65), erarbeitete, fiel schließlich die Entscheidung zugunsten der von Riedel vorgeschlagenen Maximallösung: Das Dach

Zwei Innenansichten des Quertrakts an der Südseite. Oben: Blick über den See auf die Indische Fischerhütte

Der Wintergarten auf dem Dach der Residenz, vom Odeonsplatz aus gesehen. Aquarell, 1887

Innenansicht des Wintergartens
Blick nach Westen mit Maurischem Kiosk

des Festsaalbaus sollte über seine gesamte Länge mit einer tonnenförmigen Halle aus Eisen und Glas überbaut werden, an beiden Enden von den erhöhten Eckbauten gerahmt. Ludwigs Wohnung in einem der Eckrisalite kam so auf gleichem Niveau mit dem geplanten Dachgarten zu liegen. 1869 wurde mit dem Bau des Wintergartens begonnen. Um einen bereits in Auftrag gegebenen Kiosk nicht in der Mitte der Halle aufstellen zu müssen, wurde in die Tonne ein gläserner Erker eingefügt. Um die Landschaft auch in die Breite auszudehnen, erhielt der Wintergarten zusätzlich einen kurzen Quertrakt: Der dreigeschossige Unterbau mußte deshalb an dieser Stelle erweitert werden. Die Halle bestand aus bogenförmigen Fachwerkbindern aus Stahl mit einer Spannweite von etwa 17 Metern, die von der Firma Cramer-Klett in Nürnberg hergestellt wurden. Die Gesamtlänge des Wintergartens betrug knapp 70 Meter. Die beidseitig bündig verglasten Bogenbinder wurden vermutlich unter der auf dem Dach aufgeschütteten Erde mit Zugankern zusammengehalten, um nicht den gesamten Schub in die Außenmauern des Unterbaus zu leiten.
Unter dem Glasdach wurde nach Carl von Effners Plänen ein landschaftlicher Garten mit verschlungenen Wegen, einem See und einer Felsgrotte mit Wasserfall angelegt. Die exotische Landschaft aus Palmen, Bananenstauden, Bambus, Rhododendron und Kamelien wurde an beiden Enden des Wintergartens durch große Wandgemälde illusionistisch erweitert. Das Gemälde an der Ostwand, das der Bühnenbildner Christian Jank entworfen hatte, stellte eine indische Landschaft dar: In der Ferne erhoben sich die schneebedeckten Gipfel des Himalayas. Dieses Bild konnte gegen einen noch phantastischeren Architekturprospekt ausgetauscht werden: Indische Paläste spiegelten sich in einem gemalten See, der den künstlichen See des Wintergartens verlängerte. Wie in einem Landschaftsgarten des 18. Jahrhunderts gab es hier auch kleine Bauten: Einen »Maurischen Kiosk«, eine »Indische Fischerhütte« und das »Indische Königszelt«. Mit ähnlicher Bühnentechnik wie auch später in der Venusgrotte in Linderhof ließ sich die Illusion einer indischen Landschaft noch steigern: Zu den nachts überall aufgestellten Lichtern kam noch ein künstlicher Mond, der durch eine Felsspalte der Grotte schien. Auch Sonnenauf- und -untergänge oder Regenbögen ließen sich simulieren. Durch das Geplätscher des Wasserfalls und die von einer versteckten Kapelle erzeugten Klänge wurde der Wintergarten zur Bühne einer Son-et-lumière-Aufführung, in der Ludwig wahrscheinlich meistens der einzige Darsteller war.
Nach Ludwigs Tod (1886) wurde der kostspielige Betrieb des Wintergartens eingestellt. 1897 wurde er ganz abgebaut und zurück nach Nürnberg geschickt, wo er noch bis zum Zweiten Weltkrieg als Werkshalle für die Maschinenfabrik MAN diente.

Das Indische Königszelt im östlichen Teil des Wintergartens

Innenansicht des Wintergartens mit Blick auf das Landschaftsgemälde an der Ostwand

**Palmenhaus im Golden Gate Park, San Francisco, 1876–79**

Das heute im Golden Gate Park stehende Palmenhaus war eines von zwei Gewächshäusern, die sich der vermögende James Lick für seinen Wohnsitz in San José in England bestellt hatte. Auf einem eigens gecharterten Segelschiff wurden die Bauteile für Licks Gewächshäuser um Kap Hoorn nach San Francisco gebracht. Als Lick 1876 starb, befanden sich die vorgefertigten Bauteile noch unausgepackt in ihren Kisten. Die Society of California Pioneers erbte beide Bauten und verkaufte sie für 2600 Dollar an eine Gruppe wohlhabender Bürger, die sie der Parkverwaltung von San Francisco zum Geschenk machte. Die einzige mit der Stiftung verbundene Bedingung war, daß beide Häuser innerhalb von 18 Monaten aufgebaut werden mußten. 1878 wurde die Firma Lord & Burnham aus Irvington, New York, mit dem Aufbau beauftragt. Wahrscheinlich wurde deshalb lange Zeit vermutet, daß Lord & Burnham auch die Hersteller des Gewächshauses im Golden Gate Park gewesen waren. Aus einem Briefwechsel der Stifter mit der Parkverwaltung geht jedoch hervor, daß beide Bauten aus England stammen. Der englische Hersteller ist unbekannt.
Seit dem Goldrausch von 1849, der ein rapides Anwachsen der Stadt zu Folge hatte, war es üblich, vorgefertigte Bauten aus England einzuführen. Vor allem Lager- und Warenhäuser aus Gußeisen und Wellblech wurden in Einzelteilen nach San Francisco verschifft. Das Palmenhaus besteht indessen nicht, wie man erwarten könnte, aus Gußeisen, sondern aus Holz. Lediglich die Stützen sind aus Eisen. Gewächshaushersteller wie Cranston in Birmingham oder Woodward und Lord & Burnham an der amerikanischen Ostküste verwendeten vorwiegend Holz. Als Vorteil von Holz wurde meistens die geringe Wärmeleitung und -ausdehnung genannt. Offensichtlicher Nachteil war allerdings der, daß sich vor allem verzierte und durchbrochene Bauteile nicht so rationell herstellen ließen, wie es mit Gußeisen möglich war.
1879 war der Aufbau des Gewächshauses vollendet. F. A. Lord war persönlich aus New York gekommen, um die Arbeiten zu beaufsichtigen.
1883 wurde die Mittelkuppel durch einen Brand zu einem großen Teil zerstört; sie wurde jedoch im folgenden Jahr nach den Originalplänen wiederhergestellt. Das Erdbeben von 1906 richtete hier nahezu keinen Schaden an; nur Glas ging zu Bruch. Als California Historical Landmark No. 841 steht das Gewächshaus heute unter Denkmalschutz.

Blick in die hölzerne Dachkonstruktion des Mittelbaus

Ansicht des Mittelbaus mit Vestibül

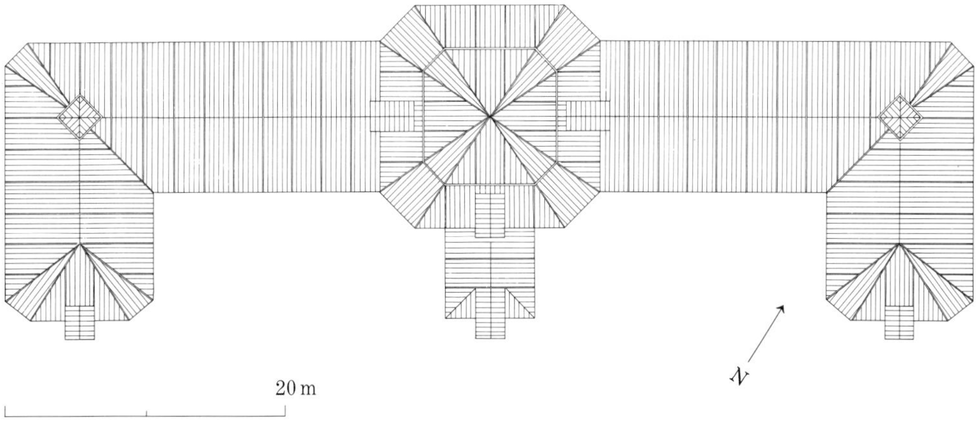

Gesamtansicht. Die Glasscheiben wurden zum Schutz vor der intensiven Sonnenbestrahlung mit Kalkmilch geweißt

## Palais d'Hiver, Pau, 1896–1900

Entwurf: Emile Bertrand

Pau, Hauptstadt des ehemaligen Départements Basses-Pyrénées, liegt am Rand einer Hochebene, von der man bis zu den Pyrenäen sehen kann. Der längst verschwundene Winterpalast war so plaziert, daß seine unter Palmen wandelnden Gäste die schneebedeckten Berge im Blickfeld hatten. Der Bau bestand aus einem Palmenhaus auf elliptischem Grundriß, das auf drei Seiten von Gesellschaftsräumen und Festsälen eingefaßt war. Der Palais d'Hiver enthielt außer Café und Spielkasino auch ein Theater. In seiner Kombination aus Ingenieurbau und historisierender Steinarchitektur war der Winterpalast von Pau ein typisches Beispiel dieses Bautyps. Im Unterschied zu vergleichbaren Bauten wie Glasgows People's Palace oder den Flora-Bauten in Berlin und Köln wurde hier jedoch die Eisenkonstruktion der Palmenhalle in die Schauseite des Gebäudes integriert und nicht als untergeordneter Anbau hinter eine repräsentative Fassade gestellt. Der von Emile Bertrand, dem Architekten des Palais d'Hiver im Pariser Jardin d'Acclimatation, entworfene Bau wurde 1928 abgerissen.[197]

Außenansicht und Blick in den Wintergarten. Historische Photographien

**Neuer Wintergarten, Burggarten, Wien, 1902–07**
Entwurf: Friedrich Ohmann

Der vor der Befestigungsmauer der kaiserlichen Hofburg gelegene Garten war in erster Linie Ort höfischer Geselligkeit. Der von Friedrich Ohmann entworfene Wintergarten ersetzte den 1823–26 erbauten Alten Wintergarten. Sein Architekt, Louis von Remy, hatte die Festungsmauer zur Rückwand eines nüchternen klassizistischen Baus gemacht. Der alte Wintergarten hatte aus einem durch Säulen gegliederten Mittelbau und langen, schräg verglasten Seitenflügeln bestanden.[198] Ohmann, der den Neuen Wintergarten ebenfalls an die Festungsmauer anlehnte, übernahm diese Aufteilung. Sein eklektischer Entwurf, der deutlich zum Ausdruck brachte, daß dieser Bau nicht wissenschaftlichen, sondern repräsentativen Zwecken diente, kombinierte die technische Struktur mit historisierenden Versatzstücken aus massivem Stein: Vor die längs gestellte Tonne des Mittelbaus stellte er einen flachen Portikus aus ionischen Säulen, der über dem Gebälk einen mit weiblichen Figuren und Vasen geschmückten Balkon trägt. An die Enden der Seitenflügel, die sich als Halbtonnen – ähnlich wie bei Rohaults Gewächshaus im Pariser Jardin des Plantes – an die Rückwand lehnen, plazierte er je einen Turm mit Torbogen und Pyramidendach.
In seiner Kombination aus Steinbau und Eisenkonstruktion erinnert der Neue Wintergarten an die Bahnhofsbauten des Historismus, die hinter einem massiven Kopfbau die große Halle aus Eisen und Glas verbergen. Ohmann hat den heterogenen Bauweisen jedoch gleiche Bedeutung gegeben: Er betonte die graphische Wirkung der Sprossen und das Relief des Tragwerks und setzte sie in bewußten Gegensatz zur Monumentalität der spätklassizistischen Formen. Die einander fremden Elemente gehen jedoch keine bruchlose Verbindung ein: Der Neue Wintergarten wirkt mehr wie eine Collage denn als homogene Struktur.

Detail der Dachkonstruktion an der Rückseite

Turm am Ende eines Seitenflügels

Vorderseite des Neuen Wintergartens

## Anmerkungen

**1** Vgl.: William Martin, »Excellence attracts excellence. Kevin Roche, John Dinkeloo & Associates design a new building for Deere & Company, reaping a powerful precedent«, *Architectural Record* (New York), 1979, Nr. 2, S. 85 ff.
**2** John Claudius Loudon, *An Encyclopaedia of Gardening,* London 1822, S. 926.
**3** Eduard Schmitt (Hrsg.), *Handbuch der Architektur,* IV,6,4, Stuttgart 1909, S. 489.
**4** Vgl.: John Claudius Loudon, *An Encyclopaedia of Gardening,* London 1827, S. 298 ff.
**5** Charles McIntosh, *The Book of the Garden,* Edinburgh 1853, Bd. 1, S. 360.
**6** Vgl.: Eduard Schmitt (Hrsg.), *Handbuch der Architektur,* IV,4,1, Stuttgart 1904, S. 173 ff.
**7** Vgl.: Heinrich Hamann, Nachwort zu: Johann Christoph Volkamer, *Nürnbergische Hesperides,* Reprint, Leipzig 1986, S. 7.
**8** Vgl.: Arnold Tschira, *Orangerien und Gewächshäuser,* Berlin 1939, S. 14.
**9** *Meyer's neues Konversations-Lexikon,* Bd. 3, Hildburghausen 1862, S. 819.
**10** Denis Diderot und Jean-Baptiste d'Alembert (Hrsg.), *Encyclopédie ou dictionnaire raisonné des sciences, des arts et des métiers,* Paris 1751–77, Bd. XV, 116 b.
**11** (Joseph) Neumann, *Grundsätze und Erfahrungen über die Anlegung, Erhaltung und Pflege von Glashäusern aller Art,* Weimar 1852, S. 25.
**12** Vgl.: Arnold Tschira, *Orangerien und Gewächshäuser,* a. a. O., S. 69.
**13** Johann Christoph Volkamer, *Continuation der Nürnbergischen Hesperidum,* Nürnberg 1714, S. 22a.
**14** Ebd., S. VII (Vorwort).
**15** John Claudius Loudon, *Remarks on the Construction of Hothouses,* London 1817, S. 47.
**16** Denis Diderot und Jean-Baptiste d'Alembert (Hrsg.), *Encyclopédie ou dictionnaire raisonné des sciences, des arts et des métiers,* a. a. O., Bd. XV, 116 b. (Weitere Artikel zum Thema Gewächshaus: Bd. XVII,156 b; Bd. I,627 b; Bd. XVII,27 b. Abbildungen im Tafelband I unter »Jardinage«.)
**17** John Claudius Loudon, *An Encyclopaedia of Gardening,* London 1878, S. 158.
**18** Vgl.: *Meyer's neues Konversations-Lexikon,* Bd. 4, Hildburghausen 1863, S. 907.
**19** Ebd., Bd. 3, S. 821.
**20** Vgl.: John Claudius Loudon, *An Encyclopaedia of Gardening,* London 1878, S. 279, und »The Horticultural Society's Fête, at Chiswick, on Wednesday«, *The London Illustrated News,* 14.7.1849, S. 21.
**21** Zitiert nach: Charles McIntosh, *The Greenhouse, Hothouse and Stove,* London 1838, S. 361.
**22** Vgl.: William und John Halfpenny, *New Designs for Chinese Temples, Triumphal Arches, Garden Seats, Palings etc.,* London 1750–52, T. 42.
**23** John Claudius Loudon, *An Encyclopaedia of Gardening,* London 1827, S. 816.
**24** Vgl.: Georg Kohlmaier, Barna von Sartory, *Das Glashaus,* München 1971, S. 481 ff.
**25** Charles McIntosh, *The Greenhouse, Hothouse and Stove,* a. a. O., S. 362.
**26** Vgl.: John Claudius Loudon, *An Encyclopaedia of Gardening,* London 1827, S. 813.
**27** Charles McIntosh, *The Greenhouse, Hothouse and Stove,* a. a. O., S. 6.
**28** *Meyer's neues Konversations-Lexikon,* Bd. 6, Hildburghausen 1863, S. 1.
**29** Alfred Gotthold Meyer, *Eisenbauten, ihre Geschichte und Ästhetik,* Esslingen 1907, S. 55.
**30** John Claudius Loudon, *Remarks on the Construction of Hothouses,* a. a. O., S. 49.
**31** John Claudius Loudon, *An Encyclopaedia of Gardening,* London 1878, S. 586.
**32** (John Claudius Loudon), *The Greenhouse Companion,* London 1824, S. 16.
**33** Vgl.: John Claudius Loudon, *An Encyclopaedia of Gardening,* London 1878, S. 585.
**34** John Claudius Loudon, *An Encyclopaedia of Gardening,* London 1827, S. 315.
**35** Vgl.: Ebd., S. 310 f.
**36** John Claudius Loudon, *An Encyclopaedia of Cottage, Farm and Villa Architecture and Furniture,* London 1853, S. 980.
**37** Vgl.: John Claudius Loudon, »Description of a Design made for the Birmingham Horticultural Society...«, *The Gardener's Magazine* (London), Bd. 7, 1832, S. 407 ff.
**38** John Claudius Loudon, *An Encyclopaedia of Cottage, Farm and Villa Architecture and Furniture,* a. a. O., S. 980.
**39** Vgl.: Charles McIntosh, *The Book of the Garden,* Edinburgh 1853, Bd. 1, S. 395 ff.
**40** Zit. nach: »The Conservatory at Chatsworth«, *The Builder* (London), 1848, S. 515.
**41** Vgl.: John Claudius Loudon, *An Encyclopaedia of Gardening,* London 1822, S. 927.
**42** Vgl.: John Claudius Loudon, »Surrey Zoological Gardens«, *The Gardener's Magazine* (London), 1831, S. 692 f.
**43** Vgl.: Gilbert Herbert, *Pioneers of Prefabrication,* London und Baltimore 1978.
**44** »Eiserne Häuser«, *Allgemeine Bauzeitung* (Wien), Jg. 16, 1851, S. 184 f., T. 342.
**45** Lothar Bucher, »Kulturhistorische Skizzen aus der Industrie-Ausstellung aller Völker«, in: *Die verborgene Vernunft. Funktionale Gestaltung im 19. Jahrhundert,* Ausstellungskatalog, München 1971, S. 51 ff.
**46** Gilbert Herbert, *Pioneers of Prefabrication,* a. a. O., S.
**47** Vgl.: Bernard Marrey, Jean-Pierre Monnet, *La grande Histoire des Serres et des Jardins d'Hiver. France 1780–1900,* Paris o. J., S. 69 ff.
**48** John Claudius Loudon, *An Encyclopaedia of Gardening,* London 1878, S. 1212.
**49** Vgl.: Alfred Gotthold Meyer, *Eisenbauten, ihre Geschichte und Ästhetik,* a. a. O., S. 64.
**50** John Claudius Loudon, *An Encyclopaedia of Gardening,* London 1878, S. 122 f.
**51** Vgl.: Karl Rohault, *Das Naturhistorische Museum in Paris. Muséum d'Histoire Naturelle à Paris,* Wien 1837, S. 4.
**52** John Claudius Loudon, *An Encyclopaedia of Gardening,* London 1878, S. 1214 f.
**53** Zwischen den Architekten Meynadier und Charpentier kam es zum Streit über die Urheberschaft des Entwurfs. Dazu und zur Baugeschichte vgl.: »Paris Winter Garden«, *The Gardener's Chronicle* (London), 14. 2. 1846, S. 102 (betr. den 1. Bau); César Daly, »Jardins d'Hiver de Paris et de Lyon«, *Revue de l'Architecture et des Travaux publics* (Paris), Bd. 7, 1847, Sp. 410 ff.; H. Meynadier de Flamalens, *Jardin d'hiver, théorie et pratique, Plan et description pittoresque,* Paris 1848; Gottfried Semper, »Der Wintergarten zu Paris«, *Zeitschrift für praktische Baukunst,* (Leipzig), Jg. 9, 1848, Sp. 515 ff., T. 54.; »Jardin d'Hiver à Paris, détruit«, *Le Moniteur des Architectes* (Paris), Jg. 60, 1860, T. 694, 695/6.
**54** Gottfried Semper, »Der Wintergarten zu Paris«, a. a. O., Sp. 515 f., 519 f.
**55** Ebd., Sp. 524.
**56** Vgl.: »Winter Garden, Lyons«, *The Civil Engineer and Architect's Journal* (London), Bd. 14, 1851, S. 265, T. 10.
**57** Vgl.: Françoise Boudon (Hrsg.), *Hector Horeau 1801–1872,* Ausstellungskatalog, Paris 1979.
**58** Ebd., S. 129 ff.
**59** Vgl.: Barbara Lipps-Kant, »Die Verwendung von Gußeisen als Konstruktions- und Dekorationselement in der Architektur bis 1850 – dargestellt an Beispielen in Baden-Württemberg«, in: International Council of Monuments and Sites (Hrsg.), *Eisenarchitektur. Die Rolle des Eisens in der historischen Architektur der ersten Hälfte des 19. Jahrhunderts,* Mainz 1979, S. 7 ff.
**60** Vgl.: Carl David und Julius Bouché, *Bau und Einrichtung der Gewächshäuser,* Bonn 1886, S. 15.
**61** Vgl.: »Gärtnerische Punkte in Schwaben«, *Deutsches Magazin für Garten- und Blumenfreunde* (Stuttgart), 1852, S. 93 ff., 126 ff., 160.
**62** Vgl.: »Beschreibung des großen Gewächshauses im botanischen Garten der königl. Universität zu Würzburg«, *Allgemeine Bauzeitung* (Wien), 1860, S. 27, 29 ff., T. 321, 335.
**63** Vgl.: »Treibhaus des Geheimen Ober Hofbuchdrucker Decker in Berlin«, *Architektonisches Skizzenbuch* (Berlin), Heft 40, T. 3.
**64** Vgl.: *Architektonisches Skizzenbuch* (Berlin), Heft 8, T. 3.
**65** Vgl.: H. Eggert, »Kaiser-Wilhelms-Universität Straßburg. Der Garten des Botanischen Instituts«, *Zeitschrift für Bauwesen* (Berlin), 1888, Sp. 199 ff., T. 30–33.
**66** Vgl.: August von Voit, »Die Neubauten im kgl. botanischen Garten in München«, *Zeitschrift für Bauwesen* (Berlin), Jg. 17, 1867, Sp. 315 ff., T. 34–39.
**67** Vgl.: Henry-Russell Hitchcock, *Architecture Nineteenth and Twentieth Centuries,* Harmondsworth 1971, S. 188.
**68** Vgl.: Klaus Döhmer, *»In welchem Style sollen wir bauen?«,* München 1976, S. 112.
**69** John Ruskin, *The Seven Lamps of Architecture,* London 1849, S. 7 f.
**70** Ebd., S. 36.
**71** Gottfried Semper, »Der Wintergarten zu Paris«, a. a. O., Sp. 521.
**72** Ebd.
**73** Heinrich Hübsch, *In welchem Style sollen wir bauen?,* Karlsruhe 1828.
**74** Klaus Döhmer, *»In welchem Style sollen wir bauen?«,* a. a. O., S. 119 ff.
**75** John Claudius Loudon, *An Encyclopaedia of Gardening,* London 1878, S. 1023.
**76** Ebd., S. 585.
**77** Ebd., S. 1023.
**78** (John Claudius Loudon), *The Greenhouse Companion,* a. a. O., S. 14 f.
**79** Gottfried Semper, *Wissenschaft, Industrie und Kunst,* 1852, zit. nach: Utz Haltern, *Die Londoner Weltausstellung von 1851,* Münster 1971, S. 334.
**80** Vgl.: *Historismus und Bildende Kunst. Studien zur Kunst des 19. Jahrhunderts,* Bd. 1, München 1965.
**81** Alexander von Humboldt, *Kosmos. Entwurf einer physischen Weltbeschreibung,* Stuttgart und Tübingen 1845, Bd. 1, S. 97.
**82** Louis Carrogis Carmontelle, *Jardin de Monceau, près de Paris,* Paris 1779, S. 4.
**83** Joseph Neumann, *Grundsätze und Erfahrungen über die Anlage, Erhaltung und Pflege von Glashäusern aller Art,* Weimar 1852, S. 68 f.
**84** John Claudius Loudon, *An Encyclopaedia of Gardening,* London 1878, S. 194.
**85** Vgl.: Stefan Koppelkamm, *Der imaginäre Orient. Exotische Bauten des 18. und 19. Jahrhunderts in Europa,* Berlin 1987, S. 22 ff.
**86** Vgl.: Ebd., S. 110 ff.
**87** Emile Zola, *Die Beute,* München 1974, S. 62.
**88** Ebd., S. 275 f., 278.
**89** L.C. Boileau, »Salons du Comte B***, Rue Abatucci, 54, à Paris«, *Encyclopédie d'Architecture* (Paris), Bd. 2, 1873, S. 46 ff., T. 100; »Hotel Branicki (54, Rue Abbatucci, Paris), Jardin d'Hiver et Bains Turcs«, *Encyclopédie d'Architecture,* Bd. 3, 1874, S. 113 ff., T. 231.
**90** Guy de Maupassant, *Bel Ami,* Frankfurt 1979 (Insel Taschenbuch Nr. 280), S. 350 f.
**91** César Daly, »De la Floriculture associée à l'Architecture«, *Revue générale de l'Architecture* (Paris), 1855, Sp. 22 ff., 63 ff., 308 ff., T. 6–8.
**92** »Serre, Boulevard Arago, à Paris«, *La Construction moderne* (Paris), Jg. 2, 1886/87, S. 283, 294, T. 47–50.

**93** Vgl.: George Aitchison, »Conservatory in Cast-and-Wrought-Iron, Chesham Place«, *The Builder,* 23.2.1895, S. 144 f., 1 T.
**94** Hermann von der Hude und Julius Hennicke, »Das Central-Hôtel in Berlin«, *Zeitschrift für Bauwesen* (Berlin), Bd. 31, 1881, Sp. 180.
**95** Vgl.: *Allgemeine Bauzeitung* (Wien), Bd. 11, 1846, S. 267 ff., T. 54–56.
**96** Vgl.: »Etablissement thermal de Vittel«, *La Construction moderne* (Paris), 11.9.1886, S. 581 f., T. 104–106, und Bruno Foucart, »Au plaisir des Architectes«, *Les Monuments Historiques de la France* (Paris), 1978, 1, S. 5 f.
**97** Vgl.: »The new Montpellier Medical Baths and Winter Garden, Harrogate«, *The Builder* (London), 2.8.1890, S. 87, 2 T.; 9.5.1891, S. 372, 1 T.
**98** Eduard Schmitt (Hrsg.), *Handbuch der Architektur,* Bd. IV,4,1, Stuttgart 1904, S. 202.
**99** Hubert Stier, »Die Flora zu Charlottenburg bei Berlin (Berliner Neubauten)«, *Deutsche Bauzeitung* (Berlin), Jg. 7, 1873, S. 121.
**100** Vgl.: F. Monmory, »Le Palais d'Hiver au jardin d'acclimatation, à Paris«, *Le Génie civil* (Paris), 1894, S. 257 ff.; 1895, S. 65 ff., T. 17.
**101** »Der Winterpalast in Dublin«, *Allgemeine Bauzeitung* (Wien), 1866, S. 21 f., T. 9–10.
**102** Eduard Schmitt (Hrsg.), *Handbuch der Architektur,* Bd. IV,4,1, a. a. O., S. 219.
**103** »The Royal Aquarium, Westminster«, *The Building News* (London), 1876, S. 73.
**104** Vgl.: Georg Kohlmaier, Barna von Sartory, *Das Glashaus,* a. a. O., S. 369 ff., und »Wintergarten Flora für Köln«, *Deutsche Konkurrenzen* (Leipzig), 1890, Nr. 59, S. 26 ff.
**105** »Das Hauptgebäude des Palmengartens in Leipzig«, *Blätter für Architektur und Kunsthandwerk* (Berlin), Jg. 14, 1901, S. 42 (T. 54–55).
**106** Hubert Stier, »Die Flora zu Charlottenburg bei Berlin«, a. a. O., S. 122.
**107** Ebd., S. 164.
**108** Ebd.
**109** Vgl.: »Winter Garden at Torquay«, *Engineering* (London), Bd. 30, 1880, S. 349, 1 T., S. 427 f.
**110** Eduard Schmitt (Hrsg.), *Handbuch der Architektur,* Bd. IV,4,1, a. a. O., S. 236.
**111** Friedrich Ludwig von Sckell, *Beiträge zur Bildenden Gartenkunst,* München 1825, S. 238 f.
**112** Ebd., S. 181.
**113** Ebd., S. 182.
**114** Zur Geschichte von Syon House vgl.: Ward, Lock & Co., *Syon House; it's Picture Galleries and Gardens,* London 1851: *The Guide to Syon Park,* o. O., o. J.
**115** Vgl.: Gilbert Herbert, »The Enigma of the Camellia House at Wollaton Hall«, unveröffentlichtes Typoskript, 1973; Gilbert Herbert, *Pioneers of Prefabrication,* London und Baltimore 1978, S. 149 f., 205; John Hix, *The Glasshouse,* London 1974, S. 105 ff.
**116** Vgl.: Joseph Neumann, *Grundsätze und Erfahrungen über die Anlage, Erhaltung und Pflege von Glashäusern aller Art,* Weimar 1852, S. 65 f., T. XIX.
**117** Charles McIntosh, *The Greenhouse, Hothouse and Stove,* London 1838, S. 234 f.
**118** Zitiert nach: John Gloag, *Mr. Loudon's England,* a. a. O., S. 46.
**119** Hix vermutet, daß der Bau nach 1843 entstanden ist. Vgl.: John Hix, *The Glasshouse,* London 1974, S. 27.
**120** John Claudius Loudon, *An Encyclopaedia of Cottage, Farm and Villa Architecture and Furniture,* London 1833, S. 980.
**121** Vgl.: Erwin Schwarzer, »Johann Conrad Bromeis, Oberbaudirektor«, in: *Lebensbilder aus Kurhessen und Waldeck 1830–1930,* Marburg 1950.
**122** Vgl.: Karl Paetow, *Klassizismus und Romantik auf Wilhelmshöhe,* Kassel 1929, S. 56.
**123** John Claudius Loudon, *Encyclopaedia of Gardening,* London 1878, S. 596 f.
**124** Über die Konstruktion geben Entwürfe von Bromeis und Detailzeichnungen Auskunft, die sich in der Plankammer der Staatlichen Schlösser und Gärten Potsdam–Sanssouci befinden. Zur Baugeschichte vgl. auch: *125 Jahre Henschel 1810–1935,* Festschrift, Kassel 1935; *Henschel Festschrift 1900,* Kassel 1900. Akten, die spätere Reparaturen und Veränderungen betreffen, beim Hessischen Staatsarchiv Marburg (Akten des Geheimen Kabinetts, 300 Abt. 11 von 1835–65 und Akten der Hofbaudirektion, 7b).
**125** Vgl.: Karl Paetow, *Klassizismus und Romantik auf Wilhelmshöhe,* a. a. O., S. 56.
**126** Vgl.: Folkwin Wendland, *Berlins Gärten und Parke,* Frankfurt 1979, S. 354 ff.
**127** Zur Geschichte des Palmenhauses vgl.: Eva Börsch-Supan, *Berliner Baukunst nach Schinkel 1840–1870,* München 1977, S. 147, Abb. 493 f. Georg Kohlmaier und Barna von Sartory, *Das Glashaus,* a. a. O., S. 255 ff.
**128** John Claudius Loudon, *An Encyclopaedia of Cottage, Farm and Villa Architecture and Furniture,* London 1833, S. 979.
**129** John Claudius Loudon, *An Encyclopaedia of Gardening,* London 1878, S. 259.
**130** Ebd., S. 261.
**131** Ebd., S. 260.
**132** Ebd., S. 261.
**133** In einem ihrer Wiener Häuser besaßen die Fürsten von Liechtenstein ebenfalls einen großen Wintergarten. John Claudius Loudon bildet ihn in der *Encyclopaedia of Gardening,* London 1878, S. 161, ab.
**134** Vgl.: Stefan Koppelkamm, *Der imaginäre Orient. Exotische Bauten des 18. und 19. Jahrhunderts in Europa,* Berlin 1987, S. 37.
**135** Karl Höß, *Fürst Johann II. von Liechtenstein und die Bildende Kunst,* Wien 1908, S. 254.
**136** Ebd., S. 256.
**137** Zur Konstruktion vgl.: Georg Kohlmaier, Barna von Sartory, *Das Glashaus,* a. a. O., S. 381 ff.
**138** Vgl.: August Prokop, *Die Markgrafschaft Mähren in kunstgeschichtlicher Beziehung,* Wien 1904, Bd. 4, S. 1373.
**139** Vgl.: F. Monmory, »Le Nouveau Musée Zoologique au Jardin des Plantes«, *Revue de l'architecture et des travaux publics,* Bd. 40, 1883, Sp. 16 ff.
**140** Vgl.: Charles Rohault de Fleury, *Das Naturhistorische Museum in Paris. Muséum d'Histoire Naturelle à Paris,* Wien 1837.
**141** »Über das naturhistorische Museum in Paris«, *Allgemeine Bauzeitung* (Wien), 1837, S. 271.
**142** Ein Aquarell von J. B. Hilaire (um 1794) zeigt links und rechts der Rampe zwei Gewächshäuser auf der Terrasse (Bibliothek des Muséum d'Histoire Naturelle, P. 1444).
**143** Vgl.: Bernard Marrey, Jean-Pierre Monnet, *La grande Histoire des Serres et des Jardins d'Hiver. France 1780–1900,* Paris 1986, S. 36, 40 f.
**144** Vgl.: Bernard Marrey, Paul Chemetov, *Architectures, Paris 1848–1914,* Paris o. J., S. 19.
**145** Vgl.: F Monmory, »Le nouveau Musée Zoologique au Jardin des Plantes«, a. a. O., T. 58, Godefroy-Lebeuf, »La nouvelle Serre du Jardin des Plantes«, *Le Jardin* (Paris), 20.11.1888, S. 257 f., Bernard Marrey, Jean-Pierre Monnet, *La grande Histoire des Serres et des Jardins d'Hiver,* a. a. O., S. 171.
**146** Ludwig von Zanth, *Die Wilhelma, Maurische Villa Seiner Majestät des Königes Wilhelm von Württemberg,* o. O. 1855, S. V.
**147** Ebd., S. VI.
**148** Ebd., S. VII.
**149** Ebd.
**150** *Über Land und Meer,* Jg. 14, 1871/72, Nr. 10, S. 5 f.
**151** Zur Geschichte der Wilhelma vgl.: Stefan Koppelkamm, *Der imaginäre Orient. Exotische Bauten des 18. und 19. Jahrhunderts in Europa,* a. a. O., S. 65 ff., Elke von Schulz, *Die Wilhelma in Stuttgart. Ein Beispiel orientalisierender Architektur im 19. Jahrhundert,* Diss. Universität Tübingen 1976.
**152** Vgl.: Georg Kohlmaier, Barna von Sartory, *Das Glashaus,* a. a. O., S. 258 f.
**153** Vgl.: Roger Turner, *Capability Brown and the eighteenth-century landscape,* London und New York 1985, S. 175.
**154** Vgl.: John Claudius Loudon, *Encyclopaedia of Gardening,* London 1878, S. 608 f., *Supplement to the Gardener's Chronicle,* 26.6.1874, S. 7.
**155** John Claudius Loudon, *Remarks on the Construction of Hothouses,* London 1817; vgl. auch: John Claudius Loudon, *Encyclopaedia of Gardening,* London 1822, S. 358 f., 926.
**156** »The Conservatory at Chatsworth Park«, *The Gardener's Chronicle* (London), 13.12.1845, S. 839.
**157** Joseph Neumann, *Grundsätze und Erfahrungen über die Anlegung, Erhaltung und Pflege von Glashäusern aller Art,* a. a. O., S. 67.
**158** Ebd.
**159** F. Schulze, »Gewächshaus-Anlagen in England, Belgien und Holland«, *Zeitschrift für Bauwesen,* a. a. O., Sp. 74.
**160** James Sadler, »The Edinburgh Botanic Garden Palm Stove«, *The Gardener's Chronicle* (London), 1874, S. 662.
**161** Zit. nach: Harold R. Fletcher und William H. Brown, *The Royal Botanic Garden Edinburgh 1670–1970,* Edinburgh 1970, S. 145 f.
**162** Vgl.: »Das neue Palmenhaus im Königl. Botanischen Garten zu Schöneberg bei Berlin.«, *Zeitschrift für praktische Baukunst* (Berlin), 1863, Sp. 241 ff.
**163** Ebd., Sp. 241.
**164** Vgl.: Carl David Bouché, Julius Bouché, *Bau und Einrichtung der Gewächshäuser,* Bonn 1886, S. 15, T. 22 ff., *Berlin und seine Bauten,* Berlin 1896, S. 252 ff.
**165** »Das neue Palmenhaus im Königl. Botanischen Garten zu Schöneberg bei Berlin«, a. a. O., Sp. 243.
**166** Den Hinweis auf Ballyfin House verdanke ich Edward Diestelkamp, London, der z. Z. ein Buch über das Werk Richard Turners vorbereitet. Weitere Gewächshäuser, die Diestelkamp in Verbindung mit Turner bringt, gehören zu folgenden Landsitzen: Bellevue und Colebrooke, beide County Fermanagh, Nordirland; Bessborough, County Cork sowie Longueville House und Marfield House, beide County Tipperary, alle in der Republik Irland.
**167** Vgl.: E. Charles Nelson, Eileen M. McCracken, *The Brightest Jewel. A History of the National Botanic Gardens Glasnevin, Dublin,* Kilkenny 1987, S. 105 ff., S. 131 ff.
**168** Vgl.: Ebd., S. 131, Abb. 67, 68.
**169** Vgl.: Georg Kohlmaier, Barna von Sartory, *Das Glashaus,* a. a. O., S. 253.
**170** Vgl.: Stefan Koppelkamm, *Der imaginäre Orient. Exotische Bauten des 18. und 19. Jahrhunderts in Europa,* a. a. O., S. 13 ff.
**171** Vgl.: »The new Palm House, Kew Gardens«, *The Builder,* 15.1.1848, S. 29 ff.; Udo Kultermann, »Richard Turners Palmenhaus in Kew«, *Alte und moderne Kunst,* Nr. 170, 1980.
**172** Vgl.: E. Charles Nelson, Eileen McCracken, *The Brightest Jewel. A History of the National Botanic Gardens Glasnevin, Dublin,* Kilkenny 1987, S. 109; Georg Kohlmaier, Barna von Sartory, *Das Glashaus,* a. a. O., S. 407.
**173** Vgl.: »The Temperate House, Royal Botanic Gardens, Kew«, *The Builder* (London), 12.1.1861, S. 23 ff.
**174** F. Schulze, »Gewächshaus-Anlagen in England, Belgien und Holland«, *Zeitschrift für Bauwesen,* a. a. O., Sp. 70 f.
**175** Vgl.: Georg Kohlmaier, Barna von Sartory, *Das Glashaus,* a. a. O., S. 373 f. Vgl. auch: »Die baulichen Anlagen des Botanischen Gartens zu Kopenhagen«, *Deutsche Bauzeitung* (Berlin), 1881, S. 133 ff., S. 145 ff.

**176** Zit. nach: Graham T. Smith, *The Kibble Palace*, Diss. Universität Glasgow 1971, S. 24.
**177** F. Schulze, »Gewächshaus-Anlagen in England, Belgien und Holland«, *Zeitschrift für Bauwesen*, a. a. O., Sp. 76.
**178** F. Schulze, »Gewächshaus-Anlagen in England, Belgien und Holland«, *Zeitschrift für Bauwesen*, a. a. O., Sp. 78.
**179** Zit. nach: Liane Ramieri, *Léopold II urbaniste*, Brüssel 1973.
**180** Zit. nach: John Claudius Loudon, *Encyclopaedia of Gardening*, London 1878, S. 160.
**181** Vgl.: Georg Kohlmaier, Barna von Sartory, *Das Glashaus*, a. a. O., S. 499, 737 f.
**182** Vgl.: »Das Palmenhaus in Schönbrunn«, *Der Bautechniker* (Wien), 29. 5. 1885, S. 265 f.; »Palmenhaus im Botanischen Garten des Kaiserl. Lustschlosses Schönbrunn«, *Wiener Bauten-Album. Beilage zur Wiener Bauindustrie-Zeitung*, Jg. 15, 1898, S. 38, T. 100.
**183** Vgl.: »100 Jahre Palmenhaus Schönbrunn«, *Architektur aktuell* (Wien), Nr. 90, 1982, S. 19 f.
**184** »Ein Curhaus-Theater«, *Wiener Bauindustrie-Zeitung* (Wien), Jg. 5, 1888, S. 279. Die Abbildungen dazu in: *Wiener Bauten-Album*, Jg. 5, 1888, T. 45–48.
**185** »Das Curhaus, Palmengarten und Sommertheater in der orthopädischen Anstalt in Göggingen bei Augsburg«, *Wiener Bauindustrie-Zeitung* (Wien), Jg. 4, 1887, S. 461 f.
**186** Ebd., S. 462.
**187** »Ein Curhaus-Theater«, *Wiener Bauindustrie-Zeitung* (Wien), Jg. 5, 1888, S. 280.
**188** Vgl.: Bayerisches Landesamt für Denkmalpflege (Hrsg.), *Das Kurhaustheater in Augsburg-Göggingen (Arbeitshefte des Bayerischen Landesamtes für Denkmalpflege, 14.)*, München 1982.
**189** Vgl.: Bernard Marrey, Jean-Pierre Monnet, *La grande Histoire des Serres et des Jardins d'Hiver, France 1780–1900*, Paris o. J., S. 82 ff.; Georg Kohlmaier, Barna von Sartory, *Das Glashaus*, a. a. O., S. 437 ff.
**190** Vgl.: »Die Neuanlage des Berliner Botanischen Gartens in Dahlem«, *Centralblatt der Bauverwaltung*, 22. 5. 1897, S. 229 ff.
**191** Alfred Koerner, »Der neue Botanische Garten in Dahlem bei Berlin«, *Zeitschrift für Bauwesen* (Berlin), 1909, Sp. 215 f.
**192** Alfred Koerner, »Der neue Botanische Garten in Dahlem bei Berlin«, *Zeitschrift für Bauwesen*, a. a. O., Sp. 336 f.
**193** Ebd., Sp. 338.
**194** Zit. nach: Michael Petzet (Hrsg.), *König Ludwig II. und die Kunst*, Ausstellungskatalog, München 1968, S. 66 f.
**195** Vgl.: Elmar D. Schmid, »Der Wintergarten König Ludwigs II. in der Münchner Residenz«, in: Gerhard Hojer (Hrsg.), *König Ludwig II.-Museum Herrenchiemsee*, München 1986, S. 63 ff.
**196** Vgl.: Georg Kohlmaier, Barna von Sartory, *Das Glashaus*, a. a. O., S. 454.
**197** Vgl.: Bernard Marrey, Jean-Pierre Monnet, *La grande Histoire des Serres et des Jardins d'Hiver, France 1780–1900*, a. a. O., S. 177 f.
**198** Vgl.: Arnold Tschira, *Orangerien und Gewächshäuser*, Berlin 1939, S. 105 ff.

## Literaturverzeichnis

Das Literaturverzeichnis enthält alle verwendeten Monographien sowie Zeitschriftenaufsätze von allgemeinerem Interesse. Für Artikel zu einzelnen Bauten wird auf die Anmerkungen verwiesen.


**Acarie-Baron,** *Album du Jardin des Plantes de Paris*, Paris 1838.
»Aquaria and Wintergardens«, *The Building News* (London), Bd. 30, 1876, S. 109, 135, 188.
**Balfour,** John Hutton, *Guide to the Royal Botanic Garden Edinburgh*, Edinburgh 1873.
**Bayerisches Landesamt für Denkmalpflege (Hrsg.),** *Das Kurhaustheater in Augsburg-Göggingen (Arbeitshefte des Bayerischen Landesamtes für Denkmalpflege, 14.)*, München 1982.
**Bean,** W. J., *The Royal Botanic Garden Kew*, London 1908.
**Boniface,** Priscilla, *The Garden Room*, London 1982.
**Bouché,** Carl David und Julius Bouché, *Bau und Einrichtung der Gewächshäuser*, 2 Bde., Bonn 1886.
**Boudon,** Françoise (Hrsg.), *Hector Horeau 1801–1872*, Ausstellungskatalog, Paris 1979.
**Britz,** Billie Sherryll, *The Greenhouse at Lyndhurst*, Washington 1977.
**Buddensieg,** Tilmann und Henning Rogge, *Die Nützlichen Künste*, Ausstellungskatalog, Berlin 1981.
**Chadwick,** G. F., *The Works of Sir Joseph Paxton*, London 1961.
**Clément,** Jules, *Alphonse Balat, Architecte du Roi*, Brüssel 1956.
**Daly,** César, »De la Floriculture associée à l'Architecture«, *Revue générale de l'Architecture et des Travaux publics* (Paris), Bd. 13, 1855, Sp. 22 ff., 63 ff., 308 ff., T. 6–8.
**Döhmer,** Klaus, *»In welchem Style sollen wir bauen?«*, München 1976.
**Fischer,** Wend, *Geborgenheit und Freiheit. Vom Bauen mit Glas*, Krefeld 1970.
**Fletcher,** Harold R., und William H. Brown, *The Royal Botanic Garden Edinburgh 1670–1970*, Edinburgh 1970.
**Friemert,** Chup, *Die Gläserne Arche. Kristallpalast London 1851 und 1854*, Dresden 1984.
**Gloag,** John, *Victorian Taste. Some Social Aspects of Architecture and Industrial Design from 1820–1900*, New York 1962.
**Gloag,** John, *Mr. Loudon's England*, London 1970.
**Gloag,** John, *Victorian Comfort. A Social History of Design from 1830–1900*, New York 1973.
*Great Exhibition of the Works of Industry of all Nations. Official descriptive and illustrated Catalogue*, 4 Bde., London 1851.
**Halfpenny,** William und John, *New Designs for Chinese Temples, Triumphal Arches, Garden Seats, Palings etc.*, London 1750–52.
**Hartung,** Giselher, *Eisenkonstruktionen des 19. Jahrhunderts*, Darmstadt 1983.
**Heidelbach,** Paul, *Geschichte der Wilhelmshöhe*, Leipzig 1909.
**Hennig-Schoefeld,** Monica und Helga Schmidt-Thomsen, *Transparenz und Masse*, Köln 1972.
**Herbert,** Gilbert, *»The Enigma of the Camellia House at Wollaton Hall«*, unveröffentlichtes Typoskript, 1973.
**Herbert,** Gilbert, *Pioneers of Prefabrication*, London und Baltimore 1978.
**Herrmann,** Wolfgang, *Deutsche Baukunst des XIX. und XX. Jahrhunderts*, Basel 1977.
*Historismus und Bildende Kunst. Studien zur Kunst des 19. Jahrhunderts*, Bd. 1, München 1965.
**Hitchcock,** Henry-Russell, *Architecture Nineteenth and Twentieth Centuries*, Harmondsworth 1971.
*Hitching's Greenhouses*, o. O., ca. 1923.
**Hix,** John, *The Glasshouse*, London 1974.
**Höß,** Karl, *Fürst Johann II. von Liechtenstein und die Bildende Kunst*, Wien 1908.
**Hojer,** Gerhard (Hrsg.), *König Ludwig II. - Museum Herrenchiemsee*, München 1986.
**Holtmeyer,** Alois (Hrsg.), *Die Bau- und Kunstdenkmäler im Regierungsbezirk Kassel*, Band IV, Marburg 1910.
**Hütsch,** Volker, *Der Glaspalast 1854–1931*, Ausstellungskatalog, München 1981.
**Hughes,** Quentin, *Seaport. Architecture and Townscape in Liverpool*, London 1964.
**International Council of Monuments and Sites (Hrsg.),** *Eisenarchitektur. Die Rolle des Eisens in der Historischen Architektur der ersten Hälfte des 19. Jahrhunderts*, Mainz 1979.
**Jäger,** H., *Gartenkunst und Gärten, sonst und jetzt*, Berlin 1888.
**Klasen,** Ludwig (Hrsg.), *Handbuch der Hochbau-Constructionen in Eisen*, Leipzig 1876, Reprint: Hannover 1981.
**Kleiner,** Salomon, *Wahrhaffte Vorstellung beyder Hoch-Gräffl. Schlösser Weissenstein ob Pommersfeld und Geibach, …*, Augsburg 1728.
**Kleiner,** Salomon, *Wunder würdiges Kriegs- und Siegs-Lager des unvergleichlichen Heldens unserer Zeiten oder Eigentliche Vor und Abbildungen der Hoff- Lust- und Garten Gebäude des Durchlauchtigsten Fürstens und Herrn Eugenii Francisci …*, Augsburg 1731–40.
**Klingender,** Francis D., *Art and the Industrial Revolution*, St. Albans 1975.
**Königliche Schenkung (Hrsg.),** *Die Königlichen Gewächshäuser in Laeken*, Broschüre, Brüssel 1981.
**Kohlmaier,** Georg und Barna von Sartory, *Das Glashaus*, München 1981.
**Koppelkamm,** Stefan, *Gewächshäuser und Wintergärten im neunzehnten Jahrhundert*, Stuttgart 1981.
**Koppelkamm,** Stefan, *Der Imaginäre Orient. Exotische Bauten des achtzehnten und neunzehnten Jahrhunderts in Europa*, Berlin 1987.
**Kreisel,** Heinrich, *Die Schlösser Ludwigs II. in Bayern*, Darmstadt 1963.
**Lord & Burnham,** *Catalogue of Greenhouses*, Katalog, ca. 1903.
**Lord & Burnham,** *Glass Gardens as We Know Them*, Katalog, ca. 1919/20.
**Loudon,** John Claudius, *Remarks on the Construction of Hothouses*, London 1817.
**Loudon,** John Claudius, *An Encyclopaedia of Gardening*, London 1822, London 1835, London 1878.
**Loudon,** John Claudius, *Eine Encyclopädie des Gartenwesens*, 2 Bde., Weimar 1823/24.
**Loudon,** John Claudius, *An Encyclopaedia of Cottage, Farm and Villa Architecture and Furniture*, London 1833, London 1853.
**(Loudon,** John Claudius), *The Greenhouse Companion*, London 1824.
**Loudon,** John Claudius (Hrsg.), *The Landscape Gardening of Sir Humphrey Repton*, London 1840.
**MacFarlane,** Walter, and Co., *Illustrated Catalogue*, Katalog, 2 Bde., 1882/83.
**McIntosh,** Charles, *The practical Gardener and modern Horticulturist*, 2 Bde., London 1836.
**MacIntosh,** Charles, *The Greenhouse, Hothouse and Stove*, London 1838.
**McIntosh,** Charles, *The Book of the Garden*, 2 Bde., Edinburgh, 1853.
**Mackenzie & Moncur,** Katalog, 1900.
**Mackenzie & Moncur,** *Modern Glasshouses*, Katalog, o. O. o. J.
**Marrey,** Bernard und Jean-Pierre Monnet, *La grande Histoire des Serres et des Jardins d'Hiver. France 1780–1900*, Paris o. J.
**McGrath,** Raymond und A. C. Frost, *Glass in Architecture and Decoration*, London 1937.
**Messenger & Co.,** *Artistic Conservatories*, Katalog, 1880.

**Meyer,** Alfred Gotthold, *Eisenbauten. Ihre Geschichte und Ästhetik,* Esslingen 1907.
**Meynadier de Flamalens,** H., *Jardin d'Hiver, théorie et pratique, Plan et description pittoresque,* Paris 1848.
**Neumann,** Joseph, *Art de construire et de gouverner les Serres,* Paris 1844.
**Neumann,** Joseph, *Grundsätze und Erfahrungen über die Anlage, Erhaltung und Pflege von Glashäusern aller Art,* Weimar 1852. Reprint: Wiesbaden 1984.
**Paetow,** Karl, *Klassizismus und Romantik auf Wilhelmshöhe,* Kassel 1929.
**Paxton,** Joseph, »Garden Architecture«, *Magazine of Botany* (London), Bd. 8, 1841, S. 255 ff.
**Petzet,** Michael (Hrsg.), *König Ludwig II. und die Kunst,* Ausstellungskatalog, München 1968.
**Prokop,** August, *Die Markgrafschaft Mähren in kunstgeschichtlicher Beziehung,* 4 Bde., Wien 1904.
**Rohault de Fleury,** Charles, »Über englische Treibhäuser«, *Allgemeine Bauzeitung* (Wien), 1837, S. 395 ff., S. 403 ff., T. 173–175.
**Rohault de Fleury,** Charles, »Des Serres«, *Revue générale de l'Architecture et des Travaux publics* (Paris), Bd. 8, 1849, Sp. 254 ff., 332 ff., T. 25, 36–37.
**Rohault de Fleury,** Charles, »Gewächshäuser«, *Zeitschrift für praktische Baukunst* (Berlin), 1851, S. 327, T. 35–37.
**Rohault,** Karl (Charles Rohault de Fleury), *Das Naturhistorische Museum in Paris, Muséum d'Histoire Naturelle à Paris,* Wien 1837.
**Schild,** Erich, *Zwischen Glaspalast und Palais des Illusions,* Frankfurt 1967.
**Schmitt,** Eduard (Hrsg.), *Handbuch der Architektur,* IV,4,1, »Wirtschaften, Vergnügungsstätten, Gasthöfe«, Stuttgart 1904.
**Schmitt,** Eduard (Hrsg.), *Handbuch der Architektur,* IV,6,4, »Gebäude für Sammlungen und Ausstellungen«, Stuttgart 1906.
**Schulze,** F., »Gewächshaus-Anlagen in England, Belgien und Holland«, *Zeitschrift für Bauwesen* (Berlin), 1887, Sp. 67 ff., T. 14–15.
**Schwarzer,** Erwin, »Johann Conrad Bromeis, Oberbaudirektor«, in: *Lebensbilder aus Kurhessen und Waldeck 1830-1930,* Marburg 1950.
**Sckell,** Friedrich Ludwig von, *Beiträge zur Bildenden Gartenkunst,* München 1825.
**Smith,** Graham T., *The Kibble Palace,* Dissertation, Glasgow 1971.
**Spiekermann,** Heinz, *Gußglas im Hochbau,* Schorndorf 1966.
**Stadt Karlsruhe (Hrsg.),** *Heinrich Hübsch 1795-1863,* Ausstellungskatalog, Karlsruhe 1983.
**Tschira,** Arnold, *Orangerien und Gewächshäuser. Ihre geschichtliche Entwicklung in Deutschland,* Berlin 1939.
**Volkamer,** Johann Christoph, *Nürnbergische Hesperides, oder Gründliche Beschreibung der Edlen Citronat/Citronen/und Pomerantzen-Früchte/...,* Nürnberg 1708.
**Volkamer,** Johann Christoph, *Continuation der Nürnbergischen Hesperidum,* Nürnberg 1714.
**Wendland,** Folkwin, *Berlins Gärten und Parke,* Frankfurt 1979.
**Wittek,** Karl, *Die Entwicklung des Stahlhochbaus von den Anfängen (1800) bis zum Dreigelenkbogen (1870),* Düsseldorf 1964.
**Woodward,** E. und F.W., *Woodward's Graperies and Horticultural Buildings,* Katalog, New York 1865.
**Zanth,** Ludwig von, *Die Wilhelma, Maurische Villa Seiner Majestät des Königes Wilhelm von Württemberg,* o.O. 1855.
**Zola,** Emile, *Die Beute,* München 1974.

## Namenverzeichnis

## Abbildungsnachweis

Photographien bestehender Bauten stammen vom Verfasser, sofern kein anderer Urheber genannt ist.

Académie d'Architecture, Paris 38 oben
Bayerische Verwaltung der Staatlichen Schlösser, Gärten und Seen, München 60 unten
Bibliothèque Royale Albert Ier, Brüssel 144 unten
Botanisches Museum, Berlin 109, 110, 171
The Chatsworth Trustees 100/101
Thomas Grenz/Arno Garrels, Berlin und Köln 70/71, 74 rechts, 103, 105, 106/107, 132/133, 142, 146/147, 150, 151, 153, 166/167, 169, 173, 174, 175, 186, 187
Historisches Museum Frankfurt 45
Königliche Schenkung, *Die Königlichen Gewächshäuser zu Laeken*, Brüssel 1981 146/147 oben
Georg Kohlmaier, Barna von Sartory, *Das Glashaus*, München 1981 81 oben, 167 oben, 172
Kunstbibliothek Berlin 14, 15, 20 oben, 30
Landesbildstelle Württemberg, Stuttgart 96/97
Landeshauptstadt München, Stadtarchiv 179 oben
Münchner Stadtmuseum 178, 179, 180, 181
Roger-Viollet, Paris 184/185
Royal Botanic Gardens Kew, London 129 oben
Royal Commission on the Historical Monuments of England, London 32 unten, 102
Graham T. Smith, Glasgow 137
Staatliche Schlösser und Gärten, Potsdam-Sanssouci 80
Stadtarchiv Kassel 16 Mitte
Verwaltung der Staatlichen Schlösser und Gärten, Berlin 53, 55 Mitte, 99
Württembergische Landesbibliothek, Stuttgart 20 Mitte